El gaucho Martín Fierro

La vuelta de Martín Fierro

Letras Hispánicas

José Hernández

El gaucho Martín Fierro

La vuelta de Martín Fierro

Edición de Luis Sáinz de Medrano

NOVENA EDICION

CATEDRA

LETRAS HISPANICAS

Ilustración de cubierta: David Lechuga

© Ediciones Cátedra, S. A., 1995
Juan Ignacio Luca de Tena, 15. 28027 Madrid
Depósito legal: M. 42747-1995
ISBN: 84-376-0186-X
Printed in Spain
Impreso en Selecciones Gráficas
Carretera de Irún, km. 11,500 - Madrid

Índice

LA VUELTA DE MARTÍN FIERRO

Foto para una edición de la obra, por Francisco Ayerza,
finales del siglo pasado.

Introducción

José Hernández

Literatura gauchesca

La literatura hispanoamericana del siglo XIX tiene dos fuertes polarizaciones: de una parte, la atracción de los grandes modelos europeos; de otra, la pasión nacionalista, la búsqueda de lo autóctono. Esto es particularmente cierto en la Argentina, país cuyos escritores se debaten a partir de la independencia entre el espíritu modernizador a ultranza, personificado en el presidente Rivadavia, y el apego orgulloso a cuanto subraye la identidad de la patria. No son éstas, por cierto, tendencias necesariamente divergentes. El genial y contradictorio Domingo Faustino Sarmiento ejemplifica muy bien cómo ambas pueden concurrir en un mismo individuo.

El nacionalismo producirá notables resultados en lo literario. Ninguno tan singular como el representado por la poesía gauchesca, cuyo hito fundamental es el poema *Martín Fierro* de José Hernández.

Los orígenes de este robusto subgénero se remontan al último tercio del siglo XVIII, época en que aparece la composición titulada *Canta un guaso en estilo campestre los triunfos del excelentísimo señor don Pedro de Cevallos,* atribuida al clérigo don J. Baltasar Maziel, quien destacaba así los éxitos militares obtenidos por el primer virrey del Río de la Plata en su lucha contra los portugueses en la región que corresponde a la actual República del Uruguay. Por entonces un puntilloso funcionario de correos, el español Alonso Carrió de la Vandera, describía en su *Lazarillo de ciegos caminantes* (1775), de este modo a los gauchos de ese mismo territorio:

> Estos son unos mozos nacidos en Montevideo y en los vecinos pagos. Mala camisa y peor vestido procuran encubrir con uno o dos ponchos, de que hacen cama, con los sudaderos del caballo, sirviéndoles de almohada la silla. Se hacen de una guitarrita que apren-

den a tocar muy mal y a cantar desentonadamente varias coplas, que estropean, y muchas que sacan de su cabeza, que regularmente ruedan sobre amores. Se pasean a su arbitrio por toda la campaña y con notable complacencia de aquellos semibárbaros colonos, comen a su costa y pasan las semanas enteras tendidos sobre un cuero, cantando y tocando[1].

Carrió de la Vandera, que ocultaba su nombre, como es sabido, bajo el de su ayudante, Concolorcorvo, denomina *gauderios* a estos desenfadados mozos. No entraremos de ningún modo en el intrincado problema que supone la existencia de esta voz, junto a *guaso* y *gaucho,* la que prevalecerá. Centrándonos en este último término, recordaremos que sobre él han llovido torrentes de erudición con el fin, aún no conseguido, de aclarar definitivamente su etimología. Se ha conjeturado que *gaucho* podía tener bases indígenas (araucana, pampeana, guaraní, charrúa, quechua, etc.), latina, castellana, francesa y portuguesa. Realmente importa poco dejar en una zona de oscuridad esta cuestión filológica que, así las cosas, resulta un factor sugestivo más en torno al tema gauchesco. Con todo, dejamos constancia de nuestra preferencia, adhiriéndonos al criterio de Martínez Estrada, por el vocablo quechua *huacho* (huérfano, abandonado) como antecedente inmediato de *gaucho.*

El gaucho es un tipo humano producto originariamente del mestizaje, pero que, a la larga, es más que nada el resultado de un ambiente, de un medio físico y de unas formas de vida. La mestización, muy intensa en el Plata tras la conquista, fue cediendo, como señala L. Lugones, con la llegada posterior de mujeres blancas, aunque siguió produciéndose en las conflictivas zonas fronterizas entre indios y cristianos. Si la sangre española fue, en conjunto, predominando, los condicionamientos apuntados fueron definiendo radicalmente al gaucho como un altivo pastor-jinete, amante de la vida libre, de la guitarra y de las coplas, extraordinariamente hábil en sus movimientos por la pampa, noble de carácter pero obligado no pocas veces a convertirse en un fugitivo de la justicia. Así nos lo describe Sarmiento, en su *Facundo,* en una clara anticipación de algunos de los aspectos que se desarrollarán en *Martín Fierro.*

---

[1] Concolorcorvo, *El lazarillo de ciegos caminantes,* edición, prólogo y notas de Emilio Carilla, Barcelona, Labor, 1973, pág. 134.

Añádase el atavismo arábigo como quiere Lugones, pero en definitiva —y volvemos a Martínez Estrada—, «el tipo social más que étnico se perfila cuando comienzan a constituirse las castas de los hacendados y los militares y a codificarse el rango de las personas por su estirpe o posición económica» [2].

Aparte de quienes incursionaron más o menos esporádicamente en el tema gaucho, como Esteban Echeverría, develador de la estética de la pampa, Juan María Gutiérrez, Sarmiento, etc., otros autores a partir de Maziel hicieron de éste la línea fundamental de su obra. Sobresalen entre ellos Bartolomé Hidalgo (1788-1823), Hilario Ascasubi (1807-1875) y Estanislao del Campo (1834-1880), antecesores de Hernández.

Bartolomé Hidalgo, uruguayo, conocido como el Homero del género, escribió unos *Cielitos* y *Diálogos patrióticos* en los que se exalta, respectivamente, la lucha por la independencia del antiguo virreinato rioplatense y se censuran determinados sucesos relacionados con las rivalidades políticas de los años inmediatamente posteriores a la emancipación. Hilario Ascasubi, de la Córdoba argentina, hombre de acción y diplomático, destacó en sus *Trovos,* firmados con los pseudónimos de Aniceto el Gallo y Paulino Lucero, poemas hirientes contra las tropas federales que atacaban Montevideo. Más tarde escribió un largo poema, *Santos Vega o los mellizos de la flor,* sumamente cargado de episodios folletinescos, pero interesante por sus acertado descriptivismo. Estanislao del Campo, en fin, hombre de vida asimismo activa en el campo de la política y el periodismo, nos dejó un poema humorístico, *Fausto,* donde, bajo la influencia de Ascasubi, ofrece la versión que de la famosa ópera de Gounod da un gaucho que ha tenido ocasión de presenciarla en Buenos Aires. No faltan, desde luego, otros nombres, y vale la pena anotar de pasada el de Antonio D. Lussich, uruguayo, cuyo poema *Los tres gauchos orientales* habremos de volver a mencionar.

José Hernández y el «Martín Fierro»

Acaso la tendencia gauchesca, aunque muy arraigada en la tradición literaria argentina y en el gusto de los lectores popu-

---

[2] Ezequiel Martínez Estrada, *Muerte y transfiguración de Martín Fierro,* México-Buenos Aires, Fondo de Cultura Económica, 1958, tomo II, pág. 141.

lares y medios, no habría alcanzado mayor trascendencia a no ser por la aparición de la obra que había de levantarla al más alto nivel, garantizándole a la vez una larga pervivencia: el *Martín Fierro* de Hernández, con el que la gauchesca dejará de ser una literatura menor y adquirirá vuelo de universalidad.

José Hernández (1834-1886) nació en el lugar denominado Chacra de Puyrredón, provincia de Buenos Aires, cerca de la capital. Gran parte de su infancia y adolescencia transcurrió en el ambiente campesino que penetraría en él de una manera profunda para aflorar espontáneamente en su obra. Hernández tomó parte desde su juventud en los acontecimientos políticos de su tiempo, lleno de convulsiones. Juan Manuel de Rosas, el gobernador de Buenos Aires que había asumido dictatorialmente la dirección de todo el país, fue derrocado en 1852, tras lo cual se abre un período de grandes pugnas entre Buenos Aires, que no acepta la Constitución de 1853, organizándose como un estado independiente, y las provincias. El logro de la unión nacional, en 1859, no significará el fin de las convulsiones en tierras del Plata. A Santiago Derqui, primer presidente efectivo en esta etapa, le sucede Bartolomé Mitre, cuya enérgica política se ve contrarrestada por los brotes de las «montoneras» y la guerra con el Paraguay. No obstante, bajo su mandato crecieron las obras públicas, los ferrocarriles, la agricultura y se desarrolló el interior de la Argentina con las corrientes migratorias. Los indios, siempre combatidos, seguían constituyendo todavía una amenaza continua con sus «malones». Domingo Faustino Sarmiento, que asume la presidencia en 1868, continuará la política desarrollista impulsando la educación y la atracción de la emigración europea, en medio de los problemas suscitados por las antiguas divergencias entre las provincias y la ya entonces capital federal.

Hernández se encuentra, en 1853, entre las fuerzas adictas al gobierno secesionista de Buenos Aires, falto en su ardor juvenil de la perspectiva que le llevará después a situarse en el campo contrario. En 1856 se hace miembro del partido federal reformista. Interviene con las tropas de la Confederación que combaten a los porteños en las batallas de Cepeda (1859) y de Pavón (1861). Instalado en 1869 en Buenos Aires, funda y dirige un periódico incisivo y polémico, *El Río de la Plata,* que no alcanzará un año de vida. Tras unirse, en 1870, a la frustrada revolución contra Sarmiento, Hernández se ve forzado a exiliarse en el Brasil al año siguiente. Regresará en 1872, acogiéndose a la amnistía dictada por el propio Sarmiento. Publica entonces *El gaucho Martín Fierro,* cuya segunda parte aparecerá siete años después.

Durante la presidencia de los sucesores de Sarmiento, Nicolás Avellaneda y Julio Roca, nuestro poeta gozará de mayor sosiego, dedicado en la capital argentina a la labor literaria y política. Esta última, pero también el prestigio de su obra de creación, le convertirá en senador de la provincia de Buenos Aires, cargo que desempeñó activamente hasta su muerte y que fue pronto asociado por las gentes al nombre de su inmortal criatura literaria. José Hernández pasó, en efecto, a ser conocido como «el senador Martín Fierro».

De ningún modo pueden reflejar estas líneas cuanto hubo de tensión, de apasionamiento, de violencia, también de empuje y de esperanza, en la vida argentina durante la existencia de José Hernández, y tampoco, ciertamente, la vehemente identidad con los ideales de su tiempo que nuestro autor mantuvo desde muchos ángulos. Baste apuntarlo para pasar a lo que constituye nuestro objetivo: el examen de su obra prima.

Escrito en el apacible retiro de un hotel porteño (acaso iniciado en su exilio brasileño de Santa Ana do Livramento), el *Martín Fierro* constituyó en el momento de su aparición todo un acontecimiento en cuanto a aceptación por el gran público. Esta primera edición, según testimonio del propio Hernández, se agotó antes de dos meses. La crítica especializada no prestó demasiada atención al poema, si bien no faltaron cartas amistosas y comentarios de prensa muy positivos, incrementados tras la publicación de la segunda parte, conocida pronto como *La Vuelta de Martín Fierro* (como contraposición la primera recibiría el nombre de *La Ida).* La acogida popular prosiguió siendo espectacular durante muchos años. En 1874, ya se había llegado a la novena edición. Los prologuistas de la decimoquinta, correspondiente a 1894, señalaban cómo en los veintidós años transcurridos se habían lanzado 64.000 ejemplares, «hecho sin precedentes —afirmaban con toda razón— en estos países americanos y muy raro también en los estados europeos de origen latino».

Desde el primer momento se subrayó como motivo inicial de este éxito clamoroso, sobre todo entre los hombres del ámbito rural, el hecho de que *Martín Fierro* no era una simple obra de entretenimiento como las de Ascasubi y del Campo, «sino

—y enlazamos con el texto antes citado— el estudio social más completo, más exacto y más bien intencionado que se ha llevado a cabo entre nosotros [3]. El propio Hernández había señalado las oportunas diferencias al escribir en el prólogo de la primera parte: «... *Martín Fierro* no va de la ciudad a referir a sus compañeros lo que ha visto y admirado en un 25 de mayo u otra función semejante, referencias algunas de las cuales, como el *Fausto* y varias otras, son de mucho mérito ciertamente, sino que cuenta sus trabajos, sus desgracias, los azares de su vida de gaucho...» [4]. Algo más había, sin embargo, algo sin lo cual esos valores sociales no hubieran resultado tan evidentes: una calidad literaria de primer orden, la misma que ha mantenido fresco y vivo el poema para los argentinos y para los lectores de muy diversas latitudes cuando va a cumplirse el centenario de *La Vuelta*.

En la primera parte Martín Fierro, un gaucho sencillo y maltratado, narra sus desventuras, que comienzan cuando es arrancado de su modesto hogar para ser llevado como soldado a un fortín de «la frontera», es decir, el límite del territorio cristiano frente a las vastas extensiones dominadas por los indios. Allí vive miserablemente, sometido a una brutal disciplina y a un régimen de vida totalmente injusto, haciendo frente a los ataques de los salvajes. Un día decide escapar, regresa a lo que fue su morada y encuentra sólo «la tapera», la choza destruida, sin rastro de su mujer e hijos. Solitario y desesperado, Fierro se convierte en un gaucho «matrero», mata a dos hombres, un «moreno» y un gaucho «guapo», y debe seguir huyendo. Cuando, acorralado, va a ser detenido por la justicia, uno de los que se le enfrentan, el sargento Cruz, impresionado por su valor, se pasa inesperadamente a su lado. Con él se deshace de los restantes atacantes y, tras conocer las circunstancias también penosas de la vida de su nuevo camarada, Fierro le insta a que ambos se trasladen a territorio indio donde confía que hallarán refugio. Con el cruce de la frontera termina esta parte.

---

[3] *Advertencia editorial.* En José Hernández, *El gaucho Martín Fierro,* decimoquinta edición..., precedida de varios juicios críticos y adornada con cinco láminas y el retrato del autor, librería «Martín Fierro», Buenos Aires, 1894.

[4] José Hernández, *El gaucho Martín Fierro,* Buenos Aires, Imprenta de La Pampa, 1872, pág. 4. (Edición facsímil, con prólogo de Jorge Luis Borges, Buenos Aires, Ediciones Centurión, 1962.)

La Vuelta nos informa de lo penosa que resultó la estancia de ambos personajes en las «tolderías» de los salvajes durante dos largos años. Cruz muere víctima de la peste que asoló el poblado y Fierro, después de matar a un indio para defender a una cristiana prisionera, huye con ella hacia las tierras civilizadas. Allí logrará encontrar a dos de sus hijos y al hijo del sargento Cruz, Picardía. Todos relatan sus propias historias, cuajadas también de dificultades y desventuras. Entre los personajes introducidos con este motivo destaca el viejo Viscacha, ocasional tutor del hijo segundo. Fierro entabla, por otra parte, una payada con el Moreno, curioso personaje que entra en escena cuando los relatos de los muchachos han concluido. Terminado el lance poético con la victoria del gaucho, Fierro, sus hijos y Picardía resuelven separarse, y así lo hacen después que aquél les aleccione con sabios consejos. Concluye de este modo el poema.

Hernández había abordado la mayor parte de los problemas que se exponen en el *Martín Fierro* a lo largo de una amplia producción periodística, desarrollada en diarios como *La reforma pacífica* (1856), *El Nacional Argentino* (1869), *El Eco de Corrientes* (1868), *El Río de la Plata* (1869), *La Pampa* (1872), *La Patria* (1873) y no pocos más, algunos de los cuales dirigió, y lo haría en sus frecuentes intervenciones en el congreso en su calidad de senador. Su defensa de las gentes del campo frente a la ciudad prepotente y explotadora, en opuesta postura al injusto planteamiento sarmientino sobre civilización y barbarie, es el eje de todo su batallar. En un discurso publicado en *El Río de la Plata,* el 19 de agosto de 1869, con el título de *Hijos y entenados,* centra el problema en toda su esencialidad cuando, después de referirse al sistema de los «contingentes», mediante el cual el campesino era arrastrado en forma discriminatoria al servicio de fronteras, añade:

> ¿Qué tributo es ese que se obliga a pagar al poblador del desierto?
>
> Parece que lo menos que se quisiera es la población laboriosa de la campaña o que nuestros gobiernos quisieran hacer purgar como un delito oprobioso el hecho de nacer en el territorio argentino y de levantar en la campaña la humilde choza del gaucho.
> ... ..
> Contraste singular es el que ofrece la capital con el resto de la provincia. Aquí hay garantías para la libertad

del ciudadano, seguridad para su persona y bienes, y el sufragio electoral es una verdad.

En la campaña el ciudadano está expuesto a los caprichos de ensoberbecidos caudillejos, que abusan de la debilidad y del aislamiento. Su seguridad depende de sus medios de defensa, y en cuanto al sufragio electoral, tiene gratuitos directores de conciencia.
... ...

¿Acaso la ley ha consentido que haya hijos y entenados en el territorio argentino?[5].

En estas palabras está contenida, en embrión vigoroso, toda la problemática de *Martín Fierro.* De hecho, Hernández se plantea con valentía una cuestión básica: la necesidad de no despreciar al pueblo pastor ante el espejismo de que el país, abocado a una transformación industrial superadora de estadios primitivos, debía renovarse en todos sus aspectos. Hernández no se oponía a los avances industriales, pero consideraba, y así lo dejó escrito, que mientras la ganadería constituyera la fuente principal de la riqueza pública argentina, el gaucho seguiría siendo un motor fundamental en su marcha hacia adelante. Se entendía, por supuesto, que ese hombre habría de tener un lugar en el tiempo por venir, pero acudía a razones pragmáticas para solicitar en el presente respeto y consideración para el mismo.

Mas todo parecía inútil. La República Argentina, surcada por líneas de ferrocarril y alambradas, inundada de inmigrantes, proyectada por sus dirigentes hacia una europeización vertiginosa, se convertía cada vez más en un país inhóspito para sus hijos más legítimos, los gauchos, víctimas y protagonistas de las campañas del desierto destinadas a acabar con el peligro indio, y carne de cañón en otras luchas internas y externas como la guerra del Paraguay. «No trate de economizar sangre de gauchos —incitaba Sarmiento a Mitre, en carta del 20 de septiembre de 1861, tres días después de la batalla de Pavón—. Este es un abono que es preciso hacer útil al país. La sangre es lo único que tienen de seres humanos»[6].

---

[5] Recogido en José Hernández, *Prosas y oratoria parlamentaria,* Rosario, Biblioteca, 1974, pág. 106.

[6] Sarmiento-Mitre, *Correspondencia,* Buenos Aires, 1911. Cit. por John B. Hughes, en *Arte y sentido de Martín Fierro,* Madrid, Castalia, 1970, pág. 17.

Hernández, en determinado momento, sintió que debía utilizar un procedimiento más efectivo que el empleado hasta entonces, una fórmula que llevara su denuncia y sus reivindicaciones a un mayor número de gentes, que conmoviera su sensibilidad de un modo más profundo. Había, en suma, que literaturizar el tema, recrearlo y tratar de eternizarlo incluso, mediante la palabra poética. La historia de la literatura hispanoamericana cuenta con algún ilustre precedente en estos empeños. En 1816, el mejicano José Joaquín Fernández de Lizardi, fatigado de luchar a través de una prensa atenazada por la censura, publicó la primera novela de la América de lengua española, *El Periquillo Sarniento,* y en ella volcó las ideas que le era imposible verter en los periódicos. El caso de Hernández no es estrictamente el mismo, pero el acogerse al sagrado de lo literario obedece, en lo básico, a motivaciones similares. De que Hernández se planteó muy seriamente la cuestión dan idea estas palabras suyas:

> «Para abogar por el alivio de los males que pesan sobre esa clase de la sociedad, que la agobian y abaten por consecuencia de un régimen defectuoso, existe la tribuna parlamentaria, la prensa periódica, los *clubs,* el libro y, por último, el folleto, que no es una degeneración del libro sino más bien uno de sus auxiliares y no el menos importante.
>
> Me he servido de este último elemento, y en cuanto a la forma empleada, el juicio sólo podría pertenecer a los dominios de la literatura. Pero en este terreno *Martín Fierro* no sigue ni podía seguir otra escuela que la que es tradicional al inculto payador»[7].

Está claro que Hernández consiguió mucho —por ejemplo, la supresión de los contingentes de fronteras— entre los objetivos inmediatos que se había propuesto, y si no logró salvar al gaucho a la larga frente a los imperativos de la época, lo salvó, como dice Battistessa, «en el orden de la estética»[8]. Cuando el mismo crítico argentino afirma también que el in-

---

[7] «Carta del señor Hernández a los editores de la octava edición del Martín Fierro» (Montevideo, agosto de 1874), en *Martín Fierro. Un siglo,* Buenos Aires, Ed. Xerox, Argentina, 1972, pág. 166.

[8] Ángel Battistessa, «José Hernández», en *Historia de la literatura argentina* (Dirección de Rafael A. Arrieta), Buenos Aires, Peuser, 1959, tomo III, pág. 246.

terés principal de la obra nace «gracias a lo que en el poema es poema, expresión pura, no es alegato: los cuadros, los personajes, la garbosa rusticidad de cuanto allí se dice»[9], no niega, entendemos, su significación social pero valora muy justamente su fuerza literaria de la que todo lo demás depende.

Las advertencias del autor en el prólogo *(Carta a don José Zoilo Miguens),* de la primera parte, y la inclusión de unos textos reivindicativos del gaucho como preludio a la obra son un buen aviso al lector acerca del dramatismo que en ella va a encontrar, mientras el poema «El payador», de *Celiar,* del uruguayo Alejandro Magariños Cervantes, también reproducido en estos prolegómenos, parece querer anticipar los vuelos líricos de la misma. Hernández, por otra parte, deja claro que el poema tendrá una tonalidad amarga desde la primera estrofa en la que Fierro aparece revelando sus sentires de hombres desvelado por «una pena estrordinaria» *(Ida,* 4). Así, las disquisiciones que siguen sobre las cualidades de cantor de que el gaucho se jacta no nos harán perder de vista que en cualquier momento puede empezar la relación de desgracias. En el canto segundo —«ninguno me hable de penas / porque yo penando vivo» *(I.,* 115)— la reiteración de la actitud dolorida del cantor, también en la estrofa inicial, incide sobre lo mismo, de modo que la prolongada descripción de la época en que los gauchos vivían felizmente, materia central de ese canto, se percibe como un cómpás de espera, conjunto vivaz de imágenes que evidenciará más aún, por vía de contraste, lo aflictivo del relato de infortunios que se inicia bruscamente en las últimas estrofas.

Para que el efecto de choque sea más notorio, el cambio va a producirse dentro de la misma sextilla —en la que hace el número 24 exactamente—, contraviniendo el hecho usual de que cada una de estas unidades desarrolle un concepto unitario:

> Estaba el gaucho en su pago *(I.,* 253)
> con toda siguridá;
> pero aura... ¡barbaridá!,
> la cosa anda tan fruncida
> que gasta el pobre la vida
> en juir de la autoridá.

---

[9] *Íd.,* pág. 239.

A partir de aquí, las cinco estrofas con las que se concluye este canto anticipan la relación de desdichas que se expondrán minuciosamente en el resto del poema y que, globalmente, pueden sintetizarse así: *1.ª parte:* 1) El gaucho es arrancado de su hogar, como otros, y llevado a la frontera. Descripción de los malos tratos recibidos, embestidas de los indios (III).— 2) Miseria, usurpación del salario (IV).—3) Martín Fierro es estaqueado (V).—4) Tras desertar, encuentra que sus bienes le han sido expoliados y su familia se ha dispersado (VI).— 5) Enfrentamiento racial donde la acción injusta corresponde ahora a Fierro (VII).—6) Duelo mortal con el gaucho «guapo». La violencia, inexorable aliada de la desventura. Nueva exposición de los quebrantos de los gauchos (VIII).—7) Relación de los infortunios de Cruz. Su compañera le es arrebatada, es agredido por un gaucho servil al que mata (X).—8) Nueva exposición de miserias y violencias por Cruz (XI).—*2.ª parte:* 9) Fierro y Cruz se ven obligados a vivir fuera de su medio, penalidades padecidas entre los indios (II, III; VI a IX).— 10) Descripción de los brutales rigores de la penitenciaría por parte del hijo mayor de Fierro (XII).—11) Relato del hijo segundo: acción de un juez venal, malos tratos y consejos deformantes recibidos de Viscacha (XIII a XV).—12) Orfandad y abandono de Picardía. Imposición de formalismos religiosos (XXI).—13) El mismo, convertido en tahúr, explota a un napolitano. Arbitrariedades y robos de un miembro de la milicia (XXIII).—14) Fraudes electorales, más violencias (XXIV).— 15) Brutal organización de otro contingente de fronteras (XXV).—16) Nueva versión de los sufrimientos del servicio en la frontera (XXVII).—17) Corrupción de los mandos militares (XXVIII).—18) Agresividad de Fierro ante el Moreno tras la payada (XXX).

Todos estos hechos y situaciones, a los que posiblemente cabría añadir la prédica de una ética social en los consejos de Martín Fierro a sus hijos y a Picardía basada casi únicamente en la resignación, y encuadrable, por lo tanto, como alienante, en la lista de males, nos presentan una panorámica en la que son transgredidos sistemáticamente numerosos derechos humanos por parte de los que poseen alguna forma de poder, sin que los propios individuos sometidos se hallen exentos de la realización de acciones viles, en cuanto engranajes de una estructuración de relaciones injustas.

Después de esto es obligado enfrentarse con la observación tantas veces formulada de que hay una notable diferencia entre la primera y la segunda parte en lo que se refiere a la posición de denuncia. En realidad, lo cierto es que el tono vibrante en este terreno se mantiene en muchos momentos de ésta con la misma energía que en la totalidad de aquélla. No olvidemos que es precisamente en la segunda parte donde Fierro lanza este aserto, revelador como ningún otro del carácter comprometido del poema:

> Pero yo canto opinando *(Vuelta,* 65),
> que es mi modo de cantar

Es en ella también donde condena, a mayor abundamiento, la literatura gratuita, lúdica:

> No tiemplen el estrumento (*V.,* 4765)
> por sólo el gusto de hablar,
> y acostúmbrense a cantar
> en cosas de jundamento

Y ahí, en fin, donde proclama los derechos irrenunciables del hombre del campo:

> Debe el gaucho tener casa (*V.,* 4827)
> escuela, iglesia y derechos

¿En qué lugar se detecta, pues, el descenso del espíritu combativo de Fierro, que le había llevado en la primera parte a una actitud de rebeldía extremada («Yo juré en esa ocasión / ser más malo que una fiera» (*I.,* 1013) («Yo abriré con mi cuchillo / el camino pa seguir» (*I.,* 1389)). Fundamentalmente en los consejos del experimentado gaucho, llenos de un pragmatismo que deriva en una llamada a la aceptación de la injusticia como algo irremediable que los débiles deben soportar para lograr algunas mejoras y evitar, en todo caso, que los males sean aún mayores. La obra en verdad desemboca curiosamente en la exaltación de una filosofía social de corte absolutamente conservador, basada en la confianza en Dios y la desconfianza en los hombres como norma general, pero también, y a partir de aquí, en la amistad, la prudencia, el trabajo, el respeto al superior, la moderación y la fidelidad a la mujer. Todo perfecto si no estuviera encuadrado en un marco de total renuncia a la defensa activa de los derechos aplastados, según se deduce del peregrino axioma contenido en esta sextilla:

> El que obedeciendo vive (*V.,* 4715)
> nunca tiene suerte blanda;
> mas con su soberbia agranda
> el rigor en que padece.
> Obedezca el que obedece
> y será bueno el que manda

Otros pasajes de esta parte corroboran, aunque de modo menos explícito, tal actitud de sometimiento. Por ejemplo, la monótona cantinela del hijo mayor de Martín Fierro sobre los males de la penitenciaría nos resulta el blando lamento de un derrotado más que la queja viril de un luchador. La payada entre Fierro y el Moreno, si bien es un acierto en cuanto genera una diversificación enriquecedora de la obra desde el punto de vista lírico, produce indudablemente un escamoteo de los aspectos más crudos de la realidad, aunque en última instancia no hay nada positivo para la temperatura literaria del poema que pueda dejar de serlo para las finalidades con que se haya concebido.

De hecho, volviendo a los «consejos», nos parece sentir que quien los da no es el gaucho aguerrido de otros momentos que había cobrado vida más allá de los designios de su autor, sino éste, el propio autor, que tras haber dejado de buen grado que su personaje se le escapara, lo sujeta ahora y le obliga a asumir su propia voz. Y era esa la voz de un hombre tan defensor como siempre del gaucho, pero convencido de que el mejor servicio que podía hacerle, luego de haber puesto en evidencia los infortunios que padecía, era instarle a adaptarse en cuanto le fuera posible a un modelo de sociedad irreversible. Nuestra interpretación es, así, opuesta a la de John Hughes cuando se pregunta: «Sin negar por un momento los cambios ocurridos fuera del texto, en la vida del autor ¿por qué no ha de cambiar el personaje en ciertos aspectos *gracias a su propia experiència,* es decir, en términos de su vida y no por motivos históricos, sociales o psicoanalíticos con referencia a Hernández?» [10].

Lo cierto es que, en 1879, Hernández no era ya precisamente un hombre de la oposición. El viejo luchador contra

---

[10] John B. Hughes, *op. cit.,* pág. 119.

Mitre y Sarmiento había apoyado al presidente gobernante desde 1874, Nicolás Avellaneda, solizarizándose con su propósito, transformado en realidad, en 1880, de convertir definitivamente a Buenos Aires en capital de la República, y con su política desarrollista, en contra de ideas expuestas, en 1868. Naturalmente quienes desearían encontrar en Hernández a un perfecto escritor revolucionario sienten que su biografía y su obra no encajen en los moldes míticos en que convendría instalarlo. De ahí las censuras que sobre él han sido lanzadas, a veces, injustas, porque Hernández no dejó nunca de propugnar lo que estimaba más conveniente para beneficio del gaucho, como la de Noé Jitrik, quien lo definió como «un asimilado por el régimen» [11].

Insistiendo en nuestra creencia, contraria a la sugestiva hipótesis de Hughes, quien defiende inteligentemente la autonomía del texto, nos parece acertada la opinión de María Griselda Núñez cuando afirma: «Esta segunda parte deja de ser un poema de denuncia para convertirse en un programa orientador de conductas» [12], aunque salvemos la pervivencia del empuje de la primera parte, finalmente quebrado.

Con razón Unamuno, refiriéndose a la segunda parte, señalaba que «su sentido es sobradamente didáctico. Le falta mucho de la briosa frescura, de la ruda espontaneidad, del aliento vivífico de la primera» [13], aunque cayera, como Menéndez Pelayo, en el error de establecer incompatibilidades entre los «nobilísimos» fines sociales y el fin estético. Precisamente ese recargado didactismo es la contrapartida del abandono de posiciones audaces, que es necesario sustituir con prédicas convincentes. Pero hay que decir también que del ensamblaje de una y otra parte emana en definitiva, y esto es lo importan-

---

[11] Noé Jitrik, *José Hernández*. Cit. por Ramiro de Casasbellas en «Los biógrafos de Hernández», en *Martín Fierro. Un siglo,* pág. 137.

[12] María Griselda Núñez, «La mujer en Martín Fierro», en *José Hernández*. Estudios reunidos en conmemoración del Centenario de *El gaucho Martín Fierro,* 1872-1972 (varios autores), La Plata, Universidad Nacional de La Plata, Facultad de Humanidades y Ciencias de la Educación, 1973, pág. 148.

[13] Miguel de Unamuno, *El gaucho Martín Fierro*. Prólogo a José Hernández: *Martín Fierro,* Madrid, Giner, 1972, pág. 58. (Se trata del conocido estudio publicado por primera vez en la *Revista Española,* número 1, año 1, Madrid, 1894.) La alusión inmediata a Menéndez Pelayo hace referencia a la *Historia de la poesía argentina* del polígrafo santanderino (Buenos Aires, Espasa Calpe, Col. Austral. 1947).

te, un impulso humanista, más allá de los distingos, que se convierte en bandera intemporal de la causa de los irredentos. Esto es, por encima de todo, el impacto sociológico del poema, ya que, como dijo Borges, «Hernández escribió para denunciar injusticias locales y temporales, pero en su obra entraron el mal, el destino y la desventura, que son eternos»[14]. Él fue muy consciente, nos parece, de que su obra incluía esa mágica proporción de ingredientes necesarios para proyectarla hacia un futuro indefinido, de que había escrito para su tiempo y para siempre:

> Más que yo y cuantos me oigan (V. 97)
> más que las cosas que tratan,
> más que lo que ellos relatan
> mis cantos han de durar.
> Mucho ha habido que mascar
> para echar esa bravata.

Martín Fierro aparece en un momento en que todavía tiene gran vigencia el movimiento romántico en Hispanoamérica. Sólo hacía cinco años que se había publicado *María*, del colombiano Jorge Isaacs. En la Argentina resonaba aún el eco de la *Amalia* (1855), de José Mármol. Juan María Gutiérrez publicaba tardíamente su lacrimoso *Capitán de patricios* (1874), e incluso *La gran aldea* (1884), de Lucio Vicente López, guardará no pocos resabios románticos, a pesar de que en la década del 80 entra en acción el revulsivo naturalista. El gusto de muchos y la tolerancia de otros hacia lo gauchesco no impedía que en los niveles «cultos» preponderara una poesía llena de resonancias sentimentales mientras se despertaba el interés por lo cívico y huguesco, que tan amplio tratamiento habría de tener en la obra de un Olegario Víctor Andrade o de un Almafuerte. En el teatro, Martín Coronado establecería algunas bases desde 1877, con *La rosa blanca* para ir superando el romanticismo vacuo, inútilmente prolongado sobre los tablados argentinos.

La obra de Hernández corresponde, pues, a un momento de transición y no es extraño que ciertos críticos la hayan situado dentro del marco romántico. Arturo Berenguer Carisomo, que en *La estilística de la soledad en el «Martín*

---

[14] Jorge Luis Borges, *El Martín Fierro*, Buenos Aires, Columba, 1953, pág. 30.

Fierro» trata de hacerlo con sutiles razones, centra, a nuestro modo de ver, la cuestión cuando escribe años más tarde: «Fue llegado el romanticismo cuando lo gauchesco adquirió su plenitud, mas no exactamente durante la primera etapa de la escuela porque, entonces, la dirección culta afrancesada de los mejores entorpecía una asimilación pura y sin tropiezos de aquel medio y de aquellos hombres. Se necesitó una decantación, más aún, la experiencia del realismo inicial hacia 1860 para que un grupo de escritores lograra encontrar la formulación exacta y viva del tema autóctono. En rigor, y aunque el rótulo no sea muy preciso, diríamos que fueron algunos posrománticos quienes asumieron tan importante papel»[15].

Claro está que no faltan elementos románticos en *Martín Fierro*. El mismo protagonista encaja, en principio, dentro del molde del héroe típico de la escuela por su carácter de personaje marginado, que en determinados momentos de la primera parte muestra una actitud trágicamente rebelde. Así ocurre en el pasaje ya citado en el que el gaucho afirma su voluntad de abrirse paso en la vida con su cuchillo (véase pág. 24), explosión anímica del hombre que asume su «fatum» con un estilo que recuerda al «llamé al cielo y no me oyó» donjuanesco. Eso y un nunca vencido sentimentalismo (que Fierro se esfuerza en dominar en la segunda parte —no así el hijo mayor y aun el Moreno) es lo más importante, aunque no lo único, que puede alegarse en pro de los valores románticos del poema.

Junto a ello, las notas antirrománticas surgen por todas partes. En primer lugar, la obra no se muestra como producto de una concepción arrebatada, como bien señala Carilla[16], lo cual no va en detrimento de su evidente fluidez. Sin insistir en el conservadurismo del final, pensemos también en las notas de marcado pragmatismo que encierra, en la falta de intriga amorosa, en el limitado sentimiento de la naturaleza, en la escasa presencia de lo misterioso y en la ausencia de retórica nacionalista. Sobre algunos de estos aspectos hemos de volver, pero vale la pena que nos detengamos ahora en dos puntos muy reveladores.

---

[15] Arturo Berenguer Carisomo, *Literatura argentina,* Barcelona, Labor, 1970, pág. 98.

[16] Emilio Carilla, «Introducción» a su edición de *Martín Fierro,* de José Hernández, Barcelona, Labor, 1972, pág. 11.

En cuanto a pragmatismo: Tras la pelea mantenida por Fierro con el indio (*V., IX*), pelea dramática que termina con la muerte de éste, en presencia de la infeliz cautiva, en el momento en que el gaucho y la mujer, ella con los restos de su hijo en los brazos, van a iniciar la marcha hacia territorio cristiano, Fierro, desdeñando los patéticos epifonemas que la situación propiciaba, desvía su atención del tremendo asunto para dedicarse a explicarle al lector en un buen número de sextillas, con todo pormenor, la calidad de los caballos de los indios y la forma en que éstos los cuidan. El episodio es, en efecto, una buena piedra de toque para calibrar la baja temperatura romántica del poema, pues el clímax de la acción se diluye merced a este golpe de sentido práctico que destruye cualquier posibilidad de encauzamiento sentimental del tema.

Y entramos con esto en la carencia de intriga amorosa: Ningún episodio como el de la cautiva podía haber servido para que esa intriga cobrara cuerpo. «Cualquier romántico vulgar —señala perspicazmente Lugones— habría aprovechado el percance para una aventura amorosa, después de todo natural en aquel hombre afligido por un celibato de cinco años. Por pasividad gaucha y por gratitud, la mujer tampoco habría resistido. Pero la generosidad del paladín ignora estas complicaciones pasionales» [17]. No es a nuestro entender cuestión de generosidad de paladines, sino de la actitud general del autor y de su gaucho, o viceversa si se prefiere. No faltará ocasión de precisar esto más.

Ciertamente no es prerrogativa de las obras románticas el tratamiento de temas amorosos, pero nos atrevemos a decir que sólo las concebidas bajo otras directrices pueden soslayarlos tan abruptamente como lo hace el poema de Hernández.

Los dos ejemplos señalados reflejan, en suma, una común postura antiefectista, constante en los movimientos de Fierro y predominante en todo el poema. Es la que determina, por ejemplo, que Fierro y Cruz traspasen la frontera, rumbo a las tolderías, no en la oscuridad sugestiva de la noche, sino «una madrugada clara» (I., 2294)), muy en consecuencia con las conveniencias reales de los personajes que han debido

---

[17] Leopoldo Lugones, «El payador», en *Obras en prosa,* Madrid, México, Buenos Aires, Aguilar, 1862, pág. 1309 (la primera edición apareció en 1916, Buenos Aires, Otero y Cía.).

viajar durante toda la noche por territorio cristiano para evitar ser apresados, y la que, en fin provoca inesperados giros a situaciones emocionales, como sucede en este fragmento:

> A mis hijos infelices (*I.*, 1135)
> pensé volverlos a hallar,
> y andaba de un lao al otro
> sin tener ni qué pitar

que provocó este irónico comentario de Berenguer Carisomo: «El terrible dolor por unos hijos extraviados quizá para siempre queda resuelto en un lamento por falta de tabaco»[18].

Personajes

MARTÍN FIERRO

Oscar Tacca ha compuesto un cuadro muy útil acerca de la condición que las criaturas del poema tienen de personaje espejo, es decir, destinados no sólo a tener vida propia, sino a dar entrada a otros[19]. Martín Fierro, Cruz y sus respectivos hijos cumplen, pues, el papel de personaje como técnica y el de personaje como tema. Incluso diríamos que es evidente que el hijo mayor apenas saca adelante el segundo. Los que son introducidos por éstos pueden en algún caso —especialmente en el de Viscacha— servir también para reflejar a otros, pero la mayor parte tienen exclusivamente valor «per se». El caso de Viscacha es bastante notable: suscita personajes que a su vez se vuelven sobre él para describirlo. Resulta así el mejor perfilado del poema en forma directa. El conjunto de unos y otros, surgiendo y coordinándose a lo largo del poema, conforme a un cuidadoso plan, compone una «polifonía de voces», como dice Tacca[20], verdaderamente admirable. Añádese la circunstancia de que el autor abandona a veces su misión de mero armonizador del coro para hacer acto de presencia también en el poema.

---

[18] Arturo Berenguer Carisomo, *La estilística de la soledad en el Martín Fierro,* Buenos Aires, Artes Gráficas Tecnograf, S. R. L., 1951, pág. 18.

[19] Oscar Tacca, *Las voces de la novela,* Madrid, Gredos, 1977, página 134.

[20] *Ibíd.*

Martín Fierro cumple a conciencia sus dos encomiendas. Como personaje-tema llena por completo la obra. Su figura queda tan sólidamente asentada en la primera parte que nada importa que en algunos momentos de la segunda se vea relegado del primer plano. En realidad el lector (digamos mejor el receptor) del poema lo percibe siempre como presente, incluso en estos paréntesis.

Elías S. Giménez Vega ha acusado a Lugones de querer convertir a Martín Fierro en un personaje épico para escamotearlo de su tiempo y de su significación social: «Con todos los héroes de la épica universal constituyó un congreso excepcional en el que incluyó a Martín Fierro, liberado así de sus compromisos con la historia, de su inserción en el mundo político, pasional al que perteneciera»[21]. Pero la verdad es que Martín Fierro difícilmente podía ser encajado en lo mítico. No es un ser sublimado y ejemplar, sino simplemente un hombre.

De todas las características que concurren en él, la que destaca con mayor relieve desde el principio es su condición de cantor. Cantar es su vocación y su destino irrenunciables. Está clara en el poema desde la estrofa inicial la idea de la poesía, la canción, como liberación y como catarsis:

> que el hombre que lo desvela (*I.*, 3)
> una pena estraordinaria,
> como la ave solitaria,
> con el cantar se consuela

De nada se enorgullecerá tanto como de su destreza para elaborar este canto en donde se encuentra su propia sustentación («El cantar mi gloria labra» [*I.*, 39]), su evasión («y naides me ha de seguir / cuando yo remuento el vuelo» (*I.*, 95)) y el vehículo para comunicarse con el mundo exterior, porque él cuenta siempre con un destinatario inmediato al que apela no pocas veces a lo largo del poema («Si gustan... en otros cantos / les diré lo que he sufrido» [*I.*, 285]). Claro que Fierro ha cantado también sin que nadie le escuche —«ave solitaria» (*I.*, 5)— porque necesita hacerlo en cualquier

---

[21] Elías S. Giménez Vega, «Valor testimonial del poema *El gaucho Martín Fierro*» en *Anales de literatura hispanoamericana*, Madrid, Universidad Complutense, 1972, pág. 158.

circunstancia. Así sucede cuando se hallaba en medio de la pampa, prófugo y angustiado:

> Me·encontraba, como digo, (*I.*, 1469)
> en aquella soledá,
> entre tanta escuridá,
> echando al viento mis quejas

Todo el poema rezuma este orgullo de Fierro, que en cierto momento asegura haber recibido «con el agua del bautismo / la facultá para el canto» (*V.*, 24). No traeremos a colación las muchas ejemplificaciones posibles de esta actitud, pero nos detendremos, para concluir, en dos precisiones fundamentales del gaucho. Una es la ya señalada anteriormente acerca de la necesidad de cantar «opinando» (véase pág. 24), o, como dice en otro lugar, «en cosas de jundamento» (*V.*, 4768). La otra no es ni más ni menos que menos que una anticipación de la formulación mallarmeana de que la poesía no se hace con ideas sino con palabras. Fierro lo dice más expresivamente:

> No pinta quien tiene gana, (*V.*, 77)
> sino quien sabe pintar

Y ciertamente el gaucho Martín Fierro sabe pintar bien. Hasta el punto de que este hombre acosado por la desdicha y fracasado en todo, obtendrá su único triunfo, un triunfo que parece transfigurarle, cuando se enfrente a un contrario no con las pobres armas habituales con las que vencer es seguir hundiéndose, sino con el arma de su canto en la payada con el Moreno.

Fierro es también un hombre bravo:

> En el peligro, ¡qué Cristos!, (*I.*, 73)
> el corazón se me ensancha

> Yo soy un hombre, ¡qué Cristo!, (*I.*, 969)
> que nada me ha acobardao

Son frecuentes sus enfrentamientos violentos a lo largo del poema. Mata en lucha individual a cuatro hombres. Rodeado por los policías de campaña, se deshace él solo de siete, eliminando según parece a tres de ellos por lo menos, antes de que Cruz se ponga de su lado. Todo ello es prueba de un excepcional arrojo.

Hombre de religiosidad primitiva, pero honda, no pierde ocasión de acudir a los poderes celestiales en cualquier trance difícil, desde el momento en que al iniciar su relato, y siguiendo una tradición que arranca del medievo, solicita la intervención de los «santos milagrosos» (*I.*, 13). A ellos se encomienda muchas veces, pero también a Dios en quien, según dice al aleccionar a sus hijos y a Picardía, hay que poner la confianza en los malos momentos (*V.*, 4621); a Cristo (*I.*, 865), —o Jesús (*V.*, 926)— a la Virgen (*I.*, 1588), y al «Eterno Padre» (*I.*, 34), mencionado también como «el maestro principal» (*V.*, 464), «Criador» (*V.*, 924), «Su Divina Magestá» (*V.*, 1306), «la Magestá infinita» (*V.*, 1536). Fierro envía su bendición a sus hijos cuando los evoca (*I.*, 1067), a la vez que solicita la protección divina para su mujer (*I.*, 1065), reza un «bendito» por el alma de los policías de los que se ha desembarazado (*I.*, 1646), se persigna después de haber vencido al indio y da gracias a su santo, en el episodio de la cautiva (*V.*, 1353). Su familiaridad con lo religioso se muestra asimismo en la facilidad con que en algunas ocasiones echa mano a elementos de esta naturaleza para subrayar una idea: «Nos tenía apuntaos a todos / con más cuentas que un rosario» (*I.*, 709) dice a propósito de las deudas que los milicos tenían con un pulpero, y para demostrar la brutalidad de los indios afirma que son capaces de escupir a un crucifijo (*V.*, 733).

Es preciso destacar también su respeto e identificación con los lazos familiares. Otra cosa es que el poema deje percibir la precariedad que estas relaciones tenían en el mundo de los gauchos. Desde el principio se muestra como un hombre «que padre y marido ha sido / empeñoso y diligente» (*I.*, 111). Sus grandes bienes han sido «hijos, hacienda y mujer» (*I.*, 290) —después puntualizaremos algo sobre esta expresión— y a ésta y aquéllos evocará en momentos penosos como en la muerte de Cruz. Finalmente, piénsese en el peso que en el poema tienen los consejos que ofrece a sus reencontrados hijos y a Picardía.

La amistad es otro de los grandes valores en el código ético del gaucho. Acaso el más importante. Martín Fierro da las mejores pruebas de lo que para él representa este sentimiento en la relación que establece con Cruz, cuya muerte será para él motivo de honda desolación. Junto a su tumba asocia el recuerdo del amigo muerto al de su mujer e hijos, según acabamos de indicar, para evidenciar hasta qué punto le estimaba. Y aún más, tal asociación hace que el lector aprecie que no hay equiparación entre la hasta cierto punto resignada aceptación de la pérdida de aquéllos y la desesperación que le llevará en este caso a gestos extremados:

> no encontraba otro consuelo (*V.*, 958)
> que irme a tirar en el suelo
> al lao de su sepoltura

Se ha observado, y sobre todo ello tendremos ocasión de volver, que en el rudo ambiente de la pampa la amistad era el bien más preciado en las relaciones humanas. Fierro en sus consejos previene a los muchachos para que no confíen sino en muy pocos hombres («... sólo en uno; / con gran precaución, en dos» [*V.*, 4623]), pero a continuación les pide que no dejen en la estacada al amigo.

Martín Fierro es además un hombre inteligente («Soy medio despierto» [*I.*, 798]. «Nunca jui gaucho dormido» [*I.*, 967]), domina, por supuesto, lo que es específico de su oficio. «El gaucho tiene su cencia» (*I.*, 1462) afirma, que no pueden poseer los hombres que la sociedad reconoce como cultos: «Aquí no valen dotores, / sólo vale la esperiencia» (*I.*, 1457). Dará, sobre todo, pruebas de su conocimiento de los quehaceres del gaucho, aunque nada personalice —lo hará en el canto primero de la segunda parte— en el canto segundo de la primera donde los describe gozosamente, y acredita su condición de auténtico baquiano cuando se introduce con Cruz en tierras de indios y cuando sale de ellas con la cautiva.

Pero además, su reflexión, su habitual buen juicio, sus máximas llenas de sensatez avalan la agudeza de su mente.

Moderando su bravura, se da en él, de un modo natural también, la resignación ante lo irremediable. Las desgracias alcanzan «a empujones» (*I.*, 129) muy pronto al hombre que entra en el mundo al tirón de la esperanza. «Todos tienen que cumplir / con la ley de su destino» (*V.*, 4485). Este estoicismo es una forma de sublimar las desventuras cuando no cabe hacer otra cosa con ellas. Y más aún, Fierro se declara pacífico por naturaleza —aunque la vida le arrastre a no actuar como tal. «Soy manso» (*I.*, 316) afirma para justificar por qué no huyó, como otros, cuando el juez de paz hizo la leva que dio con él en el fortín.

Pero todo esto, volviendo a lo antes dicho, no hace de

Fierro un ser ideal, sino un hombre de carne y hueso cuyas nobles o elevadas cualidades se ven interferidas por otras que lo hacen descender en mayor o menor grado de cualquier olimpo. Fierro fue en otros tiempos amigo de diversiones, lo cual es normal; menos justificable es su afición a la bebida, que él trata de explicar en cuanto estimula su canto («pues cuando puntiao me encuentro / me salen coplas de adentro / como agua de la virtiente» (*I.*, 304)), le sirve para cobrar fuerzas ante el peligro (*I.*, 1494), para reaccionar tras la pelea (*I.*, 1657), etc.

Es bajo los efectos del licor como provoca y mata a un negro tras haber huido del fortín (*I.*, 1146), y con esto hemos mencionado la página más negativa de su historia. Puede entenderse la muerte del gaucho «guapo» por el facón de Fierro (*I.*, VIII), pero en cualquier caso queda claro que éste no es un filántropo. En cuanto a los otros hechos de sangre es preciso pensar que no dejaban ni un resquicio para otra solución. Igualmente comprenderemos las razones que le llevaron a jurar ser «más malo que una fiera» (*I.*, 1014) y a ser «cruel con los crueles» (*I.*, 2153). ¿Qué otros defectos rebajan la grandeza de su figura? Pensemos, por ejemplo, en su inaceptable sentimiento de superioridad ante los individuos de color, que delata un inequívoco racismo por su parte. Observemos, en fin, cierta tendencia a la sensiblería, que a veces disminuye el tono digno y viril habitualmente de su cantar. Dice Fierro, hablando de las mujeres:

> Yo alabo al Eterno Padre, (*V.*, 705)
> no porque las hizo bellas,
> sino porque a todas ellas
> les dio corazón de madre.

Y comenta Lugones: «Rima y concepto son de la mayor pobreza, como el sentimentalismo cursi que lo inspira» [22].

No falta algún otro caso merecedor de análogas censuras. Tal sucede con la siguiente sextilla:

> Bala el blanco corderito (*I.*, 1409)
> al lao de la blanca oveja,
> y a la vaca que se aleja

---

[22] Leopoldo Lugones, *op. cit.*, pág. 1236.

> llama el ternero amarrao;
> pero el gaucho desgraciao
> no tiene a quien dar su queja.

Los incisivos conceptos de Borges, a propósito de estos versos, valen la pena de ser reproducidos: «Este tipo de gaucho quejoso que compuso Hernández adelantándose a Carlos Gardel, es una desdicha. No puede imaginarme a un gaucho diciendo (sigue la cita de la estrofa). Si un payador hubiera dicho eso, habrían pensado que era un marica. ¡Hubiera sido despreciado por todos!»[23].

Quizá la causticidad de este juicio y de los que a continuación pasamos a transcribir, del mismo origen, no sea en el fondo un mal servicio prestado al poema:

> Admiro al *Martín Fierro* como obra literaria, pero no como personaje; como tal, me parece espantoso y sobre todo muy triste que un país tome por ideal a un desertor, a un prófugo, a un borracho, a un soldado que se pasa al enemigo. Esto debe haber sido muy raro en aquella época. Creo que Hernández se anticipó, porque Martín Fierro es un malevo sentimental, que se apiada de su propia desdicha. Los gauchos deben haber sido gente mucho más dura, debían parecerse más a los gauchos de Ascasubi o de Estanislao del Campo[24].

Claro está que las manifestaciones de Borges como crítico literario o como sociólogo deben ser casi siempre rebajadas con generosas dosis de antídotos contra lo que en ellas hay de concesión a lo *épatant*. Hecho esto, qué duda cabe que los denuestos borgeanos al personaje de Hernández lo que hacen en el fondo, a cambio de librarlo de la dudosa gloria de «héroe nacional», es ni más ni menos que mostrar su humanidad, sus debilidades expresivas —que no sentimos como irreales—. El mismo autor ha podido escribir en otra parte unas palabras que en el fondo no anulan las arriba recordadas:

---

[23] Recogido por María Esther Vázquez, *Borges: imágenes, memorias, diálogos,* Caracas, Monte Ávila, 1977, pág. 59.
[24] *Ibíd.*

El pobre Martín Fierro no está en las confusas muertes que obró ni en los excesos de protesta y bravata que entorpecen la crónica de sus desdichas. Está en la entonación y en la respiración de los versos, en la inocencia que rememora modestas y perdidas felicidades y en el coraje que no ignora que el hombre ha nacido para sufrir. Así, me parece, lo sentimos instintivamente los argentinos. Las vicisitudes de Martín Fierro nos importan menos que la persona que las vivió [25].

Es, con poca diferencia, lo que Unamuno dijo más escuetamente: «¡Pobre gaucho! El es bueno y parece malo» [26].

CRUZ

El que lee o escucha el poema, una vez inmerso en él, se dejan llevar por la voz de Fierro y está dispuesto seguramente a aceptar el monólogo y la perspectiva única en el relato. Pero el narrador muestra alguna inquietud acerca de la monotonía que esto puede determinar al comenzar el canto IV de la primera parte («Seguiré esta relación / aunque pa chorizo es largo» (*I.*, 619)) y en el VI cree necesario estimular a ese destinatario anticipándole el interés de lo que sigue («Vamos entrando recién / a la parte más sentida» (*I.*, 931), pero la verdad es que éste no experimenta ningún rechazo hacia el sistema. Un *Martín Fierro* monologado hasta el final hubiera roto, sin embargo, la tradición del cantar gauchesco que pide la presencia de interlocutores. No basta con los personajes que han entrado en el poema mediante las rememoraciones de Fierro, a algunos de los cuales se les concede expresarse en estilo directo: el juez, dos oficiales del fortín, el napolitano, la negra y el negro provocados, el gaucho «guapo», los soldados que le atacan en el desierto. Es necesario uno más individualizado o más consistente que dé la réplica al hasta ahora relator único. Este es el sargento Cruz.

Cruz es el primer personaje de verdadera importancia que entra en el poema, incluso con ribetes de coprotagonista.

---

[25] Jorge Luis Borges, *El Martín Fierro,* pág. 76.
[26] Miguel de Unamuno, *op. cit.,* pág. 58.

Merced a él la obra se anima, cobra cierto rango de sugestiva teatralidad, que se intensificará después. El soliloquio de Martín Fierro se convierte en diálogo, se contrastan ideas y, por otra parte, el poema se enriquece con nuevos personajes que atraviesan las estrofas mediante la evocación de Cruz: la mujer a quien éste amó, el comandante de milicias que la galantea, una moza, un gaucho burlón y el juez que convierte a Cruz en «soldao de polecía» (*I.,* 2052).

Cruz subraya con la suya la personalidad de Martín Fierro. Es el hombre que mientras ataca con el resto de la partida al gaucho matrero encuentra súbitamente su propia identidad. «Comprendió —comenta el inevitable Borges— que un destino no es mejor que otro, pero que todo hombre debe acatar el que lleva adentro... Comprendió su íntimo destino de lobo, no de perro gregario; comprendió que el otro era él» [27].

Cruz es también desgraciado y fatalista, religioso y capaz de matar en reyertas. Las circunstancias de su vida no son disímiles a las de Fierro, pero se desarrollan en un proceso distinto: su ruptura con el mundo feliz es debida no a una inesperada leva, sino al enfrentamiento con un comendante que corteja a su «pilcha» del que se sigue una muerte y la consiguiente fuga. Un nuevo incidente en una casa de baile en el que deja maltrecho a otro individuo le lleva a huir otra vez hasta que entra en la policía de campaña, de la que deserta en las circunstancias apuntadas.

Cruz, buen cantor asimismo, matiza bien con sus descripciones las cuestiones sociales ya denunciadas por Fierro:

> Todo se güelven proyectos (*I.,* 2113)
> de colonias y carriles,
> y tirar la plata a miles
> en los gringos enganchaos,
> mientras al pobre soldao
> le pelan la chaucha, ¡ah viles!

Es evidente, sin embargo, que Cruz no tiene oportunidad de desentrañar su personalidad ante nosotros como Fierro. Irrumpe en el canto IX de la primera parte y su relación se desarrolla en los tres siguientes. En la segunda parte es entrevisto por medio de las alusiones del protagonista para morir en el can-

---

[27] Jorge Luis Borges, «Biografía de Tadeo Isidoro Cruz (1829-1874)», en *El Aleph,* Buenos Aires, Losada, 1952, pág. 53.

to VI. No acierta acaso a explicarse del todo y los elogios de su compañero parecen, por desmedidos, algo gratuitos. Ciertos críticos, a partir de Martínez Estrada, se han sentido mal dispuestos frente a él. Así John B. Hughes lo considera «más vulgar, más fanfarrón, más calculador e infinitamente más cínico respecto a la vida» [28] que Martín Fierro. Le perjudica también su declarado antifeminismo. De cualquier forma ahí está su espléndido gesto inicial que lo salva, frente a no importa qué imputaciones, como personaje.

LOS HIJOS DE MARTÍN FIERRO. VISCACHA. PICARDÍA

El gaucho asegura, al recordar su malhadado regreso al rancho donde tuvo su hogar, que contaba con muchos hijos («un enjambre (*I.*, 1060)»). Ello parece representar una contradicción con cierta indicación anterior en la que éstos resultaban ser sólo dos («Me han contado que el mayor / nunca dejaba a su hermano (*I.*, 1047)»), pero todas las menciones posteriores no dejan lugar a dudas. El mayor de ellos afirmará qu estando en la penitenciaría pensaba en sus «hermanos» (*V.*, 1905) y Fierro ya aclaró antes: «De mis hijos he encontrado / sólo dos hasta el momento» (*V.*, 1643). Dos de todo un enjambre. Los restantes quedan, pues, en el enigma de lo irrecuperable, vagamente dolorosos y fantasmales.

El hijo mayor tiene un mero papel de amplificador de la relación de hechos que merecen ser denunciados, centrándose en la descripción de un lugar nuevo, la penitenciaría y sus inhumanas condiciones que Hernández consideró merecían un apartado especial. Así sería indudablemente, pero la relación de penalidades, siendo original, nos suena a reiterativa. El tono monocordemente lacrimoso utilizado por el personaje, su insistencia en airear su papel de víctima consigue que esta parte del poema se haga fatigosa, porque el poema pierde aquí «esa *energía ligera*» de que hablaba Azorín al comentarlo, «opuesta a la pesadez, prolijidad y pedantismo de los que están dominados por el asunto, en vez de ser ellos los que debelan el asunto» [29], es decir, opuesta a lo que este pasaje sig-

[28] John B. Hughes, *op. cit.*, pág. 145.
[29] Azorín, *En torno a José Hernández*. Prólogo a José Hernández: *Martín Fierro*, Madrid, Giner, 1972, pág. 39 (primera edición en Editorial Sudamericana, Buenos Aires, 1939).

nifica. Y esto a despecho de algún feliz hallazgo expresivo del personaje, como esa espontánea exclamación:

> ¡Qué diera yo por tener (*V.*, 1920)
> un caballo en que montar
> y una pampa en que correr!

Lo positivo de este parlamento es que prueba cómo los buenos sentimientos y las causas justas no valen por sí solos para hacer poesía, y revaloriza en consecuencia la eficacia con que en el resto del poema se resuelve el tratamiento de la problemática social. El hijo mayor remata además su exposición con un toque de conservadurismo —el primero que se introduce en el poema— que resulta inadecuado a todas luces. Quien empezó poniendo de manifiesto la tremenda injusticia de su encarcelamiento y las terribles características de la prisión, que ha referido con detalles prolijos, acaba elogiando a sus carceleros («el hombre que manda allí / es poco menos que un santo. / Y son buenos los demás» (*V.*, 2059) y recomendando a quienes le oyen que se manejen como buenos para evitar ir a parar a tal destino. Se diría, pués, que al final lo importante no es tratar de cambiar el régimen de la penitenciaría sino evitar ser enviado a ella. El autor, en fin, es consciente de lo reiterativo del pasaje y da muestras de ello cuando trata de justificarse por boca del personaje: «Aquí no hay razón de más, / más bien las puse de menos» (*V.*, 2076).

Se agradece, por el contrario, la entrada en escena del hijo segundo con el que el poema vuelve a recuperar su habitual vivacidad. El anterior apenas había aludido a unos oscuros personajes a lo largo de su egocentrista soliloquio. Por el contrario, éste da paso en seguida a nuevas figuras humanas rápidamente trazadas en su mayoría pero no carentes de relieve desde la tía que le recogió y el juez que se ocupó de buscarle tutor a la muerte de aquélla. Y, por supuesto, la gran aportación del hijo segundo es dar entrada a uno de los personajes de mayor interés en todo el poema: el viejo Viscacha.

Estamos también ante uno de los mejor dibujados. Luisa López Grigera ha señalado de qué manera sobresalen en la estrofa en que se hace la presentación del personaje tres adjetivos en cuyo ajuste expresivo «se compendian los pilares de la *Weltanschauung,* de Viscacha: en efecto, una visión del mundo que resulta de la toma de posición del hombre frente a tres grandes valores: Dios, el hombre, la naturaleza»[30].

> Me llevó consigo un viejo (*V.,* 2157)
> que pronto mostró la hilacha:
> dejaba ver por la facha
> que era medio cimarrón,
> muy renegao, muy ladrón,
> y le llamaban Viscacha

Hernández se detiene con cuidado en la observación de este individuo, cuya vinculación con los personajes de la picaresca tradicional hispana ha sido siempre subrayada. Viscacha está emparentado con el tío Lucas, de *El diablo mundo* de Espronceda, pero tiene también algo de Monopodio y, en suma, no es difícil encontarle concomitancias desde el *Lazarillo* hasta el americano *Periquillo Sarniento.* La relación que su particular tutoría sobre el hijo de Fierro determina no es sino la clásica de amo-pícaro. En el canto XV, de la segunda parte, aparecen sus famosos consejos al muchacho, compendio de maliciosa filosofía popular presidida por un cínico pragmatismo, según el cual no hay que relacionarse con los pobres, es preciso poner los intereses propios por encima de todo, aliarse a los poderosos, desconfiar de la mujer, etc. Incluso alguna recomendación positiva («A naides tengás envidia» [*V.,* 2379], «Los que no saben guardar / son pobres aunque trabajen» [*V.,* 2415]) pierde su valor situada en la mezquindad del contexto. De hecho estos consejos estarán presentes en el receptor del poema cuando se acerque a los dados por Martín Fierro. La oposición de sus respectivos contenidos acentúa la categoría moral de los de éste. Viscacha es el tipo que representa al pueblo asociado a los que desde arriba administran la injusticia y generador de ella por cuenta propia; es el más típico, pero no el único de los personajes del estado llano que prueban cómo Hernández no situó a sus criaturas literarias con criterio maniqueísta. Viscacha no es una mera anécdota pintoresca, sino la brutal consecuencia de situaciones extremadas, y como tal, su historia aporta no poco al gran pliego de denuncias del poema.

---

[30] Luisa López Grigera, «En los noventa años de *El gaucho Martín Fierro*» en *Boletín cultural,* Madrid, Departamento Cultural de la Embajada argentina, año I, número 1, enero de 1963, pág. 11.

Muerto Viscacha, asistiremos al análisis que sobre su vida efectúan el alcalde y otros vecinos, con lo cual se refuerza desde otros puntos de vista diferentes al del hijo de Fierro la visión de la personalidad del individuo, trazada en un cuadro de eficaz expresionismo. Los detalles esperpénticos se acentúan en la descripción del proceso de su agonía y de lo ocurrido tras su entierro. Nada más valleinclanesco que esa mano —tal vez la misma a la que su pupilo le ató un cencerro y con la que arañaba las paredes en sus últimas horas— que emerge de la sepultura y es devorada por un perro. Viscacha parece estar cumpliendo una misión de chivo expiatorio.

Una vez muerto, el asedio a su figura se intensifica asimismo por medio de la relación de objetos que constituyen su heterogéneo y mísero legado. Recuérdense las cinco estrofas en que se detallan la «mil chucherías / y guascas y trapos viejos» (*V.,* 2603) que forman esa herencia. Hernández, como señala Hughes, hace que «las cosas, los objetos del viejo Viscacha tengan una realidad propia y que el registro de todos sus efectos acumulados nos imprima con tinta imborrable su individualidad grotesca»[31]. Las formas nominales abrumadoramente predominantes y vertidas en enumeración caótica anticipan técnicas superrealistas para hacer desfilar objetos hostiles:

> Salieron varios cencerros (*V.,* 2619),
> alesnas, lonjas, cuchillos,
> unos cuantos coginillos,
> un alto de gergas viejas,
> muchas botas desparejas
> y una infinidad de anillos.
>
> Había tarros de sardinas,
> unos cueros de venao,
> unos ponchos augeriaos.
> Y en tan tremendo entrevero
> apareció hasta un tintero
> que se perdió en el juzgao

Resulta tentador hablar de un paralelismo a distancia con los campos semánticos en que se polariza el léxico de Neruda, en algunos poemas de las *Residencias,* y de una coincidencia en la tonalidad de sentimiento («Herramientas que caen... /

---

[31] John B. Hughes, *op. cit.,* pág. 155.

.../ botellas palpitantes / ... / Cáscaras del silencio, de azul turbio, / como frascos de oscuras farmacias clausuradas / ... / zapatos bruscos, bestias, utensilios / ... / relojes trabajando como estómagos secos, / ruedas desenrollándose en rieles abatidos / y water-closets blancos despertando / con ojos de madera») [32].

El hijo segundo de Fierro, poseedor de una vitalidad que le impide hundirse como su hermano en el desaliento, rechaza la sórdida herencia, rompe con el caos, aunque el mal sueño de «viejos, perros y guascas» (V., 2744) le persiga algún tiempo. Una viuda por la que se apasiona, un falaz «adivino» que le ofrece curar su mal de amores, un cura nada caritativo y un inevitable juez son los personajes que todavía surgirán en torno al muchacho, que irá a parar como su padre a un puesto militar de la frontera.

Picardía, el hijo de Cruz, tiene un corte picaresco más acusado aún que el hijo segundo. Igualmente desamparado, es uno de los más dinámicos del relato. Tras ser volatinero pasa a ser acogido por unas tías, «las más rezadoras / que he visto en toda mi vida» (V., 3005). Muy acertadamente, señala Hughes, que el hijo segundo y Picardía resultan precursores del huérfano de *Don Segundo Sombra,* de Güiraldes [33]. No es seguramente casual que este novelista hiciera que el niño Fabio Cáceres fuera recogido también por unas tías que le mortificaban con los rezos del rosario y le daban «coscorrones» como las suyas a Picardía. Picardía introduce notas de traviesa comicidad a propósito de estos rezos y las bromas de una mulata. Viene después su ingreso en la guardia nacional, su dedicación al juego de naipes, asunto este enraizado en la más pura tradición de la picaresca española e hispanoamericana —y nos remitimos de nuevo a *El Periquillo Sarniento*[34], con cuyo capítulo XVI de la primera parte puede parangonarse el pasaje referente a las actividades de Picardía como tahúr.

Otros personajes acuden suscitados por el mismo: «un nápoles mercachifle» (V., 3217), al que desmpluma en el juego; un oficial de partida con quien se enemista y a quien provoca

[32] Pablo Neruda, *Obras Completas,* Buenos Aires, Losada, 1967, tomo I, págs. 211-212.

[33] John B. Hughes, *op. cit.,* pág. 158.

[34] José Joaquín Fernández de Lizardi, *Periquillo Sarniento,* edición preparada por Luis Sáinz de Medrano, Madrid, Nacional, 1976, páginas 302 y ss.

insinuándose ante la compañera de éste, lo que motivará su envío a la frontera; el comandante que increpa a los miembros del contingente, nueve personajes anónimos que cobran fugaz contorno al ser individualmente reprendidos, un coro de mujeres llorosas y, por supuesto, otro juez. La rememoración de los tiempos pasados en el fortín nos ofrece aspectos de situación ya conocidas. «No repetiré las cosas / de lo que se sufre allá» (*V.*, 3601) asegura Picardía, evidenciando una vez más que Hernádez era buen detector de los riesgos tautológicos que acechaban al poema, lo cual no impide que permita a Picardía dar una cumplida información de la dramática vida de los milicos: mala vestimenta, falta de pago, castigos, fraudes, dureza del servicio... Conoceremos aquí a *la bruja,* encargado de la administración «de víveres y de vicios» (*V.*, 3768), con quien Picardía colabora. Este último episodio, aunque simple variante de una temática conocida, constituye un nuevo foco de interés.

EL MORENO

Este personaje, que entra en el poema ya en su parte final, posee verdadera originalidad en cuanto se despega de los patrones comunes de un modo u otro a los anteriores. Aunque él mismo se llama «negro rudo» (*V.*, 4255), se separa también de los otros personajes de color que hemos encontrado hasta ahora, todos ellos muy elementales. El Moreno aporta indudablemente cierta nota de misterio que conviene al poema en un momento en que parece haberse dicho ya todo. Su propia irrupción en escena, dispuesta sin preámbulos, con la habitual técnica ingenuista de estos casos, crea ya, dadas sus peculiares características, esa sensación. Este negro «fantástico» (*V.*, 3904) llevará a todos lejos de las inquietudes relacionadas con las miserias cotidianas. La payada que él suscita, según Martínez Estrada «debe considerarse como una pieza entera, cerrada, que se ensambla en el poema con doble finalidad: la reparación que el Moreno viene a exigir del asesino de su hermano y la necesidad de que Martín Fierro demuestre sus mentadas facultades en el arte más difícil» [35]. A nuestro modo de ver la payada cumple esencialmente la segunda parte de esa finalidad, sólo que Hernández creyó necesario no dejar sin algún

---

[35] Ezequiel Martínez Estrada, *op. cit.*, pág. 430.

enlace el episodio con el resto del poema, para lo cual convirtió al negro en un pseudovengador nada convincente, lo cual no modifica desde luego su verdadera personalidad de cantor imaginativo y enigmático, antecesor del Juan sin Ropa, de Rafael Obligado, en *Santos Vega*.

La reacción de Fierro, encajando sin vacilaciones el desafío y entrando en el cambio de niveles conceptuales propuesto por aquél, refleja la versatilidad del gaucho. Todas las desdichas quedan ahora olvidadas ante el despliegue de una dialéctica de gran estilo que sirve para debatir cuestiones elevadas o abstractas: cuál es el canto del cielo, cuál el de la tierra, el del mar y el de la noche, de dónde nace el amor, qué es la ley, para qué han sido creadas la cantidad y la medida, qué significa el peso, «cuándo formó Dios el tiempo y por qué lo dividió» (*V.*, 4347). «Cuanto sé lo he aprendido / porque me lo enseñó un flaire» (*V.*, 4005) aclara el negro para justificar sus conocimientos, acudiendo al mismo subterfugio que encontramos en el *Lazarillo de ciegos caminantes* para explicar la mucha sapiencia del modesto Concolorcorvo [36], pero, ¿quién fue el maestro de Martín Fierro? Hernández no necesita decir nada a este respecto y ello es una muestra sutil de la distinta consideración social de negros y gauchos. Se da por sabido —y era cierto— que entre éstos eran frecuentes las disquisiciones poéticas de este rango, depositarios como eran de un acervo cultural heredado y llegado hasta ellos por imprecisas vías, que afloraba muchas veces en sus payadas. Esta observación, aplicable también a la actitud del gaucho cantor en otros momentos sirve igualmente de punto de apoyo para justificar en buena parte ciertos cultismos en el léxico del poema. «El tema —dice Lugones, refiriéndose a las payadas—, como en las églogas de Teócrito y de Virgilio, era por lo común filosófico,˙ y su desarrollo consistía en preguntas de concepto difícil que era menester contestar al punto, so pena de no menos inmediata derrota» [37].

Para romper la tensión que ha ido creándose en la controversia, Fierro no tiene más remedio que utilizar un curioso procedimiento: plantear al Moreno una cuestión absolutamente realista: qué faenas agrícolas deben emprenderse en los meses que traen erre. El interlocutor, tan sagaz en el otro terreno, se reconoce vencido. Diríase que Fierro ha querido al final

---

[36] Concolorcorvo, *op. cit.,* pág. 117.
[37] Leopoldo Lugones, *op. cit.,* pág. 1153.

restaurar el imperio de lo concreto frente al escapismo susci-
tado por aquél, no sin haberle antes demostrado que él tam-
bién domina el ámbito de lo especulativo.

Otros personajes

Son numerosos, como se ha podido ver, los que se mueven
en torno a las figuras principales. Una recapitulación con
ánimo más abarcador dentro de lo sintético nos haría obser-
var a los siguientes:

LOS GAUCHOS

El tipo humano del gaucho, bien representado por Fierro y
los demás hasta ahora examinados —Viscacha incluido—,
queda además definido a través de una galería de individuos
que se despegan eventualmente del segundo plano al que per-
tenecen. Sobre todo en los recordados por Fierro al comienzo
del poema dentro del marco de la perdida edad venturosa:

> Este se ata las espuelas (*I.*, 157),
> se sale el otro cantando,
> uno busca un pellón blando,
> éste un lazo, otro un rebenque

Están también «el gauchaje» que espera inútilmente su li-
cencia en los fortines (*I.*, 948), los amigos que Fierro encuen-
tra en la milonga (*I.*, 1143), donde dará muerte al negro, el
gaucho «guapo» que le afrentará con trágico resultado en un
«boliche» (*I.*, 1265), los borrosos y genéricos y los que se acer-
can inesperadamente al lector, como los aludidos en la pági-
na 44. La imagen del gaucho aparece por todas partes en el
poema, algunas veces identificado con el «criollo» (Hasta que
venga algún criollo / en esta tierra a mandar» (*I.*, 2093).
«Cual más, cual menos, los criollos / saben lo que es amar-
gura» (*V.*, 955)). En alguna ocasión la palabra no designa
estrictamente a los gauchos, pero sí a las gentes de las que
ellos no se sienten racial y sociológicamente distintos, lo cual
revela que desde un punto de vista psicológico el *Martín
Fierro* no muestra conciencia de mestizaje por parte de los
mismos.

Una nota destacable es la de que, por otra parte, estos gauchos carecen del sentido de lo nacional. Ni Fierro ni ningún otro personaje de su grupo están determinados de alguna manera por la idea de la patria. Su mundo es la pampa y el desierto. El único concepto político-territorial manejado —y eso una sola vez— es la provincia, a la que alude así Picardía:

> La Provincia es una madre (*V.*, 3715)
> que no defiende a sus hijos

«La patria —escribe Fryda Schultz de Mantovani— está más ausente que la mujer en el poema: todo es el desierto, el fortín o la frontera casi sin nombre, el salvaje y la autoridad implacable» [38]. No nos parece que esta ausencia sea consustancial a la poesía gauchesca, aunque sospechamos que la idea de patria en el gaucho haya aflorado con fuerza sólo en situaciones de exaltación bélica o partidista. Los gauchos de nuestro poema, errantes en un suelo sin límites ni variaciones, abandonados a su mala suerte, difícilmente pueden pararse a pensar que haya algo más allá, algo que sumado a su habitat conocido constituya la patria, concepto que ninguno de sus aprovechados mentores esgrime, por cierto, ante ellos para estimularles. En este poema radicalmente argentino sólo en una ocasión se utiliza también este gentilicio, a cargo asimismo de Picardía:

> El gaucho no es argentino (*V.*, 3869)
> sino pa hacerlo matar.

LOS INDIOS

Se ha señalado repetidamente cómo los pobladores autóctonos de la República Argentina no fueron magnificados en la literatura, a diferencia de lo ocurrido en otras zonas de Hispanoamérica (quizá pueda exceptuarse el ambiguo intento del *Siripo,* de Lavarden). Particularmente los de las regiones pampeanas, pertenecientes a algunos de los grupos más primitivos de las civilizaciones prehispánicas, fueron desde la conquista enemigos irreconciliables del blanco. Con la independencia, el país heredó la antigua pugna y, aunque no

---

[38] Schultz de Mantovani, «El Martín Fierro de Martínez Estrada», en *Martín Fierro. Un siglo,* pág. 89.

faltaron acuerdos y treguas, los indios, asimilados muy exiguamente, constituyeron un peligro continuo con sus incursiones o «malones» que llegaban a veces hasta las proximidades de Buenos Aires.

Los románticos, hombres de élite, no se ocuparán del indio, sino para manifestar su horror ante él, como sucede en *La cautiva,* de Echeverría. Los políticos reanudaron, a partir de Rosas, las campañas emprendidas desde antiguo para destruirlos. Entre la amplia bibliografía más o menos erudita sobre ellos, en el siglo XIX, destaca por su valor literario y sociológico el libro de Lucio Victorio Mansilla, *Una excursión a los indios ranqueles* (1870), en el que se describe con excepcional voluntad de comprensión la vida de estos indígenas, grupo heterogéneo en cuyas tolderías del sur de la provincia de Córdoba existía un elevado grado de mestizaje, debido a los cruzamientos con cristianas cautivas o derivado del hecho de que algunos blancos, huidos de su tierra por razones políticas o desertores del ejército, se hubieran instalado entre ellos.

Una obra como ésta nos puede ayudar a entender por qué Hernández, tras hacer una vigorosa pintura de la violencia de los malones en la primera parte, permite que Fierro cierre los ojos a cuanto antes había afirmado sobre la ferocidad de los indios y tome la decisión con Cruz de buscar refugio entre ellos, en la confianza de hallar una buena acogida:

> Yo sé que allá los caciques (*I.,* 2191)
> amparan a los cristianos,
> y que los tratan de "hermanos"
> cuando se van por su gusto

Los indios, como señaló Ricardo Rojas, conservaban, a pesar de todo, cierta imagen del «buen salvaje». La marcha de Fierro y Cruz a las tolderías, «es el retorno a la naturaleza» [39]. Esa pudo haber sido —lo fue hasta que apareció la segunda parte— la última «lectio» del poema. En su configuración definitiva puede decirse que la mayor tensión crítica del *Martín Fierro* desemboca en un mitema lleno de grandeza, mientras después de asumir los ya apuntados ingredientes de conserva-

---

[39] Ricardo Rojas, *Historia de la literatura argentina. Los gauchescos,* Buenos Aires, Losada, 1948, tomo II, pág. 538.

durismo, la obra concluye con una propuesta muy contraria: los personajes son condenados a la dispersión. No resulta ocioso considerar las circuntancias reales en torno al indio en los años de elaboración de las dos partes del poema o inmediatamente anteriores y las actitudes personales de Hernández. «Hay que hacer al salvaje mismo partícipe de los beneficios de la civilización... Nosotros no tenemos el derecho de expulsar a los indios del territorio, y, menos, de exterminarlos» [40] —escribía en 1869—. En la *Vuelta*, sin embargo, acepta la drástica solución representada por las campañas de exterminio llevadas a cabo por el general Roca en los años 78 y 79, con estas palabras de Fierro:

> Las tribus están deshechas; (*V.*, 673)
> los caciques más altivos
> están muertos o cautivos,
> privaos de toda esperana,
> y de la chusma y de lanza
> ya quedan muy pocos vivos.

Ciertamente podía haber encauzado Hernández a sus desventurados personajes a través de otro esquema: la humanitaria acogida de los indios le habría permitido establecer fáciles contrastes que representarían una reafirmación de la condena de la sociedad de los hombres blancos. Prefirió, no obstante, dar una versión amarga (y de ningún modo infundada tampoco) de lo ocurrido en las tolderías. Los personajes continúan así sin encontrar asidero y hay algo en este episodio de descenso purificador a los infiernos para volver a afrontar, por parte del superviviente Fierro, el implacable destino.

Añadiremos que también en este caso el autor describe a los indios como masa, como conjunto, sin entrar tampoco aquí en las mil precisiones que podría haber hecho sobre las distintas tribus —habla solamente de los «pampas»— y los relevantes caciques existentes. No renuncia, sin embargo, a dibujar a algunos indígenas en primer plano al igual que lo había hecho en la primera parte: un lenguaraz e intérprete, un indio viejo, un cacique, una china vieja y el salvaje que atormenta a la cautiva, pero está claro otra vez que Hernández no desea asumir el papel de historiador en verso.

---

[40] José Hernández, *Prosas y oratoria parlamentaria,* pág. 118.

La presencia femenina es importante en el *Martín Fierro*. Los principales personajes masculinos han tenido en algún momento alguna relación amorosa —incluso el viejo Viscacha—, con excepción del hijo mayor de Fierro, quien no dejará, no obstante, de apelar a madres, hijas, esposas, hermanas, «cuantas quieran a un varón» (*V.*, 1870) en determinado momento.

El poema está pletórico de mujeres, si bien son pocas las que logran cobrar cierto incipiente relieve. La cautiva es la más significativa en ese sentido, sin que pueda afirmarse que se trate de un tipo muy caracterizado. Recordemos también a la negra provocada por Fierro, las tías que recogen al hijo segundo, las que se ocupan de Picardía, la mulata que motivaba sus equivocaciones al rezar, la moza a la que éste requiebra para ofender al ñato, la «culandrera» (*V.*, 2443) que atiende al viejo Viscacha en su enfermedad. Estas son las que en algún momento se manifiestan, aunque sea brevemente, con voz propia, pero son innumerables aquéllas a quienes es negado intervenir en estilo directo: la esposa de Fierro, la «pilcha» (*I.*, 1741) de Cruz, la infortunada esposa de Viscacha, la viuda de la que se apasiona el hijo segundo y el nutrido grupo de las mujeres que forman coros plañideros en las levas, sin olvidar a las mujeres indias, víctimas o perversas.

Refiriéndonos a las cristianas, a pesar de algunos denuestros como los del despechado Cruz, y los de Viscacha o de burlas circunstanciales (seguidillas del canto XI, de la primera parte), lo cierto es que el conjunto del poema refleja honda admiración por la mujer en el terreno de los principios. Incluso el propio Cruz, antes de expresar su negativa opinión final motivada por un desengaño personal, reconoce el valor de la mujer y su gran papel —«si es güena» (*I.*, 1759)— en la vida del hombre. En su boca pone Hernández una de las más líricas acumulaciones de imágenes del poema, destinadas a elogiar a la que él amó:

> Era la águila que a un árbol (*I.*, 1771)
> dende las nubes bajó;
> era más linda que el alba
> cuando va rayando el sol;
> era la flor deliciosa
> que en el trebolar creció

Fierro dedica un largo parlamento en el canto V, de la segunda parte, a la exaltación del eterno femenino, cuando se conmueve al ver el mal trato dado por los indios a sus mujeres. No falta tampoco en sus consejos la recomendación a la fidelidad que debe guardarse a la mujer elegida, aunque matizada por la cautela.

Cosa diferente es que en el poema impere, en general, un sentimiento machista que sitúa a la mujer en un plano subordinado, secundario. En esto no hace sino recoger sin tapujos la realidad de la que parte. «Para el gaucho —escribe Rodolfo Senent— la pasión amorosa avasalladora era, o una desgracia digna de inspirar lástima, o simplemente una chifladura despreciable» [41]. Cabe traer de nuevo a colación aquel comienzo de estrofa en que Fierro evoca los bienes perdidos:

> Tuve en mi pago en un tiempo (*I.*, 289)
> hijos, hacienda y mujer

La ordenación de los elementos señalados que deja en un tercer lugar a la mujer, tras los hijos —colaboradores efectivos en la economía familiar— y la hacienda —es decir, el ganado, fundamento mismo de esa economía— puede ser considerada como algo muy significativo en la relegación de la hembra por el gaucho. Cierto que puede aducirse algún ejemplo contrario («No tenía mujer ni rancho» [*I.*, 1131], «y mis pensamientos fijos / en mi mujer y mis hijos / en mi pago...») (*V.*, 965), pero la rotundidad del que aducimos en primer lugar es evidente, rotundidad ya anticipada cuando Fierro se refiere anteriormente, sin personalizar, a las condiciones de vida del gaucho:

> Yo he conocido esta tierra (*I.*, 133)
> en que el paisano vivía
> y su ranchito tenía
> y sus hijos y mujer...

Pero no se trata de acudir a la estadística para subrayar lo que rezuma en todo el poema. En este contexto se sitúa la inexistencia de relaciones amorosas entre Fierro y la cautiva y, por otra parte, la gran exaltación de la amistad (cfr. páginas 29 y 33, respectivamente). Borges y Bioy Casares han puntualizado bien todo esto en un comentario sobre Hidalgo,

---

[41] Cit. por Martínez Estrada, *op. cit.*, pág. 396.

muy válido también para nuestro poema: «En una sociedad primitiva la lealtad y la amistad son fundamentales, ya que todo hombre está amenazado por múltiples peligros y el apoyo de otro hombre, de un amigo, corrige su soledad y duplica su coraje. También es importante una compañera, pero la escasa perplejidad psicológica y las indeclinables exigencias de una vida atareada y riesgosa prohíben las cavilaciones sentimentales. Por lo demás, la profunda convicción de que un varón no debe supeditarse a una mujer es típica del gaucho, como de otros hombres de acción» [42].

Esta apreciación de lo femenino genera también unos sentimientos de comprensión que rompen la tradición del honor calderoniano —y son desde luego profundamente antirrománticos—. Ante la afrenta directa, como ocurre en el caso de Cruz, se produce la reacción violenta con el causante del agravio y se abandona a la mujer intolerablemente frágil, pero cuando la ruptura de la fidelidad ha estado producida por una situación de extrema necesidad, como sucede con la compañera de Martín Fierro, el perdón acude fácil al ánimo del gaucho:

¿Qué más iba a hacer la pobre (*I.*, 1061)
para no morirse de hambre?

Como matiz final podríamos recordar la observación de María Griselda Núñez [43], quien tras estudiar la condición de postergamiento de la mujer en el poema, señala cómo en la segunda parte Hernández trata de llevar a cabo una de las finalidades constructivas expuestas en el prólogo («fomentando en el esposo el amor a su esposa» [44]), de modo que es en ella donde va a producirse una mayor exaltación de aquélla. La observación es acertada pero no significa que haya ninguna alteración en el marco general descrito.

---

[42] Jorge Luis Borges, y Adolfo Bioy Casares, «Prólogo» a *Poesía gauchesca,* México-Buenos Aires, Fondo de Cultura Económica, 1955, tomo I, pág. XII.

[43] María Griselda Núñez, *op. cit.,* pág. 55.

[44] José Hernández, *La Vuelta de Martín Fierro,* primera edición, adornada con diez láminas. Buenos Aires, Imprenta de Pablo F. Coni. Depósito central: Librería del Plata, 1879, pág. 4. (Edición facsimilar, con prólogo de Jorge Luis Borges, Buenos Aires, Ediciones Centurión, 1962.)

A lo largo de nuestra exposición hemos ido aludiendo a la mayor parte de los personajes secundarios que entran a formar parte de la extensa galería humana que es el poema de Hernández: autoridades civiles y militares, paisanos convertidos o no en milicos, negros, indios, mujeres. Quizá valga la pena destacar en esta muchedumbre algunas individualidades.

La mayor parte de las figuras son, como hemos visto, anónimas. También en este apartado el poema, reflejo de una época muy concreta, sólo menciona por su nombre a dos personajes reales: uno es el dictador Rosas; el otro, el ministro «don Ganza».

El siempre discutido Juan Manuel de Rosas es mencionado apenas como una fugaz referencia al pasado («que no era el tiempo de Rosas, / que aura a naides se debía» [*I.,* 773]) hecha por un personaje de dudosa catadura moral, con lo que el carácter peyorativo de dicha mención no puede tomarse obligadamente en consideración. Más bien se ha querido ver en el *Martín Fierro* una reivindicación del rosismo. Para Manuel Gálvez, autor de una documentada biografía del dictador, la cuestión no ofrece duda: cuando se refiere en estos términos lo sucedido después del derrocamiento del mismo:

> «En el campo se acabó la felicidad. Los gauchos, por haberle sido fieles, son maltratados y perseguidos por las nuevas autoridades. Guillermo Enrique Hudson, cuyo padre tenía una estancia cerca de Quilmes, y que, por consiguiente, no habla de oídas, afirma que la paz y la prosperidad en la campaña terminaron con la caída · del dictador, "comenzando para la República un largo período en el que se sucedieron estallidos revolucionarios, derramamientos de sangre y anarquía". El poema *Martín Fierro* documenta esta época tristísima de nuestra historia, que contrasta con la época, cantada por José Hernández en el mismo poema, de los tiempos, para el gaucho dichosos, en que gobernaba Rosas» [45].

La cuestión, extraliteraria, no deja de tener interés para el crítico del poema porque nos ilustra sobre el propósito de

---

[45] Manuel Gálvez, *Vida de don Juan Manuel de Rosas,* Buenos Aires, Tor, 1954, pág. 453.

Hernández de no comprometer su creación sino con los principios, no con sus devociones o enemistades con figuras humanas concretas. Es bien sabido que la madre del poeta pertenecía a la antirrosista rama de los Puyrredón, mientras el padre fue siempre adicto al «Restaurador de las leyes». Hernández vivió junto a su padre, en una estancia de Rosas, en los primeros años de su adolescencia y allí conoció muy de cerca el mundo fascinante de los gauchos y recogió vivencias que insertó en su obra. ¿Está hecha la descripción de la edad de oro del gaucho con esos recuerdos? En tal caso, ¿cómo compaginar esto con los violentos ataques lanzados por el poeta contra aquel personaje antes y después de la publicación de la primera parte del *Martín Fierro?* «Rosas cayó —escribía en 1869— porque el reinado del despotismo no podía ser eterno, porque la libertad mina a cada hora y a cada minuto el trono en que se sientan los déspotas de la tierra» [46], y en 1874 definía a Rosas, Urquiza y Mitre como «esa trinidad sangrienta que llena medio siglo de la historia argentina» [47]. Por otra parte no faltan los testimonios que presentan a los gauchos, ya en tiempos de Rosas, sometidos a unas condiciones de vida tan lamentables como las denunciadas en el poema de Hernández, como los del propio Lucio V. Mansilla citados por Néstor A. Fayo [48] hecha la salvedad de que el dictador dio siempre buen trato a quienes estaban a su particular servicio.

En cualquier caso, insistimos, elegido el camino de la obra poética, sobraba en ella cuanto debía ser objeto de concreción en la prosa política que Hernández seguía paralelamente cultivando. ¿Por qué pedirle precisiones sobre Rosas cuando ni siquiera una vez cita el nombre de su mayor enemigo, Sarmiento? Estas mínimas y leves alusiones a personajes históricos hay que enlazarlas con las referentes a la toponimia y al juego de los datos temporales: con el sutil manejo de estos ingredientes el poeta consigue que su creación quede suficientemente arraigada en un ámbito específico y a la par libre de lastres que le impidan trascenderlo.

Don Ganza, el segundo de esos personajes, cumple al ser aludido (*I.,* 954) un servicio a esa finalidad. Se trataba del

[46] José Hernández, *Prosas y oratoria parlamentaria,* pág. 132.
[47] *Id.,* pág. 154.
[48] Néstor A. Fayo, *Contenido histórico-social del Martín Fierro,* Buenos Aires, Casa Pardo, 1972, págs. 62-63.

ministro de la guerra de Sarmiento, Martín de Gaínza, que en 1868 había organizado una importante expedición contra los indios.

Los niños introducen o sostienen en el poema la nota patética: piénsese en las menciones primeras a los hijos de Fierro como pequeños desvalidos, en el cruel episodio del asesinato del «gringuito» prisionero de los indios y en el del hijo de la cautiva. Siendo este último una de las muestras del sangriento expresionismo que a veces se da en el *Martín Fierro*, nos impresiona de un modo particular la muerte del anterior, descrita en una emotiva estrofa que al decir de Lugones, «en su nítida sobriedad condensa un poema» [49].

> Había un gringuito cautivo (*V.,*, 853)
> que siempre hablaba del barco
> y lo augaron en un charco
> por causante de la peste.
> Tenía los ojos celestes
> como potrillito zarco

Nadie como un niño para asumir con eficacia la función de la víctima inocente en la morfología de una narración y producir así el momento álgido dentro de un clímax de horror. Recordamos a este propósito a otro niño anónimo y fugaz que subraya también con logrado dramatismo una secuencia narrativa de alta tensión en la literatura argentina: nos referimos al introducido por Sarmiento en su *Facundo*, en el episodio de los asesinatos llevados a cabo en Barranca Yaco en la persona del famoso caudillo y sus acompañantes. El hecho estremece más al lector al quedar encuadrado en él el pequeño sobrino del sargento de la partida.

Curiosamente, en una obra de tal densidad crítica como el *Martín Fierro* no hay planteamientos anticlericales en profundidad (no puede tomarse como tal la ironía con que son descritas las tías «rezadoras») (*V.,* 3005). Algo hay apuntado, pero de hecho se soslaya claramente esta problemática. Aparte del «flaire», (*V.,* 4006) aludido de paso por el Moreno como su mentor, no aparece sino un eclesiástico en el poema: su misión es disuadir al hijo segundo de Fierro de sus pretensiones amorosas respecto a una viuda. Tras conseguirlo instigará al juez a que expulse al muchacho del par-

---

[49] Leopoldo Lugones, *op. cit.,* pág. 1247.

tido, motivo por el que éste será llevado en un contingente a la frontera. Hernández no quiso evidentemente entrar en un terreno tan vidrioso como el de la censura a los ministros de la Iglesia, como harán después sistemáticamente los narradores indigenistas, mientras no tuvo inconveniente en zaherir a grupos de poder en los estamentos civil y militar.

Pronto aparecen en el poema unos personajes muy significativos: los extranjeros. El primero es un «gringo», apelativo que durante mucho tiempo se aplicó en la Argentina sobre todo a los italianos (recuérdese *La gringa* —1904—, de Florencio Sánchez) y no a los anglosajones. La animadversión por parte de los gauchos hacia ellos queda reflejada de forma clara. Ese que abre la serie revela ya la baja condición de estos emigrantes; se trata de un pobre artista que recorre las pulperías «con un órgano / y una mona que bailaba» (*I.,* 319). Definido como «grande» y «feo», queda ridiculizado por su llanto al verse incluido en la leva. Más tarde aparecen otros compatriotas de éste, siempre vistos peyorativamente: el «pa-po-litano» (*I.,* 852) del fortín, por cuya torpeza es estanqueado Fierro, «un gringo con un jusil» (*I.,* 1976) que interviene en el incidente tenido por Cruz en la pulpería, «un nápoles mercachifle» (*V.,* 3217), despojado con malas artes en el juego por Picardía, lagrimeante e indigno de compasión. Hay aparte de esto otras alusiones genéricas a estos personajes: siete estrofas se dedican en la primera parte, al final del canto V, para describirles del modo más duro. El hijo mayor de Fierro habla de ellos también refiriéndose a su carácter escurridizo, en contraposición, según se deduce, a la simplicidad y rectitud del de los criollos de ley. De hecho, la actitud del gaucho hacia el gringo, lo mismo que la que mantiene hacia el negro y el indio, nos lo muestra como un individuo desprovisto de conciencia de clase. Resulta por ello más efectivo y directo el toque de humanismo que representa el que Hernández escogiera a un «gringuito» como sujeto paciente de uno de los bárbaros episodios sucedidos durante la permanencia de Fierro y Cruz entre los indios, trazando así, excepcionalmente, un signo de solidaridad y comunicación con un denostado grupo humano. Tal vez Hernández quiso introducir, de este modo, un guiño de complicidad con esas gentes, porque él era un decidido partidario de la inmigración latina en su país, pero esto no le autorizaba a falsear los sentimientos de sus personajes. La narrativa naturalista de los años 80 ofrecerá pruebas definitivas del alcance de esta repulsa en abundantes sectores del país. Ejemplo máximo de ellos es *En la sangre* (1887), de Eugenio Cambaceres.

Otro extranjero es el «inglés sangiador / que decía en la última guerra / que él era de Inca-la-perra» (*I.,* 325). Representa a los tampoco bienquistos técnicos británicos que invadían los campos argentinos. Le alcanza la ironía, pero en modo alguno la burla descarnada del gaucho, reservada para los gringos. Los españoles, en fin, están representados por «un vasco» (*I.,* 1290), que surge como personaje oscuro e incidental en el canto VIII de la primera parte, receptor momentáneo de la brusquedad del gaucho «guapo», y por «unas vascas» (*V.,* 2202) propietarias de un rancho en el que tiene un percance el hijo segundo de Fierro. No es imposible que en ambos casos la necesidad del consonante haya forzado las alusiones a estas personas («frasco» / «vasco», «vascas» / «guascas»), pero reflejan una evidente realidad respecto a la población argentina de la época.

ADDENDA. EL CABALLO COMO PERSONAJE

Si estos vascos citados, al igual que otros individuos del poema, difícilmente podrían ser considerados como «actantes», utilizando el término difundido por la crítica semiológica, en cuanto no motivan acción de ninguna clase, hay otras figuras que, aunque parezca insólito, merecerían tal consideración: nos referimos, claro ésta, a los caballos, presentes en todo el espacio del *Martín Fierro,* con una clara misión de «adyuvantes», y a quienes no sería justo considerar al mismo nivel de piezas de la tropología o elementos ambientales que el de los demás representantes de la zoología en la obra.

Y esto a pesar de que no hay, como se habría podido esperar, un Rocinante en el poema. Martín Fierro nos habla de una excelente cabalgadura que llevó consigo al fortín: «Yo llevé un moro de número / ¡sobresaliente el matucho!» (*I.,* 361). Este, que pudo haber sido su fiel compañero permanente, queda anulado en la hosca vida del fortín, y pronto desparece, presa de la codicia del comandante. Desde ese momento Fierro, en sus idas y venidas, utilizará cabalgaduras diversas. Huye en «un sotreta» (*I.,* 990) del fortín; lo ha cambiado por un «redomón» (*I.,* 1250) tras la muerte del negro, y quizá ese mismo es que se designa como «un flete» (*I.,* 1506) cuando es sorprendido por la patrulla. En él probablemente pasa a tierra de indios, y al huir de ella ofrece a la cautiva un caballo que ya es evidentemente nuevo, «un pingo que alquirí» (*V.,* 1379), mientras él utiliza el del pampa muerto, «un escuro tapao» (*V.,* 1384), no sin hacer un inciso para describir minuciosamente, como se ha dicho, la forma en que los indígenas cuidan y adiestran a sus caballos, derivando a consideraciones generales sobre el tema. Disminuyen a partir de aquí las alusiones a estos cuadrúpedos, pero considerando los existentes en el conjunto del poema desde que se describen las alegres faenas del gaucho, a su comienzo, hasta las últimas metáforas, ya en el canto XXXIII, apoyadas en los lazos usados para manipular a aquéllos, lo cierto es que, insistiendo en lo dicho, el *Martín Fierro* es no sólo un monumento al gaucho, sino también a este inseparable compañero suyo que raramente es mencionado con el término «caballo», sino con apelativos técnicos que componen un vasto campo semántico. Podemos citar, además de los ya señalados, «potro», «bagual», «bichoco», «patrio», «mancarrón», «yeguarizo», «parejero», «cimarrón», etcétera.

Espacio

El ámbito en el que se desarrolla la «historia» del *Martín Fierro* es bastante indiferenciado, es simplemente la pampa, esa inmensa región natural cuyos límites resulta ocioso tratar de precisar —incluso si nos atenemos a lo que Ricardo Rojas llama «núcleo gauchesco» [50], especie de semicírculo incompleto cuyo centro viene a caer por la ciudad de Buenos Aires —que es, naturalmente, un mundo aparte—. Sin prejuzgar la estética de este paisaje, es notorio que la primera característica del mismo es su aspecto indiferenciado y únicas las condiciones de vida que en él se dan —especialmente en la época de Hernández—. Como bien dijo Henry A. Holmes, «you may place the hero's rancho at Pergamino or at Dolores, the essential elements of gaucho life are the same» [51].

---

[50] Ricardo Rojas, *op. cit.,* tomo I, pág. 115.
[51] Henry A. Holmes, *«Martín Fierro». An Epic of the Argentine,* Nueva York, Instituto de las Españas en los Estados Unidos, 1923, página 152.

Toda la acción ocurre a campo abierto. Martínez Estrada llamó la atención sobre la ausencia de descripciones de hogar: «El único personaje a quien encontramos en su casa es Viscacha, que habita una especie de madriguera» [52]. Y en esa gran extensión a la intemperie apenas hay indicaciones toponímicas. Tres son los nombres concretos de lugares citados: Ayacucho (*I.*, 363), partido situado muy en el sur del «núcleo gauchesco»; Palermo (*I.*, 412), en las afueras, entonces, de Buenos Aires, y Santa Fe, la importante ciudad de la orilla del Paraná (*V.*, 2982). Aparte de esto, y ya dentro de lo indeterminado, hay que añadir alguna otra referencia aislada a lugares, como la concerniente a «la sierra» (*I.*, 330), donde tiene que refugiarse el «inglés sangiador» para no ser incorporado a la leva, que podría ser algunas de las que perturban zigzagueantes la planicie entre Bahía Blanca y Mar del Plata, acaso la sierra de Tandil.

Estas ligeras indicaciones sirven para dar un mínimo de determinación al vasto marco de la historia. Por lo demás, el autor prefiere dejar a la imaginación del receptor, con imprecisión calculada, la ubicación de los lugares por donde los personajes transitan. Se habla de «esta tierra» (*I.*, 133), «mi pago» (*I.*, 289), «las pulperías» (*I.*, 301), «la frontera» (*I.*, 380), «un baile por allí» (*I.*, 1140), «aquella inmensidá» (*I.*, 1434), «el desierto» (*I.*, 2221), «las últimas poblaciones» (*I.*, 2296), «esa inmensa llanura» (*V.*, 182), «unos toldos de salvajes» (*V.*, 203). El regreso de Fierro y la cautiva a territorio de cristianos se define tan poética como vagamente con la mención de su llegada a «la tierra / en donde crece el ombú» (*V.*, 1531). La «sierra (*V.*, 1530) por ellos divisada poco antes puede identificarse con las antes supuestas, si no debe su existencia a una motivación de la rima. Fierro se acerca a «algunas estancias» (*V.*, 1563) y encuentra a sus hijos en el punto donde se celebra «una carrera muy grande» (*V.*, 1653). Ninguna concreción, en fin, aparece de ahí al término del poema (si exceptuamos la de Santa Fe donde Picardía se trasladó con los volatineros). A la hora de la dispersión la indeterminación espacial es ya absoluta: «Después a los cuatro vientos / los cuatro se dirijieron» (*V.*, 4781). Sería imposible trazar con una mínima pretensión de rigor el itinerario de las gentes del poema, a diferencia de lo que

_____

[52] Martínez Estrada, *op. cit.*, pág. 381.

ocurre en *Don Segundo Sombra,* donde puede leerse por ejemplo:

> Llevados por nuestro oficio, habíamos recorrido gran parte de la provincia. Ranchos, Matanzas, Pergamino, Rojas, Baradero, Lobos, el Azul, Las Flores, Chascomús, Dolores, el Tuyú, Tapalqué y muchos otros partidos nos vieron pasar...[53].

La misma diferencia podría establecerse con relación a otras obras de literatura regionalista, *La vorágine* y *Doña Bárbara,* incluidas.

Ya hemos señalado cómo la idea de patria está ausente del poema. Cabría preguntarse si hay al menos un sentimiento de patria chica y una identificación con el paisaje. La respuesta es positiva pero con no pocas salvedades. Lo cierto es que al comienzo del poema queda acotado un «espacio feliz», cuyo foco entrañable era ese rancho en el que el gaucho vivía «sosegao» (*I.,* 295), del mismo modo que Cruz afirma haber poseído un lugar estable, compartido con la mujer amada. Fierro trató de reconstruir su vida volviendo al perdido paraíso; no así Cruz, cuya salida de él fue irreversible. La aceptación del desarraigo es definitiva en ambos casos. Se diría que no hay suelo bajo sus pies. Esta es una obra de gentes errantes o desplazadas: nadie tiene posibilidad de recuperar el asidero roto ni las circunstancias propician las condiciones de reposo para que se establezcan lazos efectivos con los lugares a donde se es arrastrado por el destino. Las apreciaciones del paisaje se producen esporádicamente por esta razón y también por la tendencia del gaucho a detenerse más en lo particular que en lo general. Si los árboles no dejan ver el bosque, la enormidad del entorno que rodea al paisano no resulta tampoco fácil de ser valorada en su conjunto.

Las miradas al paisaje van generalmente cargadas de pragmatismo, precisamente porque el gaucho no considera que lo bello sea una cosa diferente de lo útil. Lo contemplado no es casi nunca algo visto como externo, sino íntimamente asociado al mundo interior o a las vivencias cotidianas del individuo. Muestra inicial de ello puede ser esa estupenda

---

[53] Ricardo Güiraldes, *Don Segundo Sombra,* Buenos Aires, Losada, 1950, pág. 65.

definición con que Fierro subraya su condición de hombre libre y no ligado a nada: «Yo hago en el trébol mi cama / y me cubren las estrellas» (*I.*, 101), o la ya recordada pintura de la «pilcha» hecha por Cruz. Pensamos también en la evocación de los hermosos amaneceres en el canto II de la primera parte («cuando el lucero / brillaba en el cielo santo» (*I.*, 139), «apenas la madrugada / empezaba a coloriar» (*I.*, 151), que va unida al repertorio de detalles sobre las actividades que en tales momentos se realizaban. En algún caso el paisaje es un rápido flash que deja ver escueta e impresionantemente lo animado y lo inanimado en perfecta simbiosis, como cuando en una ocasión se muestra la pampa tan copiosa de ganado que el gaucho «sólo vía hacienda y cielo» (*I.*, 216). Podrían, en fin, citarse múltiples versos portadores de este acercamiento práctico a la naturaleza, como «pa el lao en que el sol se dentra / dueblan los pastos la punta» (*I.*, 2213) o, con referencia al caminante solitario: «en las llanuras aquellas / lo guían el sol, las estrellas, / el viento y los animales« (*V.*, 1512), o para concluir, ese comienzo de estrofa en que los elementos conjugados en la imagen, matizados por una infrecuente nota de color se revelan más que como objetos de un deleite estétito gratuito, como soportes de un estado anímico de sobrecogimiento: «¡Todo es cielo y horizonte / en inmerso campo verde!» (*V.*, 1491).

Quizá sea excesivo hablar tajantemente de «ausencia de descripción directa de la naturaleza» en el poema como hace Eladio Segovia, pero el aserto no se aleja mucho de la verdad. «Al gaucho —añade este crítico como explicación— le interesa lo que el hombre hace, pero no el panorama que lo circunda. El paisaje como espectáculo no existe para él; no lo siente y, en consecuencia, ni lo ve ni sabe pintarlo» [54].

Paisaje, pues, esencial, el del *Martín Fierro*, complementario siempre de la acción, siempre subjetivo, frecuentemente íntimo; paisaje nada eclógico donde, como se ha apuntado, las posibles notas efectistas de lo nocturno o se soslayan (cfr. página 29) o reciben un mínimo tratamiento; paisaje de elemental reciedumbre, discretamente enriquecido por una flora bien definida —trebolares, pajonales, pastos, cardales, flores, árboles considerados en general y raramente en forma

---

[54] Eladio Segovia, «El paisaje en el Martín Fierro», en *Nosotros,* 1934. Cit. por Martínez Estrada, *op. cit.,* pág. 10.

específica (el ombú, el álamo), y alguna especie modesta de arbustos (el duraznillo blanco). Al mundo zoológico en él integrado habrá ocasión de aludir después —aparte de las observaciones ya hechas sobre los caballos. Es evidente que Hernández dista de hacer grandes alardes en este terreno, aunque tampoco pueda aceptarse lo afirmado con rotundidad por Jorge W. Abalos al comparar la presencia de animales en nuestro poema con los que aparecen en *Don Segundo Sombra:* «Si se me permite una irreverencia diré que desde el punto de vista faunístico, Hernández desconoce el campo» [55].

Tiempo y perspectiva

Los datos que permiten situar la acción del *Martín Fierro* en una época histórica determinada son suficientes para que Ricardo Rojas haya podido delimitarla entre 1868, comienzo de la presidencia de Sarmiento, y 1878, dos años antes de finalizar la de Avellaneda, ya iniciada la campaña de Roca y la supresión de los fortines [56]. Pero el receptor del poema, igual que ocurre en el aspecto espacial, no se sentirá en modo alguno envuelto en la red de las concreciones. Veintiún años antes, otro argentino, José Mármol había iniciado así la más famosa de las novelas políticas del romanticismo hispanoamericano, *Amalia:*

> El 4 de mayo de 1840, a las diez y media de la noche, seis hombres atravesaban el patio de una pequeña casa de la calle de Belgrano, en la ciudad de Buenos Aires[57].

El texto es muy ilustrativo para resaltar la diferente actitud de Hernández, cuya obra, lo repetiremos, tiene la virtud de ser testimonio de un período concreto sin quedar anclada en él.

Las alusiones a Rosas y a Martín de Gaínza son, desde luego, fundamentales —especialmente la del segundo— como

[55] Jorge W.| Abalos, «La fauna en Don Segundo Sombra», en *Cuadernos del idioma,* Fundación Pedro de Mendoza, Buenos Aires, Codex, año I, número 4, 1966, pág. 61.

[56] Ricardo Rojas, *op. cit.,* tomo II, pág. 545.

[57] José Mármol, *Amalia,* México, Porrúa, 1971, pág. 3.

punto de arranque. Fierro nos informa después del tiempo que ha pasado en el fortín, al recordar su regreso al hogar: «Volvía al cabo de tres años / de tanto sufrir...» (*I.*, 1003). En el canto VI, de la primera parte, ha quedado liquidada la evocación de ese período tanto en los acontecimientos de la frontera como en los débilmente reconstruidos concernientes a la vida de la mujer y los hijos del gaucho.

Los cantos VII y VIII (episodios de la muerte del negro y del gaucho «guapo») quedan en un marco temporal no precisado, introducidos ambos simplemente por las locuciones «una vez» (*I.*, 1139) y «otra vez» (*I.*, 1265). Entre el IX y el XIII —encuentro con Cruz y posterior huida a las tolderías— no se ofrece ninguna determinación de tiempo. Cruz, en el relato de sus desdichas, apenas apunta alguna mínima concreción en este sentido referente a su pasado: «Yo sé que tantos meses / esta vida me duró» (*I.*, 2023).

No sabremos tampoco, por el momento, la duración exacta del tiempo que Fierro y Cruz permanecieron entre los indios, pero ya hay un dato revelador de que fue muy prolongado, toda vez que Fierro informa de que se les mantuvo separados «como dos años lo menos» (*V.*, 401). A cambio de eso, al comienzo del canto VI de la segunda parte, encontramos esta vaga referencia: «El tiempo sigue en su giro / y nosotros solitarios» (*V.*, 775). Una nueva concreción se produce cuando Fierro encuentra a la cautiva y se nos informa que ella (y su hijo) «en tan dura servidumbre / hacía dos años que estaba» (*V.*, 1021).

Tras la huida a tierra de cristianos, Fierro hace inesperadamente un recuento que nos excusa de cualquier especulación. Diez años son justamente los transcurridos desde que fue arrancado de su hogar:

> Y los he pasao ansí, (*V.*, 1587)
> si en mi cuenta no me yerro:
> tres años en la frontera,
> dos como gaucho matrero,
> y cinco allá entre los indios
> hacen los diez que yo cuento.

Con esta afirmación, aún subrayada en un par de ocasiones «El rigor de las desdichas / hemos soportao diez años» (*V.*, 2091), («Diez años, los más terribles / había durado la ausencia») (*V.*, 2907), tenemos absolutamente marcada la extensión de los hechos desarrollados en el poema a partir del comienzo de las desventuras de Fierro. Las sucesivas intervenciones de los hijos, de Picardía y del Moreno no representan otro avance en el tiempo que el que la duración real de sus relatos supone. Claro que estos discursos nos adentran en líneas temporales que enriquecen el conjunto y en el caso de Picardía nos retrotraen más allá del bloque de los diez años. Hay además una noche adicional durante la cual se producen más cambios de impresiones y los consejos de Fierro.

Ahora bien, junto al tiempo que corresponde al desarrollo de la acción hay otro distinto, un presente en el que está instalado Martín Fierro como relator del poema, un presente muy consistente, por así decirlo, en el que se refuerza la personalidad del gaucho con independencia de la que muestra en la historia narrada.

Esto nos lleva a abordar el problema del punto de vista en el poema. Fierro es, como acabamos de decir, el portavoz de su propia historia desde ese presente que comparte con el lector u oyente de cualquier época. Fierro puede ceder la palabra a otros personajes, pero no otorga a ninguno de ellos la prerrogativa de comunicarse directamente con el receptor. Sólo él, si atendemos al conjunto de las figuras del poema, tiene la prerrogativa de estar asentado en un «ahora» al que permite accedan otros bajo su disciplina.

Pero, evidentemente —y esto puede no percibirse en un primer acercamiento a la obra—, en el poema hay otro relator que habla desde un presente distinto el de Fierro, a quien sustituye en esta función en determinados momentos —y a quien traslada entonces al pasado—. Es el propio autor que actúa desde una posición a veces omnisciente y a veces deficiente en cuanto al conocimiento de los sucesos y los seres. Interviene por primera vez cuando, después de sus peroratas, Cruz y Fierro se disponen a atravesar el desierto. El autor-narrador toma la palabra para hacer una acotación:

> En este punto el cantor (*I.,* 2269)
> buscó un porrón pa consuelo,
> echó un trago como un cielo,
> dando fin a su argumento
> y de un golpe al istrumento
> lo hizo astillas contra el suelo.

En la siguiente estrofa Fierro recupera el estilo directo, pero no el protagonismo narrativo: «Ruempo —dijo— la guitarra» (*I.*, 2275). En las restantes, hasta la finalización del canto XIII, último de la primera parte, ocurre algo curioso. Sigue hablando el autor para informarnos del modo en que Fierro y Cruz entraron en territorio indio para objetivar inesperadamente su relato: «No sé si los habrán muerto / en alguna correría, / pero espero que algún día / sabré de ellos algo cierto» (*I.*, 2301). A continuación, el mismo narrador asume con la mayor impavidez la personalidad de Martín Fierro: «Y ya con estas noticias / mi relación acabé» (*I.*, 2305), «y aquí me despido yo / que he relatao a mi modo...» (*I.*, 2313). Sorprendente transmutación con la cual, si padece la lógica, se produce la admirable situación de que el receptor sea informado por un relator proteico. En modo alguno cabe pensar en un error hernandiano; por el contrario, esta ambigüedad nos parece algo querido por el autor.

Al comenzar la segunda parte, Fierro está de nuevo ante nosotros reanudando su papel de narrador principal; cede luego la palabra a sus hijos —que hay que suponer a su lado desde el comienzo de esta parte—. Surge otra vez el pasado desde un presente en el que todos participamos. Pero en el canto XX sucede que nuevamente entra en escena el narrador-autor («un gaucho anónimo» [58] para Hughes, quien incluso admite la posibilidad de que no se trate de un sólo relator, sino de varios) que va a referirnos, como hechos pasados, las expansiones de alegría de Fierro y los muchachos y la llegada de Picardía. Entre las formas verbales de pretérito aparecen dos de presente, hábilmente insertadas poco antes de acabar el romance donde todo esto se expone:

> ...   ...
>
> les declaró con franqueza (*V.*, 2930)
> que el nombre de Picardía
> es el único que *lleva*,
> y para contar su historia
> a todos *pide* licencia
>
> ...   ...

---

[58] John B. Hughes, *op. cit.*, pág. 80.

Con ello, a pesar de los nuevos pretéritos de los versos finales, se propicia la vuelta al primer plano de todos los personajes. Tras el informe de Picardía, el narrador-autor los desplazará otra vez al pasado:

> Esto contó Picardía (*V.*, 3887)
> y después guardó silencio,
> mientras todos celebraban
> con placer aquel encuentro

El mismo narrador describe la llegada del Moreno —seguimos en el ayer— y su desafío verbal con Fierro durante el cual, según técnica muy habitual en el poema, permanece ausente mientras los interlocutores utilizan sin mediatización alguna el estilo directo (esto nos llevaría a tener que considerar hasta qué punto el *Martín Fierro* no es una obra con exigencias teatrales). Retorna el mismo narrador, en el canto XXXI, a fin de contar lo que ocurrió en la noche que Fierro, sus hijos y Picardía pasaron junto para otra vez dejar a aquél la palabra, con la consiguiente vuelta al presente, en la secuencia de los consejos, y en el XXXIII reaparece para informarnos del incierto destino de Fierro y los muchachos: «Después, a los cuatro vientos / los cuatro se dirigieron» (*V.*, 4781). A partir de la cuarta estrofa quien sigue hablando es, sin embargo, Martín Fierro, identificado otra vez sin solución de continuidad con el narrador-autor: «Y ya dejo el estrumento / con que he divertido a ustedes» (*V.*, 4799) «Permítanme descansar, / ¡pues he trabajado tanto!» (*V.*, 4859), «ellos guardarán ufanos en su corazón mi historia» (*V.*, 4879). Este reiterado trasvase o suplantación de personalidad plantea un sugestivo problema en el conjunto temporalidad-individuo. Si, como bien dice Castagnino, «*Martín Fierro* se instala en una etapa de oralidad de índole preteatral, juglaresca o rapsódica» [59], en una exposición oral del poema, ¿sería necesaria la presencia de ese narrador distinto a Fierro? Quizá la fórmula ingenuista de dejar que el Fierro revivido por un actor asumiera ambos papeles —también el de todos los personajes— serviría mejor al espíritu de la obra.

Podríamos insistir en dos aspectos que en parte han quedado manifestados en las líneas anteriores: la intensidad con que se

---

[59] Raúl H. Castagnino, «Referencialidad y grado oral de la escritura en Martín Fierro», en *José Hernández. Estudios reunidos...*, La Plata, pág. 101.

producen las funciones emotiva y metalingüística en el poema y cómo en ellas se fundamenta ese presente en el que se instala el emisor Martín Fierro, comentarista incansable de su propio yo actual y de las características de su canto. Otro punto que merecería ser resaltado en detalle, y aquí apenas apuntado, es la ágil mezcla de formas verbales. Frecuentemente el presente histórico intensifica como vigoroso toque de «zoom» la fuerza de la acción descrita, rompiendo, como hemos visto en un caso, una serie de pretéritos. Acudiendo una vez más al canto II de la 1.ª parte, podemos observar cuatro estrofas en las que se usan con exclusividad formas de pasado en los núcleos de predicado verbal; los inesperados presentes de la que les sigue suscitan una profunda sensación de realidad:

> Este se ata las espuelas (*I.*, 157),
> se sale el otro cantando,
> uno busca un pabellón blando,
> éste un lazo, otro un rebenque,
> y los pingos relinchando
> los llaman desde el palenque

La alternancia entre imperfectos e indefinidos viene a matizar en muchas oportunidades el eficaz juego temporal, como en estrofa, referente a la lucha de Fierro con el indio en el episodio de la cautiva, en el que se suceden la rotundidad del indefinido, la fuerza aproximativa del presente y el carácter durativo del imperfecto:

> Ni por respeto el cuchillo (*V.*, 1237)
> *dejó* el indio de apretarme.
> Allí *pretende* ultimarme
> sin dejarme levantar,
> y no me *daba* lugar
> ni siquiera a enderezarme.

Innecesario entrar en más ejemplificaciones. Este tipo de variaciones en lo verbal y la movilidad que de ellas se deriva en la temporalidad del discurso es una característica muy explícita del poema. En ella y en el sugerente juego de vaivenes y cambios de perspectiva se basa en gran parte la potencialidad narrativa del *Martín Fierro*.

Aspectos de la creación poética

De cuanto llevamos dicho se desprende, suponemos, que lo que en la obra es representación, según la terminología de Bühler, queda vivificado por la funcionalidad estética de su lenguaje; la misma que la sitúa a gran distancia de los escritos noblemente panfletarios de Hernández. Como ya hemos aclarado desde el primer momento, los ideales de justicia de que rebosa el texto no garantizaban en modo alguno el valor literario de éste. El texto puede llamarse poema —y poema social por añadidura— porque encierra ante todo esa secreta condición mediante la cual el material que se ha recogido de la realidad exterior al poeta queda trabado y armonizado en un sentido profundo mediante la magia de la palabra en la cual se sume y se trasciende.

Hernández se planteó su obra con todo rigor. De su voluntad de composición es muestra evidente lo que expone en su *Carta-prólogo* a don José Zoilo Miguens, que precede a la primera parte, y en sus *Cuatro palabras de conversación con los lectores,* prohemio a la segunda:

> Me he esforzado —dice en aquélla— ... en presentar un tipo que personificara el carácter de nuestros gauchos, concentrando el modo de ser, de sentir, de pensar y de expresarse que les es peculiar; dotándolo con todos los juegos de su imaginación llena de imágenes y de colorido...

Más adelante añade que se ha empeñado en imitar «ese estilo abundante en metáforas... y su empleo constante de comparaciones...; en copiar sus reflecciones *(sic)...;* en dibujar el orden de sus impresiones y de sus afectos...; en retratar, en fin... ese tipo original de nuestras pampas» [60]. Evidentemente esta exposición constituye todo un planteamiento de procedimientos técnicos, literarios, que subrayan ese propósito de composición y revelan a la vez que la obra no está concebida con un arrebato romántico (cfr. pág. 24). A esto podríamos añadir lo expuesto en *Cuatro palabras...* acerca de las motivaciones del gaucho al cantar, su preferencia por el octosílabo, etc.

La intencionalidad realista («copiar», «retratar») es evidente,

---

[60] José Hernández, *Martín Fierro,* 1872, págs. 3-4.

pero, insistamos, se trata de un realismo muy distinto al que Hernández encauzaba por los canales periodísticos y parlamentarios. Recoger los juegos de imaginación del gaucho requería llevar a cabo también un acto de imaginación y, consecuentemente, de libertad. En este sentido podemos afirmar que Hernández hizo con su *Martín Fierro* y con todos los demás personajes del poema lo que todo creador auténtico, «fingir» su realidad siendo básicamente reales, trasladarlos a una realidad literaria que no traiciona aquélla de la que proceden, pero tiene a la vez su propia inmanencia. Esto es lo que le permite, por ejemplo, manejar a sus criaturas con esa licencia llena de fresco ingenuismo en sus entradas y salidas, crear la ambigüedad respecto a quién sea en ciertos momentos el relator de los hechos y utilizar preferentemente una forma estrófica distinta a las usadas habitualmente por los gauchos. Por lo demás, piénsese en el reproche de Borges sobre determinadas tonalidades de sentimiento que él considera impropias del hombre de la pampa y en las objeciones de no pocos eruditos sobre inexactitudes lingüísticas del poema. Rupturas, en fin, de la «norma» por todas partes.

¿Construyó Hernández, a partir de estos supuestos, un poema épico? Así lo han venido sosteniendo muchos críticos desde Lugones, al cual pertenece esta rotunda afirmación:

> Como todo poema épico, el nuestro expresa la vida heroica de la raza: su lucha por la libertad, contra las adversidades y la injusticia. Martín Fierro es el campeón del derecho que le han arrebatado: el *campeador* del ciclo heroico que las leyendas españolas inmortalizaron siete u ocho siglos antes[61].

Otros lo niegan con no menor energía. Así Américo Castro quien asegura que el poema surge en un ámbito que nada tiene que ver con el estado de civilización de la Europa medieval. Además, añade, las gestas medievales «fueron escritas en el idioma usado por sus autores —que era el más alto posible del habla que la gente entendía— y no en ninguna jerga a la vez rústica y convencional», como sucede con la obra de Hernández. «Martín Fierro —continúa— es un héroe postromántico, gemebundo y sentencioso»[62] que de ningún modo se

---

61 Leopoldo Lugones, *op. cit.*, pág. 1237.
62 Américo Castro, *La peculiaridad lingüística rioplatense y su sentido histórico*, Buenos Aires, Taurus, 1960, págs. 76-77.

puede emparentar con los antiguos adalides. Más acertada nos parece la postura de Ricardo Rojas, quien desentendiéndose con muy buen acuerdo de la consideración escrupulosa del género literario decía:

> El *Martín Fierro* es el espíritu de la tierra natal contándonos bajo el emblema de una leyenda primitiva la génesis de la civilización en la pampa y las angustias del hombre en la bravía inmensidad del desierto, a la vez que el anhelo del héroe por la justicia, frente a la dura organización social del pueblo al cual pertenece. Si esto es ser una epopeya, séalo en buena hora el poema de Hernández; si no lo es, allá se queden en paz los retóricos y sus bártulos[63].

Por nuestra parte, estimamos ante todo que cada cual puede hacer su propia lectura, aunque siempre nos parecerá excesivo calificar de héroe —ni en el sentido de Castro ni en el de Rojas— a Fierro. Estamos ciertamente ante un poema narrativo, épico sólo en la medida que lo puede ser un romance tardío de tipo novelesco, de discreto empaque heroico y entreverado de lirismo. En consecuencia, aceptamos de un modo general con Unamuno que «en *Martín Fierro* se compenetran y como que se funden íntimamente el elemento épico y el lírico»[64].

Vistos los soportes de su valor narrativo, si tratamos de detectar algunas claves tropológicas de su alcance lírico, podemos acudir de nuevo al propósito de Hernández de recoger las imágenes, metáforas y comparaciones que son ingredientes esenciales en el sistema expresivo del gaucho. En seguida hemos de decir que lo predominante en la obra son las primeras y las terceras. No abundan evidentemente las metáforas puras.

En cuanto a las imágenes predominan las de *fundamento objetivo*[65], que relacionan, combinándolos, elementos formales de diversos seres, objetos o fenómenos perceptibles. Habitualmente en estas construcciones de tipo *A es B,* el segundo ele-

---

[63] Ricardo Rojas, *op. cit.,* tomo II, pág. 557.
[64] Miguel de Unamuno, *op. cit.,* pág. 58.
[65] Arcadio López-Casanova, y Eduardo Alonso, *El análisis estilístico,* Valencia, Bello, 1975, pág. 26.

mento hace referencia a animales, objetos o entidades muy vinculados al entorno del gaucho:

> Yo soy toro en mi rodeo (*I.*, 61)
>
> Aquello era ratonera (*I.*, 807)
> en que sólo gana el juerte
>
> Y fi el pavo de la boda (*I.*, 858)
>
> Era la águila que a un árbol (*I.*, 1771)
> dende las nubes bajó
>
> Ya veo que somos los dos (*I.*, 2143)
> astillas del mesmo palo
>
> Aquello es un hervidero (*V.*, 613)
> de pampas —un celemín—
>
> Vos sos pollo... (*V.*, 2427)

En el episodio de la payada, donde el peso del pragmatismo dominante en todo el poema disminuye sustancialmente, el juego dialéctico de los contrincantes da fácil paso a una serie de imágenes en las que la naturaleza aparece tratada con un sentido más genérico, más idealizado, más abstracto incluso. El ejemplo más elocuente está en esa estrofa casi becqueriana con la que el Moreno responde, en parte, a la pregunta de Fierro acerca de cuál sea el canto de la noche:

> Son los secretos misterios (*V.*, 4157)
> que las tinieblas esconden;
> son los ecos que responden
> a la voz del que da un grito,
> como un lamento infinito
> que viene de no sé dónde.

Pero por supuesto el esquema antes indicado no es el único que puede servir de soporte a una imagen (sin hablar por el momento de las metáforas y las comparaciones que, obvio es decirlo, están contenidas, como variantes, en ese mismo concepto). Los elementos enlazados en la imagen pueden apoyarse en otros sintagmas verbales cuyo núcleo puede no ser verbo copulativo, bien sea para dar forma sensible a lo abstracto, para establecer paralelismos tácitos entre una realidad evidente y otra deducible o para dar paso a una amplificación de unos rasgos o una situación mínimamente definidos, por no citar sino algunos casos que vengan a desbordar los estrechos límites

71

que teóricamente parecen asignársele a la imagen. En tal sentido podríamos seguir aportando innmuerables ejemplos de imágenes poéticas en el Martín Fierro:

> Aunque muchos cren que el gaucho (*I.,* 1117)
> tiene un alma de reyuno

> Pues el pájaro cantor (*V.,* 148)
> jamás se para a cantar
> en árbol que no da flor

> Tres figuras imponentes (*V.,* 1327)
> formábamos aquel terno:
> ella, en su dolor materno;
> yo, con la lengua dejuera;
> y el salvaje, como fiera
> disparada del infierno.

En cuanto a metáforas puras, es decir, con ausencia del término que designa a lo real sustituido, su número es bastante inferior al de las *imágenes* «strictu sensu». Las metáforas rara vez cumplen una función idealizadora de la realidad recreada. Les basta con contribuir a destacar enérgicamente algunas de sus facetas. Para aludir al mundo arbitrario del fortín y a la rapacidad de quienes allí mandan, se dirá: «Yo he visto en esa *milonga* / muchos gefes con estancia» (*I.,* 817). Martín Fierro, huye de tan odiado lugar a caballo: «*Me hice humo* —puntualiza— en un sotreta» (*I.,* 990). Y hablando de la forzada infidelidad de su mujer: «Me dicen que *se voló* / no sé con qué *gavilán*» (*I.,* 1053). El negro del tantas veces recordado sangriento episodio queda transformado al ser evocado en «*el de ollín*» (*I.,* 1187). «*Lo que pinta este pincel* / *ni el tiempo lo ha de borrar*» (*V.,* 73) afirma más tarde el gaucho para intensificar la fuerza de su mensaje, «Hay trapitos que golpiar» (*V.,* 151) es la fórmula para referirse a las muchas cosas sucias que deben ser reveladas. En alguna ocasión el sustituyente y lo sustituido se acercan tanto que la metáfora permanece sostenida sutil y patéticamente: «Si el viento de la desgracia / vuela las pajas del rancho» (*V.,* 365). En otras, adquiere un inesperado énfasis, como en esta académica y envarada alusión al padre ausente: «Falta el cabeza primario / y los hijos... se dispersan» (*V.,* 2099).

Entrar en el análisis de las comparaciones, representa abordar un apartado de extraordinaria vastedad. En efecto, es este el recurso expresivo más utilizado en el *Martín Fierro,* aquel en el que el gaucho y los demás personajes se manejan con mayor naturalidad.

La mayor parte de las comparaciones hacen referencia a animales. Presenciamos con este motivo todo un desfile zoológico por las páginas del poema, desde la primera estrofa en la que el autor compara al hombre apenado con «la ave solitaria» (*I.*, 5). Las aves, indeterminadas o específicas, entran profusamente en este tropo:

> Mi gloria es vivir tan libre (*I.*, 91)
> como el pájaro del cielo

afirma orgullosamente Martín Fierro en los comienzos del poema. Los milicos que escapan de los indios son «lo mesmo que las palomas / al juir de los gavilanes» (*I.*, 569). El mismo Fierro se compara a un «charabón en el desierto» (*I.*, 794) cuando considera su indefensión en el fortín. Sus desvalidos hijos surgen en su recuerdo «como los pichones / sin acabar de emplumar» (*I.*, 1043). Una de las mil reflexiones del poema: «el zorro más matrero / suele cair como un chorlito» (*I.*, 1719). El gaucho acuchillado por Cruz en sus primeras andanzas «había sido / como carne de paloma» (*I.*, 1997). Podríamos anotar un sinfín de símiles análogos en los que intervienen avestruz, águila, tero, pollo, grulla, macá, urraca, carancho, cigüeña, chimango, etc.

Las comparaciones con mamíferos son aún más abundantes, reflejo de la mayor proximidad del gaucho a este tipo de animales. Citaremos: toro, guacho, perro, cordero, ternero, mulita, borrego, tigre, venado, galgo, zorro, chancho, rata, y toda la gama, ya mencionada, de los equinos. Como es previsible, los peces, tan ajenos al mundo del gaucho, forman un apartado mucho menor: «Nací como nace el peje —afirma Fierro en sus declaraciones iniciales— en el fondo de la mar» (*I.*, 85), pero apenas vamos a encontrar alusiones posteriores a estos seres. El gaucho, atacado por la patrulla, acuchilla a un policía y lo levanta «lo mesmo que una sardina» (*I.*, 1548). No volveremos a encontrar peces hasta que el Moreno haga la exaltación del amor: «Ama en el fondo del mar / el pez de lindo color» (*V.*, 4205), concepto absolutamente literaturizado.

Limitadas son también las comparaciones referidas a otros sectores de la escala zoológica: tortuga, sapo, lagartija, sanguijuela, saguaipé, chuncaco, víbora, mosca, hormiga, araña.

Otras se apoyan en elementos varios de la naturaleza: «(el gaucho) se parece / al arbolito que crece / desamparao en la loma» (*I.,* 1328), «el más aviao de todos / es un peregil sin hojas» (*V.,* 3675); «las coplas me van brotando / como agua de manantial» (*I.,* 53); «monté y me largué a los campos / más libre que el pensamiento, / como las nubes al viento» (*I.,* 2005); «mas nos llevan los rigores / como el pampero a la arena» (*V.,* 173); «es la ley como la lluvia» (*V.,* 4241).

Finalmente, en el apartado de lo heterogéneo destacaríamos también un nutrido grupo de comparaciones: en las que cabe lo extrahumano («más fieras que Satanás» [*V.,* 768]), objetos y materias («como bola sin manija» [*V.,* 2762]), «como pelota» [*V.,* 3085], «como la lana» [*V.,* 3881], «como el cuchillo» [*V.,* 4245]); alimentos («como maiz frito» [*I.,* 539], «como pan que no se vende» [*V.,* 432]), lugares («como un cementerio» [*V.,* 419]), una letra («como jota» [*V.,* 4386]), una festividad («más triste que Jueves Santo» [*I.,* 1020]), y seres humanos pertenecientes a planos diversos («como el San Ramón [*V.,* 3335]), «como pordioseros» [*V.,* 3621], «como unos Longinos» [*V.,* 3671]).

No intentaremos, por supuesto, la tarea de detenernos a analizar las motivaciones bastante claras, por otra parte, y los porcentajes de los materiales que sirven de términos de comparación. Baste señalar la importancia de este tropo en el poema, revelador de un lenguaje lírico muy apoyado en recursos hondamente tradicionales que permiten al gaucho contar en todo momento con soportes fácilmente logrados con sólo mirar a su alrededor y muy en particular al mundo animal con el que halla una mayor compenetración. Como bien ha resumido Emilio Carilla: «El mundo que reflejan estas comparaciones es —sabemos— el mundo circundante. Primordialmente, un ámbito "visto" que amplía, con los recursos conocidos, su material expresivo. Cercanía, vivencias, usos, todo bulle en la imaginación del gaucho y se trasunta en su lengua» [66].

No agotamos con esto ni mucho menos el número de tropos que singularizan el poema. Piénsese, por ejemplo, en las enumeraciones, utilizadas con enorme precisión y justeza en algunas estrofas que son un prodigio de densidad expresiva, como aquéllas en que describe las faenas del gaucho en la primera parte, o ésta, coronada por un rotundo epifonema,

---

[66] Emilio Carilla, *La creación del «Martín Fierro»,* Madrid, Gredos, 1973, pág. 151.

referente a los trabajos realizados por Fierro en las chacras del coronel del fortín:

> Yo primero sembré trigo (*I., 421*)
> y después hice un corral;
> corté adobe pa un tapial,
> hice un quincho, corté paja...
> ¡La pucha que se trabaja
> sin que le larguen ni un rial!

No son escasas tampoco las hipérboles, ya convencionales «haciendo temblar la tierra» [*I., 548*], «parece un baile de fieras» [*V., 289*]), «aunque se dé güelta el mundo» [*V., 312*], «hace erizar los cabellos» [*V., 580*]), o bien muy particulares, como la que desborda en esta afirmación de Fierro sobre un hecho que se nos antoja imposible o desmesurado, epílogo de la lucha entre él y el indio en el episodio de la cautiva:

> Al fin de tanto lidiar (*V., 1346*)
> en el cuchillo lo alcé;
> en peso lo levanté
> aquel hijo del desierto;
> ensartado lo llevé
> y allá recién lo largué
> cuando ya lo sentí muerto

Vale la pena recordar las exclamaciones, algunas formuladas con un «qué» seguido de una forma verbal perifrástica: «y ¡qué iba a hallar al volver!» (*I., 293*), «y ¡qué habíamos de alcanzar / en unos bichocos viejos!» (*I., 521*), «pero qué iba a hacerles yo» (*I., 793*), «mas ¡qué ivan a trabajar!» (*I., 1042*). Estas construcciones con matiz también interrogativo son típicas sobre todo de la primera parte del poema.

Junto a las comparaciones, el poema se caracteriza también, sobre todo, por la abundancia de sentencias y refranes. Esta riqueza paremiológica está principalmente enraizada en la tradición castellana, modificada por las vivencias gauchescas. Es este uno de los aspectos de la obra que más hacen pensar en su radical entronque con lo hispánico.—Fácilmente se perciben las expresiones de ese tipo surgidas directamente de este vivero: «Sin naides que los proteja / y sin perro que los ladre (*I., 1073*), «¿y dónde irá el güey que no are?» (*I., 1354*), «... no está la prudencia / reñida con el valor (*V., 245*), «el diablo sabe por diablo/ pero más sabe por viejo» (*V., 2317*), pues que viva la gallina / aunque sea con la pepita» (*V., 2858*), «a tu tierra, grullo / aunque sea con una pata» (*V.*, 3089), «araña, ¿quién te arañó? / —Otra araña como yo—» (*V.*, 3817). Entre las más acriolladas, o netamente criollas, sobresalen las relacionadas con los quehaceres específicos del gaucho: «No hay tiempo que no se acabe / ni tiento que no se corte» (*I.*, 263), «en la güeya del querer / no hay animal que se pierda» (*I.*, 1747), «¡naides se rasca pa abajo / ni se lonjea contra el pelo!» (*I.*, 2015), «... el que anda sin dirección / es guitarra sin clavija» (*V.*, 1735), «... siempre es güeno tener / palenque ande ir a rascarse» (*V.*, 2323), «hasta la hacienda baguala / cae al jagual con la seca» (*V.*, 2335).

Renunciamos a ampliar el número de ejemplos. Basta acercarse a los consejos del viejo Viscacha y a los de Martín Fierro para apreciar su tumultuosa proliferación. Concretamente en las 23 estrofas correspondientes a Viscacha encontramos trece expresiones que pueden ser directamente consideradas como refranes y podemos añadir que en los demás casos sólo la primera sextilla de ese grupo se encuentra desprovista de una expresión sentenciosa. En cuanto a los consejos de Martín Fierro, no están en general apoyados en refranes propiamente dichos —si bien no falta alguno («la ocasión es como el fierro: se ha de machacar caliente» [*V.*, 4683])—; más bien están vertebrados en sentencias morales no acuñadas, aunque entroncadas también en la filosofía popular tradicional.

Conviene, sin embargo, hacer alguna precisión más a este respecto. Battistessa advirtió que «en el mejor de los casos, nuestros comentaristas se han limitado a sindicar la presumible vertiente española. Pero conviene estar atentos al ámbito general europeo y aun referirse, si no al oriente remoto, urna secular de sabiduría, sí al derramado tesoro de los latinos, inexhausto y ubicuo» [67]. Lo cierto es que no han faltado quienes observaran desde temprano esta amplitud de fuentes. Ya Nicolás Avellaneda, en carta dirigida a Florencio Madero en 1881 referente al *Martín Fierro*, señalaba que Hernández «ha estudiado, como Cervantes, los proverbios de todos los pueblos y de todos los idiomas, de todas las civilizaciones, es decir, la voz misma de la sabiduría, como los llamaba Salomón» [68],

---

[67] Ángel Battistessa, *Advertencia*, en su edición de *Martín Fierro* de José Hernández, Buenos Aires, Peuser, 1964, pág. XXXIII (1.ª edición, 1958).

[68] Citado por Fermín Chávez en «Los primeros hernandistas», en *Martín Fierro. Un siglo*, pág. 158.

para señalar a continuación que algunos emanan del Corán, los Evangelios, Confucio y Epícteto. «Estos dos últimos —concreta— son, sobre todo, los autores predilectos de Martín Fierro y sus dicharachos gauchos no vienen a ser en el fondo sino proverbios chinos y griegos» [69]. Sin disminuir la importancia de las fuentes hispánicas, y limando un poco en consecuencia la rotundidad de esta cita en su parte final, conviene, pues, apreciar la importancia de estas otras, ya en cierto modo sugeridas en el prólogo de Hernández a la segunda parte de su obra. Carilla, que hace interesantes especificaciones sobre el particular, apunta entre otras la influencia —inesperada en verdad— de las *Eddas* escandinavas en la *Vuelta* [70].

MÉTRICA

Como ya se ha dicho, la sextilla es la estrofa fundamentalmente empleada en el poema, estrofa de invención del propio Hernández, que no corresponde a los usos gauchescos, aunque Lugones opinara lo contrario [71]. En los poetas contemporáneos o anteriores a Hernández, dentro del género es habitual el uso del romance, cuartetas de copla *(abcb),* décimas, seguidillas, redondillas, coplas de pie quebrado, pareados de arte menor y formas estróficas varias (de 12, 8, 7, 6 y 5 versos). El esquema típico de la sextilla hernandiana, *abbccb,* sólo aparece antes —según ha observado Carilla— en alguna estrofa aislada de *Paulino Lucero,* de Hilario Ascasubi [72].

El mismo crítico argentino relaciona, con vaguedad muy comprensible, la sextilla con ciertas formas de la métrica romántica y rehúsa como «pintorescas» [73] las explicaciones que pretenden vincular a dicha estrofa con la décima o la quintilla. Por nuestra parte, sin embargo, pensamos que la similitud esquemática de los seis últimos versos de la décima con la sextilla habla en forma muy elocuente de la vinculación que entre ambas existe. Rodolfo Borello centra y dilucida la cuestión sin la menor sombra de duda cuando afirma: «Ya los

---

[69] *Ibíd.*

[70] Emilio Carilla, *La creación del «Martín Fierro,* pág. 223.

[71] Leopoldo Lugones, *op. cit.,* pág. 1163.—«Las estrofas del payar —afirma— solían ser la cuarteta y la sextina empleada por Hernández.»

[72] Emilio Carilla, «La métrica del Martín Fierro», en *Thesaurus,* Bogotá, tomo XXVII, número 3, septiembre-diciembre 1972, pág. 465.

[73] *Íd.,* pág. 460.

poetas gauchescos habían dividido la décima en dos partes de cuatro y seis versos, respectivamente (Ascasubi, del Campo, Lussich). Hernández se quedó con la última parte y produjo una estrofa originalísima y propia» [74]. Claro que a Carilla este hecho no le es ajeno, pero no le sirve de prueba. Que tal partición de la décima en el poema *Los tres gauchos orientales* de Antonio D. Lussich, aparecido unos meses antes que *Martín Fierro,* haya sugerido a Hernández su propia estrofa no le parece de recibo [75]. No estamos en condiciones de entrar más a fondo en la cuestión, bastante circunstancial por otra parte.

Lo importante es, naturalmente, el extraordinario manejo que de la sextilla supo hacer Hernández. La extensión de la estrofa, intermedia entre la breve redondilla o cuarteta y la larga décima, sirve a la perfección para el desarrollo de un pensamiento completo, sin riesgos de excesiva concisión ni posible caída en la prolijidad. Cada sextilla constituye normalmente una unidad de sentido que no precisa encabalgarse con la siguiente para completarlo. De hecho puede decirse que en ocasiones constituyen, individualmente, pequeños poemas.

Carilla ha señalado la complejidad interna de la sextilla, en la que observa cuatro estructuras distintas, según los versos se dividan en: a) dos grupos constituidos respectivamente por cuatro y dos versos, «donde la parte final hace las veces de síntesis, comentario» [76]:

> Vengan, santos milagrosos (*I.,* 13),
> vengan todos en mi ayuda,
> que la lengua se me añuda
> y se me turba la vista:
> pido a mi Dios que me asista
> en una ocasión tan dura

b) 2 y 4:

> Aquí me pongo a cantar (*I.,* 1)
> al compás de la vigüela,
> que el hombre que lo desvela
> una pena estraordinaria,
> como la ave solitaria
> con el cantar se consuela .

---

[74] Rodolfo Borello, *Hernández: poesía y política,* Buenos Aires, Plus Ultra, 1973, pág. 179.

[75] Emilio Carilla, *La métrica del «Martín Fierro,* pág. 465.

[76] *Íd.,* págs. 463-464.

c) 2, 2 y 2:

> Mas ande otro criollo pasa (*I.*, 25)
> Martín Fierro ha de pasar,
> nada lo hace recular,
> ni las fantasmas lo espantan;
> y dende que todos cantan
> yo también quiero cantar

d) 3 y 3:

> Lo miran al pobre gaucho (*I.*, 2095)
> como carne de cogote:
> lo tratan al estricote;
> y si ansí las cosas andan
> porque quieren los que mandan,
> aguantemos los azotes

Seguramente puede rastrearse algún otro agrupamiento, pero evidentemente, la clasificación de Carilla cubre los esenciales. El predominio del esquema 4 y 2 se corresponde con la afirmación hecha por Hernández en el prólogo a la segunda parte, hablando del gaucho, de que «todos sus refranes, sus dichos agudos, sus proverbios comunes, son espresados (sic) en dos versos octosílabos, perfectamente medidos, acentuados con inflexible regularidad, llenos de armonía, de sentimiento y de profunda intención»[77].

A pesar de la riqueza que la sextilla poseía como instrumento métrico, Hernández quiso también introducir alguna diversificación en este campo, del mismo modo que evitó convertir el poema en un largo monólogo. Indiscutiblemente las modalidades estróficas diferentes a la sextilla cumplen una triple función: romper una expresión monolítica, servir de cauce especialmente idóneo a determinados aspectos del poema e impedir que éste deje de tener claros enlace formales con la poesía gauchesca tradicional.

El canto VII de la primera parte nos muestra el primer cambio métrico al introducirse versos octosílabos con rima *abcb,* no muy rigurosa en sus consonancias. Después de las largas series de sextillas, estas coplas producen un grato contraste y parecen dar nueva ligereza a lo narrado. En este sistema se desarrolla el episodio de la muerte del negro y se inicia,

---

[77] José Hernández, *La vuelta de Martín Fierro,* 1879, pág. 5.

en el canto próximo, el del «gaucho guapo», que, curiosamente, en la séptima estrofa vuelve a introducir las sextillas. En el IX, mediado el relato de Cruz, aparecen dos seguidillas, correspondientes a la afrenta que el «gaucho duro de boca» le hizo en la pulpería, fugaz variante que da mayor viveza al suceso descrito. Durante largo trecho el poema sigue desarrollándose en sextillas hasta que en el canto XI de la segunda parte, inmediatamente posterior al episodio de la cautiva, Fierro pasa a usar el romance. Resulta claro que esta estructura métrica, muy conveniente según Lope para «las relaciones», sirve admirablemente para que Fierro cuente con rapidez lo que le acaeció hasta que se produjo el encuentro con sus hijos y justifique algunos de sus actos. Vuelven a aparecer las sextillas en el canto XII hasta que en el XX un nuevo y breve romance sirve para introducir a Picardía. En el XXVII el propio Picardía, que había utilizado las sextillas para referir su historia personal, continúa su relato en redondillas, que se prolongarán en el canto siguiente, ambos correspondientes a lo acontecido en el servicio de fronteras. En este caso la eficacia del cambio métrico resulta también muy patente desde el momento en que contribuye a dar novedad a la ya algo prolija exposición y diferenciar asimismo el relato de las penalidades experimentadas por Picardía en la milicia de las que en su momento fueron expuestas por Fierro, con respecto a las cuales no difieren demasiado. Un simple pareado nos sale al paso, personal e independiente, para dar salida a un inexcusable refrán, ya citado (V., 3817). Un tercer romance de 30 versos —canto XXIX— da paso al Moreno. Las sextillas ocupan el resto del poema con excepción de dos estrofas de ocho versos, modalidad de la antigua copla de arte menor y un cuarto romance, que tiene, como los anteriores, un valor sintetizador muy efectivo —aunque el cantor no resiste la tentación de describir dentro de él ciertas menudencias: las características del hecho que los gauchos organizan con sus aperos para pasar la noche al aire libre. Queda reseñada en forma expeditiva la forma en que quedó amagada la posible pelea entre el Moreno y Fierro, la alegre convivencia de la noche y la decisión de la separación, dándose entrada, finalmente, a los consejos del viejo gaucho y al colofón del poema.

En conjunto hay, pues, un discreto número de variantes en el poema con relación a la sextilla predominante. La misma sextilla queda también enriquecida en estos vaivenes que introducen hábiles fisuras en su protagonismo.

La indiscutible maestría de Hernández como versificador no impide que a lo largo del poema existan algunas anomalías. Seguramente las diatribas contra la «ingrata rima» que cohorta pensamientos y que «no permite que se eleve / la inspiración creadora», contenidas en el poema «El payador» de Alejandro Magariños Cervantes, que apareció en la primera edición del *Martín Fierro*, precediéndolo, y el subsiguiente elogio del payador que canta «sin curarse / de reglas que no le importan» [78] son una especie de contraseña al receptor por parte de Hernández para que acepte por anticipado tales alteraciones, que sólo excepcionalmente cabe considerar como defectos.

En primer lugar hay que señalar las variantes que en relación al esquema principal ofrecen ciertas sextillas. Anotamos: *abbcdc, abbacd, abcded, abbcbc, abcdb*. Por otro lado el respeto por la rima consonante en las sextillas no es absoluto. No son raros los casos en que se opta por la más cómoda asonancia.

Puede consignarse algún verso duro como «más feo que la misma guerra» (*V.*, 284), que exige una ingrata sinéresis, o mal medido: «artículos de Santa Fe» (*V.*, 3036). Bien es verdad que este último no es exactamente un «lapsus» de Hernández, sino la opción consciente por una irregularidad estimada como imprescindible para producir determinado efecto humorístico. Es admirable, por otro lado, la capacidad de Hernández para esquivar los ripios acechantes en un poema de tal longitud. No parece que se produzca en «un plumaje como tabla» (*I.*, 2170) —hablando de aves— por la atracción de «una lengua que habla» (*I.*, 2172) si nos atenemos a las explicaciones de L. Lugones, Tiscornia, Santiago Lugones, Borges y Bioy Casares y Carilla[79]. Puede encontrarse aisladamente algún anacoluto. «¡Ah tiempos!... pero si en él / se ha visto tanto primor» (*I.*, 221) o alguna imprecisión como ese «los dos» (*V.*, 46) con que Fierro se designa a sí mismo y a otro cantor impreciso, o bien alguna «rima inocente»: «empiezan con todo empeño, / como dijo un *santiagueño*» (*V.*, 635).

[78] José Hernández, *El gaucho Martín Fierro*, 1872, págs. 6 y 7.

[79] Además de aludir a *El payador*, de Leopoldo Lugones, y a las ediciones del *Martín Fierro*, de Borges y Bioy Casares, y Carilla, respectivamente, nos referimos a José Hernández, *Martín Fierro*, edición con estudio de Eleuterio F. Tiscornia, Buenos Aires, Losada, 1949 (1.ª ed., 1925) y a José Hernández, *Martín Fierro*, edición anotada al pie de página y con un estudio preliminar de Santiago M. Lugones, Buenos Aires, Centurión, 1948 (1.ª ed., 1926).

Creemos que *Martín Fierro* es, por encima de todo, una obra en la que predominan lo que Vargas Llosa ha llamado los «demonios personales» [80], es decir, las propias vivencias del autor en cuanto a su concepción y desarrollo. De ese hecho arranca la tajante afirmación de Fierro: «Aquí no hay imitación, / esta es pura realidad» (*V.*, 89).

Ahora bien, es evidente que existen gravitando sobre ella una serie de influjos literarios, bien identificados en su mayoría. En primer lugar es obvio que sobre Hernández pesaba toda la literatura gauchesca anterior. Ya hemos señalado como con ella comparte el uso del octosílabo y determinadas estrofas; pero hay mucho más. Los antecesores de Hernández habían elaborado ya las coordenadas esenciales del mundo del gaucho. Borges y Bioy Casares recuerdan que en la poesía de Bartolomé Hidalgo se dan algunos motivos básicos de toda la gauchesca, entre ellos, «el diálogo entre paisanos y el ambiente sugerido por alusiones» [81]. «El tema de la amistad está en ella —añade— y no el del amor» [82], lo cual es, como hemos dicho, característico del *Martín Fierro*. Henry A. Holmes [83] cita similitudes mucho más concretas como las siguientes:

Hidalgo

Los otros, cual más, cual menos,
sufren el mesmo rigor
(Cancionero popular)

Nos golpiamos en la boca
y ya nos entreveramos:
y a este quiero, éste no quiero,
los fuimos arrinconando
(Cancionero popular)

Hernández

Cual más, cual menos, los criollos (*V.*, 995)
saben lo que es amargura

---

[80] Mario Vargas Llosa, *García Márquez. Historia de un deicidio,* Barcelona, Barral, 1971, pág. 102.

[81] Jorge Luis Borges y Adolfo Bioy Casares, *op. cit.*, pág. XI.

[82] *Ibíd.*

[83] Henry A. Holmes, *op. cit.*, págs. 36-37.

Y golpiándose en la boca (*I.*, 545)
hicieron fila adelante.

...

Como una luz de lijeros (*I.*, 560)
hicieron el entrevero,
y en aquella mezcolanza,
éste quiero, éste no quiero,
nos escojían con la lanza

En Ascasubi hallamos pasajes que dejan el camino abierto a ciertas secuencias del poema de Hernández. Tal sucede, por ejemplo, con la descripción del amanecer en la estancia de San Borondón en el «cuadro» X de *Santos Vega,* perteneciente a la parte del poema publicado antes de la edición de París de 1872, es decir, en 1871, que Hernández, sin duda, conoció. En ese trozo vemos una anticipación clara de la madrugada en la estancia descrita al comienzo de *Martín Fierro.* Dice Ascasubi:

Venía clariando al cielo
la luz de la madrugada,
y las gallinas al vuelo
se dejan cair al suelo
de encima de la ramada[84]

Y Hernández:

Apenas la madrugada (*I.*, 151)
empezaba a coloriar,
los pájaros a cantar
y las gallinas a apiarse

Se ha señalado también la influencia ejercida por *Los tres gauchos orientales* del ya mencionado Antonio D. Lussich, poema aparecido en 1872, antes que el de Hernández, quien por cierto saludó dicha obra con entusiasmo en palabras bien reveladoras de las concomitancias que se darían en ambas: «En versos llenos de fluidez y energía, describe usted con admirable propiedad al inculto habitante de nuestras campañas; pinta con viveza de colorido los sinsabores y sufrimientos

---

[84] Hilario Ascasubi, *Santos Vega,* en Jorge Luis Borges y Adolfo Bioy Casares (edición, prólogo y notas) *Poesía gauchesca,* tomo I, página 331.

del gaucho convertido en soldado...»[85]. Véanse, por ejemplo, estos versos de Lussich:

> Yo tuve ovejas y hacienda,
> caballos, casa y manguera;
> mi dicha era verdadera...
> ¡Hoy se mi ha cortao su rienda![86]

O las exhortaciones finales del mismo poema para que se consiga educacion y justicia para el gaucho, que renunciamos a reproducir.

Está también, operando sobre el poema hernandiano, la tradición de toda la poesía argentina, cuyo auge empieza ciertamente con la independencia y, como no podía dejar de ocurrir, no faltan ecos muy precisos de la literatura española clásica, sin entrar en ese otro tipo más vago de afinidades con lo hispano que tanto defendió Unamuno. La concepción del poema como una historia dentro de otra historia, considerada por José María Salaverría a propósito del episodio en que Fierro encuentra a sus hijos («no faltaba, ya se entiende, / en aquel gauchaje inmenso / muchos que ya conocían / la historia de Martín Fierro» [*V.*, 1657]), ha dado pie a pensar en una influencia directa del *Quijote* por parte del crítico español, que Carilla no estima probable[87].

El sabor picaresco de varios pasajes del poema parece tener clara fundamentación, según hemos hecho notar de un modo general, en algunas de las obras maestras del género. Hay rasgos en ciertos momentos que nos parecen inequívocos en este sentido: «los besos / al pichel» (*I.*, 1665) traen resonancias del *Lazarillo,* mientras el *Buscón* respalda esta expresionista alusión a la exigua alimentación que recibían los milicos: «sólo llegaban las migas / que habían quedao en los lienzos» (*V.*, 3845).

Carilla recuerda la opinión de José Pereira Rodríguez acerca de la posible influencia de Fray Luis de León, concretamente de la *Oda a Felipe Ruiz* («Cuando será que pueda...»)[88] en

---

[85] *Poesía gauchesca,* tomo II, pág. 349.

[86] *Íd.,* pág. 352.

[87] Emilio Carilla, edición de *Martín Fierro,* pág. 245. «Sin descartar del todo alguna raíz —añade refiriéndose a posibles huellas del *Quijote* en el poema de Hernández— las veo más como coincidencias que como fuentes precisas.» Véase también, sobre este asunto, Ricardo Rojas, *op. cit.,* tomo II, pág. 528.

[88] *Íd.,* pág. 327.

algunas estrofas de la payada cuya temática guarda relación con las ansias cognoscitivas mostradas en el poema del agustino. Claro que el hecho de que el Moreno afirme que sus conocimientos generales se deben a las enseñanzas de un «flaire» no sirve en nuestra opinión de apoyo a tal presumible influjo. La justificación que trae a colación al eclesiástico no es, a nuestro modo de ver, sino una conveniencia literaria que podemos rastrear en la literatura hispánica. Recuérdese el caso ya citado de *El lazarillo de ciegos caminantes* donde Concolorcorvo alude a la ayuda de «cierto fraile de San Juan de Dios» para explicar en parte sus habilidades literarias.

Si a ecos españoles nos atenemos, ninguno parece más claro que el de Calderón, ya manifiesto en la primera parte cuando se establece la supremacía de los dones concedidos a Dios por el hombre sobre los de otros seres naturales (*I.*, 2155 y ss.) y totalmente evidente en la payada cuando el Moreno enumera la forma en que aman los animales, el hombre y todo cuanto vive («ama el pájaro en los aires», etcétera [*V.*, 4193]) y, poco después, en la contraposición que el autor-relator establece entre la estabilidad de águilas, tigres y zorros y el triste vagabundeo del gaucho («Vive el águila en su nido», etc. [*V.*, 4817]). Para Azorín el *Martín Fierro* conecta con el teatro clásico español del que tiene «el extraordinario movimiento y la musicalidad» [89], y Martínez Estrada, por su parte, ve en el poema la huella de *El Isidro* de Lope de Vega, vía Ascasubi, «cuyo *Santos Vega* contiene los mismos elementos orgánicos del poema de Lope que hallamos después en *Martín Fierro*» [90]. Alberto Navarro, en fin, precisa la influencia de *Romances vulgares de controversia, agudeza e ingeniosidad* como los de *Francisco Esteban el Guapo, Don Rodolfo Pedrajas, Pedro Cadenas,* etc. [91]. Por nuestra parte no queremos dejar de apuntar la posible relación existente entre la payada y los capítulos del *Libro del caballero y el escudero* de don Juan Manuel, en la que un joven escudero es aleccionado

[89] Azorín, *op. cit.*, pág. 20.
[90] Ezequiel Martínez Estrada, *op. cit.*, pág. 301.
[91] Alberto Navarro, «El gaucho Martín Fierro o De Dios abajo, ninguno», en *Revista de Literatura,* tomo XXXVII, núms. 73-74, enero-junio 1970, pág. 6, Madrid, Instituto Miguel de Cervantes de Filología Hispánica, C. S. I. C.

por un caballero ermitaño sobre cuestiones de religión, qué son los cielos, los elementos, los planetas, el hombre, etc. [92].

Si a esto añadimos lo antes dicho acerca de la probable filiación de Viscacha con un personaje de Espronceda y lo referente a las sentencias y los refranes, veremos que si excesivo resulta afirmar con Unamuno que «Martín Fierro ... es español hasta el tuétano» [93], es del todo inaceptable la opinión de Carlos Alberto Leumann de que el poema «en España resulta cosa tan extranjera como una novela de Tolstoy o un drama de Shakespeare. Porque el gaucho es hijo de un mundo nuevo; y faltan, para bien apreciarlo en el cuadro de la historia universal, puntos de referencia» [94].

No entraremos en el tema de las huellas procedentes de ámbitos no hispánicos, a algunas de las cuales hemos tenido ocasión de aludir sumariamente. Lo importante es destacar cómo el poema de Hernández, al igual que cualquier otra gran obra de la literatura universal, no es una creación aislada, sin mengua del genio de su autor ni del importante papel que corresponde al ámbito en que ha nacido, sino, además, una encrucijada de elementos más o menos foráneos, asimilados y decantados, que subyacen bajo lo que parece puro casticismo e inspiración espontánea.

EL TEXTO

La primera edición de cada una de las dos partes del *Martín Fierro,* de la que partimos para la presente ofrece muchas irregularidades, con variaciones a veces desconcertantes en la grafía. Ello es propio, en cierta medida, de la inseguridad ortográfica de la época, existente aún entre personas cultivadas (apreciable en los mismos *prólogos* hernandianos), y también, consecuentemente, de la falta de escrupulosidad —diríamos

[92] Don Juan Manuel, *Libro del caballero et del escudero,* en *Obras de—,* Barcelona, Clásicos hispánicos, C.S.I.C., 1955. (Cfr. los capítulos XXXV a XLVIII).

[93] Miguel de Unamuno, *op. cit.,* pág. 61. Vale la pena recoger alguna otra cita, como la que sigue, del mismo autor, a mayor abundamiento: «Su canto está impregnado de españolismo, es española su lengua, españoles sus modismos, españolas sus máximas y su sabiduría, española su alma» (*op. cit.,* pág. 61).

[94] Carlos Alberto Leumann, «Prólogo» a su edición de *Martín Fierro,* de José Hernández, Buenos Aires, Ángel Estrada y Cía., 1961, pág. 13 (1.ª edición en 1945).

que comprensible, dada la índole del poema— por parte de la Imprenta de la Pampa y de la de Pablo F. Coni, que tuvieron a su cargo, respectivamente, la edición de la primera y la segunda parte. Hay pruebas, asimismo, del escaso interés que Hernández tuvo por corregir lo impreso: mínimos son, en efecto, los retoques que estimó oportuno hacer, de su propia mano, en el ejemplar de la primera edición de la *Ida* dedicado a Mariano Pelliza, que hoy se conserva, y en la edición de 1878, donde cambió algunos pocos versos.

Los editores, por el contrario, se tomaron con demasiada frecuencia la libertad de «corregir» el texto. Por ejemplo, en la edición de 1894 citada al principio de esta introducción, apenas iniciamos el primer canto nos encontramos con que «la ave solitaria» se ha convertido en «el ave», «otenidas» en «obtenidas», «alquiridas» pasa a ser «adquiridas», «tutubiando» es «titubiando», y «remuento», «remonto»[95]. Lo grave es que hayan participado de estos afanes correctores —aunque no pueda compararse su actitud con este desconsiderado intervencionismo— algunos críticos inteligentes que han contribuido, por otro lado, a iluminar el poema de un modo muy estimable. Tal es el caso de Santiago Lugones, en cuya edición anotada del *Martín Fierro* encontramos observaciones como éstas, de signo contrario a las que acabamos de ver:

> *Verbo errar.*—En el hablar vulgar y hasta en la familiar de la mejor gente de la ciudad y de la provincia de Buenos Aires, aún hoy mismo se conjuga como irregular: *erro, erras, erre, erres.* Hernández equivocadamente emplea la forma gramatical *yerro, yerras* y sólo una vez la propia del lenguaje gaucho: «Y si erramos el camino, / no es el primero que lo erra» (2201 y 2202)»[96].
>
> *Verbo romper.*—Es siempre irregular: *ruempo, ruempa.* El autor se equivocó cuando dijo: «Adentro muere la china / sin que aquel círculo rompa» (3072)»[97].
>
> *Verbo soler.*—«Puede aceptarse, aunque era poco usado...»[98].

[95] Ed. cit., págs. 3 y 4.
[96] Santiago Lugones, «Prólogo» a su citada edición de *Martín Fierro*, pág. 20.
[97] *Ibíd.*
[98] *Íd.*, pág. 21.

Verbos con enclítico.—«... asombra que el autor haya usado constantemente las formas correctas: es un error inexplicable. Por ejemplo, «Soy gaucho, y *entiendanló /* como mi lengua lo explica», debió ser *entiendalón* o *entiendanlón,* de ningún modo *entiendaló*»[99].

DE VERAS. «Error del autor, pues la expresión gauchesca es *endeveras* [100].

No alargaremos esta lista, ya suficientemente ilustrativa de la mentalidad de quien, como otros, ha pensado que el poema estaba rigurosamente al servicio de la realidad y no cabe ninguna heterodoxia en el plano lingüístico. Santiago Lugones, ciertamente, no modificó el texto, pero sus numerosas sugerencias de alternativas constituyen de hecho una alteración del mismo. Marcos A. Morinigo no resiste la tentación de restituir «arreglado» a su nivel vulgar, «arreglao» [101], que se supone el normal en el poema, o cambiar «de que ablande» por «que se ablande» [102]. El propio Carilla, tan respetuoso con el texto, llama la atención sobre el uso de «cerdo» en vez de «chancho» —vocablo que «el gaucho usaba corrientemente» [103]— en el poema. Es verdad que lo hace como mera aclaración erudita. Sin embargo, cuando poco más adelante observa, a propósito de «loba» y «lobo», que el gaucho no conocía a este animal y que acaso haya que pensar en lobos marino o en perros cimarrones [104], tenemos cierta sensación, agradeciendo la interesante puntualización, de que anota un desajuste del *Martín Fierro* con la realidad, y cree necesario justificar lo que, de alguna manera, podría ser percibido como un error.

Por lo que respecta al léxico, no hay duda de que es lógico atenerse a las ediciones citadas al comienzo de este apartado. Así lo hizo Eleuterio F. Tiscornia en la suya de 1925 [105], marcando la pauta para las posteriores, no sólo por haber resca-

---

[99] *Ibíd.*

[100] *Íd.,* pág. 278.

[101] José Hernández, *Martín Fierro,* edición de Marcos, A. Morinigo, Salamanca, Anaya, 1971, pág. 237.

[102] *Íd.,* pág. 219.

[103] Emilio Carilla, edición de *Martín Fierro,* pág. 125.

[104] *Íd.,* pág. 136.

[105] José Hernández, *Martín Fierro,* Buenos Aires, Imprenta Coni, 1925. Por nuestra parte, hemos utilizado la sexta edición, de 1949, antes citada.

tado el texto legítimo, sino por la clarificación que sus anotaciones supusieron. Lo que sigue siendo arduo es decidir acerca de la grafía del poema, tanto en lo que se refiere a la ortografía de los fonemas y, a veces, a la propia configuración de las palabras, como a los signos de puntuación y al acento ortográfico.

Normalmente se ha optado por una modernización de todos los elementos para ofrecer al lector medio un texto adaptado a sus hábitos de escritura, lo cual en principio es razonable, pero deja algunos problemas sin resolver. Una posición contraria es la tomada por Emilia Carilla cuando afirma: «... me parece que lo más sensato es reproducir el texto de Hernández en sus primeras ediciones (con las modificaciones conocidas de la *Ida*) y señalar en notas todo aquello que sea conveniente discutir» [106]. Así lo hace el crítico argentino —no sin corregir alguna errata notoria y, muy eventualmente, la puntuación y acentuación—, pero este honesto criterio presenta también algún aspecto objetable. En primer lugar estimamos que el loable respeto al texto hernandiano puede dejar paso, a pesar de lo señalado, a alguna falta irrelevante (no es el caso de la edición de Carilla, donde apenas apuntaríamos un «por que» en vez de «porque») [107], aunque ninguna desentone ciertamente en el mar de vulgarismos que es el poema. Un escollo más serio es el de abandonar el texto a las limitadas matizaciones que su primitiva puntuación ofrece. Sin duda es muy sugestiva la defensa que de esto hace Leumann, cuando defiende esa «puntuación adrede imprecisa y admirablemente necesaria a la suelta, ágil sucesión de ideas y de imágenes entre las cuales sólo hay una relación oculta y remota» [108], pero piénsese en lo que significaría actuar siempre con este criterio al editar obras de cierta antigüedad.

Más bien creemos que no hay nada de ilícito en acomodar a los usos de puntuación actuales el poema. Cumplirá así mejor, sin traicionar nada esencial, el verdadero destino de toda creación poética: no dejar de ser nunca contemporánea; tanto más cuanto las condiciones de literatura oral, casi diríamos juglaresca, en que surgió —y que pueden explicar en

[106] Emilio Carilla, «Introducción» a su edición de *Martín Fierro,* página 50.
[107] Emilio Carilla, *edición citada,* pág. 99.
[108] Carlos Alberto Leumann, ed. cit., pág. 128.

gran parte la poca atención que Hernández prestó a su fijación escrita— han perdido vigencia irremediablemente.

En lo que atañe a la acentuación, no puede haber tampoco inconveniente en modernizar el texto, lo cual, por cierto, sitúa ante algunos dilemas que es preciso afrontar.

De acuerdo con estos criterios, nuestra edición respeta la palabra hernandiana según aparece en las ediciones originales de 1872 y 1879, de cuyos facsímiles hemos dispuesto, al mismo tiempo que hemos contado con la de Tiscornia (y otras importantes, particularmente con la admirable de Emilio Carilla, tantas veces mencionada en este estudio, etc.) eliminando cualquier errata que no nos parece significativa y poniendo el texto al día en cuanto a puntuación y acentuación. Hemos incorporado también las modificaciones hechas por Hernández en la *Ida* en la edición de 1878 (v. Bibliografía), y recogidas por Tiscornia, sin dejar de reproducir a pie de página en tales casos los versos primitivos.

Conviene en seguida atar algunos cabos. El receptor actual no percibe lo que el hecho oral de la obra tenía de valor semiológico. Ese valor puede estar compensado en parte por aquellos aspectos de la grafía que den idea del ingenuismo y poética rudeza aportados por la voz de los gauchos cantores que difundían el *Martín Fierro* en las pulperías. Si no podemos evitar que el poema sea hoy un libro y no un recitado, al menos para la inmensa mayoría, sí debemos hacer lo posible por preservar en cuanto nos sea posible algunos de sus signos sustanciales, y ello se logra manteniendo su titubeante y tosca grafía en el orden del léxico, aunque no sin romper esta norma cuando nos parezca justo hacerlo. Por ejemplo: estimamos que «ay» (por «ahí») es una escritura suficientemente expresiva de elementalidad atrayente y la dejamos como única versión del referido adverbio, desechando las representaciones «hay», «ahy», que también aparecen; entre «a juera» y «ajuera», optamos siempre por la segunda forma; aceptamos «aveces», que no puede provocar dificultades de interpretación, y, por la misma razón «nomás», pero no el confuso «amás» («además») ni, como se ha dejado entender, los usos inadecuados de «por que» y «porque» y otros términos como «si no» y «sino», proclives a crear innecesarias ambigüedad. Por supuesto hemos desechado también las erratas manifiestas: «trizteza» (justificable sólo en principio como «empezé», «voz» —por «vos»— y «revez»). Nuestro propósito, insistimos, ha sido respetar los vulgarismos del texto siempre que actúen como elementos creadores de un clima buscado y no cuando sean —más allá de lo querido o aceptado por el autor— producto del error o el azar y además, como dijimos anteriormente, irrelevantes. Claro está que se trata de un empeño incómodo en cuya consecución no hay garantía de acertar siempre.

Por lo que a la acentuación se refiere, hemos colocado las tildes que resultan indiscutibles, respetando, claro está, las dislocaciones acentuales típicas del poema, y hemos suprimido las que, siendo innecesarias, aparecen en algunas ediciones con el fin de subrayar tales dislocaciones. No vemos razón alguna para acentuar ortográficamente ciertos diptongos decrecientes, cuando su posición no lo exige, por el hecho de que sean resultado de un desplazamiento de la intensidad o bien del mismo fenómeno acompañado de la cerrazón de la segunda vocal. No es preciso escribir *tráia* (de *traía), réi* (de *reí), máiz* (de *maíz), fáinas* (de *faenas), cáir* (de *caer*), etc., cuando el carácter llano o monosilábico de estos vulgarismos queda perfectamente evidenciado sin el acento ortográfico, como ocurre siempre. Respetamos, no obstante, la presencia de dicho acento en el caso de la formación de diptongos crecientes a partir del hiato *í.a*, al interpretar que la diptongación es entonces más circunstancial, producto ante todo de las exigencias de la métrica (podría serlo del ritmo de la frase en un contexto en prosa) y no hábito invariable —como ocurre en los casos anteriores— del lenguaje gauchesco, de modo que el hiato no es dejado de sentirse como subyacente («Nos decían que el día llegaba», *I., 142*).

Pero dentro de este sector ninguna cuestión ofrece tanta incertidumbre como la concerniente a los vocablos constituidos por infinitivo, gerundio o imperativo más una forma pronominal o dos, menos frecuentemente.

Si atendemos a la realidad del lenguaje rural rioplatense y aun a la del urbano conversacional es bien conocido el fenómeno consistente en la tendencia a la pronunciación aguda de estos términos, siendo posible la coexistencia del acento final con el perteneciente a la parte verbal. Para Tiscornia esto es un hecho axiomático en el *Martín Fierro,* lo que le lleva a afirmar: «En rigor estas voces verbales con pronombre tienen dos acentos, a saber, *respóndamé, haciéndonós,* etc., y así las marcamos en el texto»[109]. Santiago Lugones, censura a

[109] Eleuterio Tiscornia, «Advertencia lingüística», en edición citada de *Martín Fierro,* de José Hernández, pág. 18.

quienes en diversas ediciones del poema han dejado estas palabras como esdrújulas: él defiende la acentuación simplemente en la última sílaba y actúa en consecuencia en su edición. En ediciones de nuestra época hallamos una fluctuación entre los dos criterios señalados. Borges y Bioy Casares[110] no se muestran muy preocupados por regularizar el tema. Morinigo[111] preconiza sólo la acentuación aguda, pero opta en ocasiones por la doble. Carilla[112] no es partidario de esta duplicidad y no se somete por otra parte inflexiblemente a la obligación de considerar agudas siempre estas palabras. Cuando se ve precisado a poner tilde donde Hernández no lo hizo, oscila entre los esdrújulos y los agudos.

Estamos muy de acuerdo con este eclecticismo. En primer lugar es discutible que el habla gauchesca esté rígidamente sometida a norma en materia acentual. Que exista una tendencia muy marcada en el sentido arriba descrito no significa que se imponga una disciplina total al respecto. Acudimos al testimonio de Carlos Alberto Leumann: «A veces, por la intención que lleva, un imperativo esdrújulo acriollado recupera su pronunciación castellana. ¿Quién no ha oído ésta o equivalente conminación irritada: *Mándese mudar de aquí?* Con dos acentos, tal oración no alcanzaría su especial entonación enérgica. En cambio, así con dos acentos puede al contrario asumir (siempre en lenguaje criollo) un tono de despectiva indiferencia»[113]. Leumann estima, por tanto, que en el tipo de palabras a las que nos estamos refiriendo, la acentuación depende de «la intención, el momento y hasta el carácter de quien la emplea. Y en el *Martín Fierro,* como en el folklore argentino, también según convenga al ritmo del verso»[114].

Esta es sin duda la clave de la cuestión. Tanto el hacer agudos invariablemente los esdrújulos como en transformarlos en palabras de doble acentuación también sin excepción son criterios que atentan contra la «hermosa libertad verbal»[115] que

---

[110] Jorge Luis Borges y Adolfo Bioy Casares, edición citada de «Martín Fierro», en *Poesía gauchesca,* tomo II.

[111] A. Marcos Morinigo, edición citada de *Martín Fierro,* de José Hernández.

[112] Emilio Carilla, edición citada de *Martín Fierro,* de José Hernández.

[113] Carlos Alberto Leumann, prólogo a su edición de *Martín Fierro,* de José Hernández, pág. 143.

[114] *Ibíd.*

[115] *Íd.,* pág. 89.

Hernández se tomó en la elaboración de su poema. Pero es que esa libertad estaba ya en el espíritu de la lengua gaucha y se intensifica en la actitud del gaucho convertido en cantor. Hernández la hizo suya y la «reelaboró» en su creación poética que, como tal, no puede entenderse además como una imitación, sino como una «proyección»[116] del folklore poético del gaucho.

Bajo esta idea se comprende y se valora cuánto hay de heterogeneo en el lenguaje del *Martín Fierro,* incluyendo ciertos cultismos, castellanismos (como el uso de formas de segunda persona concordantes con el pronombre *tú),* la conservación de la *d* intervocálica en las terminaciones en *ado,* etc.

Ahora bien, ¿qué decisión cabe tomar entonces al acentuar gráficamente estas formas verbales con pronombre personal complemento? Por cierto que las sagaces observaciones de Leumann no tienen una clara traducción en la práctica, toda vez que allí donde Hernández no colocó tilde alguna él ofrece soluciones diferentes, cuyas motivaciones no alcanzamos a entender. Así, frente a «abrazándome a la china»[117] encontramos «Y emprestemé su atención»[118], y después, «Y empriéstenmé su atención»[119]. Podrían citarse bastantes casos similares.

En definitiva, ante la imposibilidad de establecer un criterio perfectamente ajustado sobre el particular hemos decidido mantener la acentuación existente en las primeras ediciones del poema, cuando aparece, con lo cual tenemos veintiocho palabras esdrújulas, tres esdrújulas y agudas a la vez, y nueve solamente agudas. Quedan veintinueve en las cuales no existe tilde alguna. En ese caso hemos optado por marcarlas como esdrújulas.

Estimamos que, a pesar del desaliño del texto, que impide formular conclusiones fiables, no dejan de ser significativas las cifras —tal vez ligeramente modificables por error en el re-

---

116 Seguimos a Augusto Raúl Cortázar cuando señala que es necesario establecer «la diferenciación entre el *folklore poético del gaucho* y la *poesía gauchesca,* que es su proyección». (En *«Martín Fierro» a la luz de la ciencia folklórica. Fundamentos teóricos y propuestas de investigación.* Separata de *Logos,* número 12, Universidad de Buenos Aires, Facultad de Filosofía y Letras, 1972, pág. 11.)
117 Carlos Alberto Leumann, edición citada de *Martín Fierro,* de José Hernández, pág. 83.
118 *Íd.,* pág. 87.
119 *Íd.,* pág. 108.

cuento— que acabamos de señalar. Es evidente que, Hernández se desinteresó mucho de resaltar formas agudas y con doble acento, mientras dejó clara la condición de esdrújulos de un buen número de vocablos. Tal vez porque, sin negar los hábitos del lenguaje gauchesco, se dio cuenta de que el octosílabo no se somete sin violencia a que aparezca en su periodo rítmico interior —y menos en la primera cláusula— un acento tan intenso como el que lo abre (pudiendo producirse en caso de asumir el papel de éste una excesiva anacrusis, con discutibles consecuencias) y el que sigue a su fin.

Pero el receptor no debe perder de vista, sin embargo, que la acentuación aguda de estas formas verbales con enclítico, coexistente con la esdrújula, es una posibilidad latente en todo el poema, y que depende de efectos rítmicos ocasionales o de factores emocionales que esta acentuación —que normalmente ha de ser más débil que la precedente y la de la séptima sílaba— adquiera un énfasis particular que en ocasiones puede llevar a transformarla en absolutamente predominante (está claro que eso ocurre siempre cuando estos términos se encuentran al final del verso). Este es uno de los aspectos del poema que nos parece justo confiar a su operatividad de obra abierta.

Nota final sobre el lenguaje del poema

No es nuestro propósito, tomando como punto de arranque las observaciones anteriores, adentrarnos ahora en una síntesis descriptiva organizada de las peculiaridades fundamentales del lenguaje del *Martín Fierro*. Desde el fundamental estudio de Tiscornia[120] son bastantes los que se han dedicado a este menester. De sumo interés entre los más actuales es el incluido por Emilio Carilla en su *Prólogo* a la obra, recogido después en su libro *La creación del Martín Fierro,* que venimos también citando.

---

[120] Eleuterio F. Tiscornia, «La lengua de Martín Fierro», tomo III de la *Biblioteca de dialectología hispanoamericana,* Buenos Aires, Instituto de Filología, 1930.

Aunque las opiniones de Unamuno tendentes a resaltar apasionadamente la españolidad del poema han merecido toda clase de justas puntualizaciones, no hay más remedio que concordar con él en ciertos asertos referentes al aspecto lingüístico. El español del Martín Fierro está muy lejos de constituir una lengua nacional argentina. Se trata básicamente, como observó Tiscornia, de «una lengua rústica, mezcla del arcaísmo español y de voces indígenas americanas»[121]. Su singularidad estriba sobre todo, como decía Unamuno, en los términos que por designar a objetos propios del Nuevo Mundo tienen nombres aquí desconocidos»[122] y, por supuesto, en algunos de sus modismos derivados de vivencias muy personales del gaucho.

Si nos atenemos a la sistematización hecha por Carilla[123] es fácil observar hasta qué punto resultan comunes dentro del castellano rústico general los rasgos del poema en cuanto a vocalismo (tendencia a la diptongación, cambios vocálicos, simplificación vocálica), consonantismo (reducción de grupos consonánticos, pérdida de *d* intervocálica y final, formación de *g* protética (diptongo gwe), aspiración de la h, yeísmo, etc., lo mismo que a nivel morfosintáctico. Hay ciertamente algunas excepciones: en primer lugar lo ya señalado acerca de los verbos con enclítico, pero también la acentuación aguda de formas verbales simples («veás», «podés»). También la reducción a *f* del grupo *sb* («refalo» por «resbalo») parece una solución particular rioplatense; y, en fin, hay que anotar, por supuesto, la gran cuestión del voseo con su repercusión en las formas verbales, el uso del adverbio *recién* sin participio y muy poco más.

A este respecto cabe recordar cómo un colega de Unamuno, (en Salamanca) Juan Maldonado, ante el entusiasmo mostrado por don Miguel con el *Martín Fierro,* improvisó en pocos días un poema, *Querellas del ciego de Robliza,* que hizo pasar en principio por obra de un coplero charro. Descubierta la broma, Unamuno la aceptó de buen grado, si bien no dejó por ello de especular acerca de las afinidades entre los impulsos que determinan el nacimiento de la poesía popular en espíritus cultos. Norma Carricaburo y Luis Martínez Cuitiño que han

[121] Eleuterio F. Tiscornia, «Advertencia lingüística», en la edición citada de *Martín Fierro,* de José Hernández, pág. 17.
[122] Miguel de Unamuno, *op. cit.,* pág. 59.
[123] Emilio Carilla, *La creación del Martín Fierro,* págs. 123 y ss.

recordado este episodio en el excelente trabajo titulado *El «Martín Fierro» en España* [124] han cotejado hábilmente los contenidos del poema de Hernández y el del falso ciego y han señalado asimismo las similitudes en cuanto a rasgos fonéticos. Estas últimas, en modo alguno achacables a un deliberado propósito de imitación por parte del profesor salmantino, son una prueba anecdótica de cuanto venimos diciendo.

Pero es menguada empresa descubrir a estas alturas las casi ilimitadas coincidencias entre el español rústico de la antigua metrópoli y el de los países americanos, especialmente el de aquéllos en los que las interferencias de lo indígena no pueden ser sino mínimas, coincidencias que soportan bien las manipulaciones impuestas al ser sometidas tales hablas a procesos de literaturización.

Ahora bien, dicho esto, añadamos inmediatamente que el *Martín Fierro* es argentino también por su lenguaje; es absolutamente argentino, al igual que su protagonista, ese gaucho que no habla de la patria, por lo que de ello hay «en la entonación y en la respiración de los versos» [125], por los incontables matices que dan una característica *forma interior* a ese lenguaje —más allá del voseo y del «entiendanló»—, por lo que Rojas definió como un particular «ritmo mental» [126]. Observar el modo en que esto se produce, tras los atentos análisis a que ha sido sometida la *forma exterior,* nos parece la más importante de las tareas pendientes con respecto al poema de Hernández. Este objetivo fue ya bien apuntado por Battistessa cuando expuso la necesidad de un estudio en el que se cumpliera esta proposición metódica propugnada por Saussure: «Vista la determinada manera idiomática recibida por un autor en un lugar del espacio, definir la modalidad expresiva que el mismo autor acierta a recrear, con acento y coloración propio, con estilo, en la personal o poética reelaboración del caudal elocutivo» [127]. De ahí surgiría la clave de la argentinidad lingüística del poema en cuanto recreación personal del autor de lo que había de castellano rural general en el acervo idiomático del que partió, y al mismo tiempo, claro está, el secreto último de la creación poética hernandiana.

[124] En *Anales de Literatura hispanoamericana,* números 2-3, Madrid, Universidad Complutense, págs. 1973-74.

[125] Jorge Luis Borges, *El Martín Fierro,* pág. 73.

[126] Ricardo Rojas, *op. cit.,* tomo II, pág. 583.

[127] Ángel Battistessa, «Eleuterio Tiscornia y su edición de Martín Fierro», en *Martín Fierro. Un siglo,* pág. 69.

Bibliografía*

ALGUNAS EDICIONES DEL MARTIN FIERRO

HERNÁNDEZ, José, *El gaucho Martín Fierro. Contiene al final una interesante memoria sobre el camino trasandino,* Buenos Aires, Imprenta de La Pampa, 1872. (Edición facsimilar con prólogo de Jorge Luis Borges, Buenos Aires, Centurión, 1962).
— *La vuelta de Martín Fierro,* primera edición, adornada con diez láminas, Buenos Aires, Imprenta de Pablo F. Coni. Depósito central: Librería del Plata, 1879. (Edición facsimilar, con prólogo de Jorge Luis Borges, Buenos Aires, Centurión, 1962.)
— *El gaucho Martín Fierro,* Buenos Aires, Librería Nueva Maravilla, 1878.
— *El gaucho Martín Fierro,* décima quinta edición..., precedida de varios juicios críticos y adornada con cinco láminas y el retrato del autor, Librería «Martín Fierro» (Buenos Aires), 1894.
— *Martín Fierro,* noticia preliminar de Ricardo Rojas, Buenos Aires, Librería La Facultad, 1919.
— *Martín Fierro,* comentado y anotado, edición de Eleuterio F. Tiscornia, Buenos Aires, Coni, 1925 (véase nota 79).
— *Martín Fierro,* edición corregida y anotada por Santiago M. Lugones, Buenos Aires, Librería de A. García Santos, 1926 (véase nota 79).
— *Martín Fierro,* edición de Carlos Alberto Leumann, Buenos Aires, Editorial Ángel Estrada, 1945 (véase nota 94).

---

* Las notas a que se hace referencia en esta Bibliografía corresponden a la Introducción de esta edición.

- «El gaucho Martín Fierro», en *Poesía gauchesca,* edición, prólogo, notas y glosario de Jorge Luis Borges y Adolfo Bioy Casares, México-Buenos Aires, Fondo de Cultura Económica, 1955, tomo II.
- *Martín Fierro,* edición de Ángel J. Battistessa, Buenos Aires, Peuser, 1958 (véase nota 67). Madrid, Castalia, 1994.
- *Martín Fierro,* selección, prólogo y notas de Fermín Estrella Gutiérrez, Buenos Aires, Kapelusz, 1962.
- *Martín Fierro,* Buenos Aires, Espasa Calpe Argentina, 1962.
- *Martín Fierro,* con dibujos de Juan Castagnino, Buenos Aires, Universitaria de Buenos Aires, 1962.
- *Martín Fierro,* introducción, notas y vocabulario de Horacio J. Becco, Buenos Aires, Clásicos Huemul, 1962.
- *El gaucho Martín Fierro,* xilografías de Alberto Nicasio, Buenos Aires, Peuser, 1963.
- *El gaucho Martín Fierro y la Vuelta de Martín Fierro,* edición de Walter Rela, Montevideo, Síntesis, 1963.
- *Martín Fierro,* edición de Marcos A. Morinigo, Madrid, Anaya, 1971.
- *Martín Fierro,* edición, prólogo y notas de Emilio Carilla, Textos hispánicos modernos, Barcelona, Labor, 1972.
- *Martín Fierro,* Barcelona, Vosgos, 1973.
- *Martín Fierro,* Barcelona, Carroggio, 1973.
- *Martín Fierro,* Barcelona, Juventud, 1974.
- *Martín Fierro,* Madrid, Aguilar, 1974.
- *Martín Fierro,* estudio preliminar, notas y bibliografía seleccionada por Ángeles Cardona, Barcelona, Bruguera, 1974.
- *Martín Fierro,* Barcelona, Sopena, 1975.
- *Martín Fierro. La Vuelta de Martín Fierro,* Madrid, Edaf, 1975.
- *Martín Fierro,* Zaragoza, Ebro, 1975.

BIBLIOGRAFÍA CRÍTICA

ARAGÓN, R. R., y J. CALVETTI, *Genio y figura de José Hernández,* Buenos Aires, Universitaria de Buenos Aires, 1973.

AZEVES, Ángel, *La elaboración literaria del «Martín Fierro»,* Facultad de Humanidades, Universidad Nacional de La Plata, 1961.

AZORÍN, *En torno a José Hernández,* Buenos Aires, Editorial Sudamericana, 1939 (véase nota 29).

BARBATO, Martha E., «José Hernández y Martín Fierro. Nuevo aporte a su bibliografía», en *Logos,* núm. 12, Buenos Aires, UNBA, Facultad de Filosofía y Letras, 1972.

BATTISTESSA, Angel, «José Hernández», en *Historia de la literatura argentina* (Dirección de Rafael A. Arrieta), Buenos Aires, Peuser, 1959.

— *José Hernández y «Martín Fierro» en la perspectiva del tiempo,* Buenos Aires, Academia Argentina de Letras, 1972.

— «Eleuterio Tiscornia y su edición de Martín Fierro», en *Martín Fierro. Un siglo.* Buenos Aires, Xerox Argentina, 1972.

BECCO, Horacio Jorge, *«Bibliografía* sobre Martín Fierro», en su edición del poema, Buenos Aires, Huemul, 1969.

— «La literatura gauchesca. Apuntes para una bibliografía», II, en *Cuadernos del Instituto Nacional de Antropología,* número 3, Buenos Aires, 1962.

— «Bibliografía hernandiana», en *Martín Fierro. Un siglo,* Buenos Aires, Xerox Argentina, 1972.

— «José Hernández y Martín Fierro, (Bibliografía)», en *Cuadernos del Idioma,* Buenos Aires, Fundación Pedro de Mendoza, Codex, año II, núm. 5, julio 1966.

— «José Hernández, *Martín Fierro* y su bibliografía». *Íd. íd.,* año II, núm. 6, octubre 1966.

BERENGUER CARISOMO, Arturo, *La estilística de la soledad en el «Martín Fierro»,* Buenos Aires, Artes Gráficas Tecnograf, S. R. L., 1951.

BORELLO, Rodolfo, *Hernández: poesía y política,* Buenos Aires, Plus Ultra, 1973.

BORGES, Jorge Luis, «El Martín Fierro», Buenos Aires, Columba, 1953.

BORGES, Jorge Luis y Adolfo BIOY CASARES, *Prólogo a Poesía gauchesca,* México-Buenos Aires, Fondo de Cultura Económica, 1955.

CARILLA, Emilio, «Sobre los prólogos del *Martín Fierro»,* en *Estudios de literatura argentina (s. XIX),* Tucumán, UNT, Facultad de Filosofía y Letras, 1965.

— «La métrica del *Martín Fierro»,* en *Thesaurus,* Bogotá, Instituto Caro y Cuervo, tomo XXVII, núm. 3, septiembre-diciembre 1972.

— *Prólogo* a su edición de *Martín Fierro,* Barcelona, Labor, 1972.

— *La creación del «Martín Fierro»,* Madrid, Gredos, 1973.

CARRICABURO, Norma, y MARTÍNEZ CUITIÑO, Luis, «El *Martín Fierro* en España», en *Anales de Literatura hispanoame-*

ricana, núms. 2-3, Madrid, Universidad Complutense, C.S.I.C., 1973-1974.

CASTAGNINO, Raúl H., «Referencialidad y grado oral de la escritura en *Martín Fierro*», en *Estudios reunidos en conmemoración del centenario de «El gaucho Martín Fierro», 1872-1972* (varios autores), Universidad Nacional de La Plata, Facultad de Humanidades y Ciencias de la Educación, La Plata, 1973.

CASTRO, Américo, «En torno a Martín Fierro», en *La Nación,* 27 de junio, 11 y 18 de julio de 1926.

— *La peculiaridad lingüística rioplatense y su sentido histórico,* Buenos Aires, Taurus, 1960.

CASTRO, Francisco Isidoro, *Vocabulario y frases del «Martín Fierro»,* Buenos Aires, Ciordia y Rodríguez, 1950.

CORTÁZAR, Augusto Raúl, «José Hernández, *Martín Fierro* y su crítica; aportes para una bibliografía», en *Bibliografía Argentina de las Artes y las Letras,* núms. 5-6, Buenos Aires, 1960.

— «*Martín Fierro* a la luz de la ciencia folklórica», en *Logos,* número 12. Buenos Aires, Facultad de Filosofía y Letras, 1972.

CHÁVEZ, Fermín, *José Hernández: periodista, político y poeta,* Buenos Aires, Ediciones Culturales Argentina, 1959.

— *La vuelta de José Hernández,* Buenos Aires, Theoría, 1973.

ESTAFETA LITERARIA (LA): «Bibliografía sobre Martín Fierro», número 506, Madrid, 15 diciembre 1972.

FAYO, Néstor A., *Contenido histórico-social del «Martín Fierro»,* Buenos Aires, Casa Pardo, 1972.

GIMÉNEZ VEGA, Elías S., *Vida de Martín Fierro,* Buenos Aires, A. Peña Lillo, 1961.

— «Valor testimonial del poema *El gaucho Martín Fierro*», en *Anales de Literatura hispanoamericana,* núm. 1. Madrid, Universidad Complutense, C.S.I.C., 1972.

GONZÁLEZ LANUZA, Eduardo, *Bestiario del «Martín Fierro»,* Buenos Aires, Fondo Nacional de las Artes, 1971.

HUGHES, John B., *Arte y sentido del «Martín Fierro»,* Madrid, Castalia, 1972.

HOLMES, Henry A., «*Martín Fierro». An Epic of the Argentine,* Nueva York, Instituto de las Españas en los Estados Unidos, 1923.

LEUMANN, Carlos Alberto, *El poeta creador. Cómo hizo Hernández «La Vuelta de Martín Fierro»,* Buenos Aires, Sudamericana, 1945.

Losada, Guido A., «*Martín Fierro*». *Héroe, mito, gaucho. Introducción a una lectura significativa del poema,* Buenos Aires, Plus Ultra, 1967.

Lugones, Leopoldo, *El payador,* Buenos Aires, Otero y Cía., 1916 (véase nota 17).

López Grigera, Luisa, «En los noventa años de *El gaucho Martín Fierro*», en *Boletín Cultural,* Madrid, Departamento Cultural de la Embajada Argentina, año I, núm. 1, enero de 1963.

Mafud, Julio, *Contenido social del Martín Fierro. Análisis e interpretación,* Buenos Aires, Americalee, 1961.

Martínez Estrada, Ezequiel, *Muerte y transfiguración de Martín Fierro,* México-Buenos Aires, Fondo de Cultura Económica, 1958, 2 tomos.

Navarro, Alberto, «El gaucho Martín Fierro o De Dios abajo ninguno», en *Revista de Literatura,* Madrid, Instituto, Miguel de Cervantes de Filología Hispánica, C.S.I.C., tomo XXXVII, núms. 73-74, enero-junio, 1970.

Núñez, María Griselda, «La mujer en Martín Fierro», en *José Hernández. Estudios reunidos en conmemoración del centenario de El gaucho Martín Fierro, 1872-1972* (varios autores). Universidad Nacional de La Plata, Facultad de Humanidades y Ciencias de la Educación, La Plata, 1973.

Oyuela, Calixto, «José Hernández», en *Poetas hispanoamericanos,* Buenos Aires, Academia Argentina de Letras, 1950.

Onís, Federico de, «El *Martín Fierro* y la poesía tradicional», en *Homenaje a Menéndez Pidal,* Madrid, tomo II, 1924.

Pagés Larraya, Antonio, *Prosas del «Martín Fierro»,* Buenos Aires, Raigal, 1952.

— «Las primeras cartas sobre Martín Fierro», en *Martín Fierro. Un siglo,* Buenos Aires, Xerox Argentina, 1972.

Paoli, Pedro de, *Los motivos del «Martín Fierro» en la vida de José Hernández. El genio civil de la argentinidad,* Buenos Aires, Ciordia y Rodríguez, 1947.

Pinto, Luis C., *Idas y venidas con Martín Fierro. Revisión de la crítica hernandiana desde sus orígenes,* Buenos Aires, Editorial Amigos del libro argentino, 1967.

Rojas, Ricardo, «Los gauchescos», en *Historia de la literatura argentina,* Buenos Aires, Losada, 1948, tomo II.

Sava, Walter, «José Hernández: cien años de bibliografía. Aporte básico anotado», en *Chasqui,* Madison, University of Wisconsin, tomo, II, núm. 3, mayo-junio de 1972.

SALAVERRÍA, José María, *El poema de la pampa. «Martín Fierro» y el criollismo español,* Madrid, Calleja, 1918.

— *Vida de Martín Fierro, el gaucho ejemplar,* Madrid, 1934 (reeditado en Buenos Aires, Institución Cultural Española, 1934).

SEGOVIA, Eladio, «El paisaje en el *Martín Fierro*», en *Nosotros,* año 28, vol. 81, núms. 299-300, abril-diciembre, 1934.

SCHIAVO, Horacio, *Los poetas gauchescos... José Hernández,* Buenos Aires, S. de C. Municipal, 1945.

SCHULTZ DE MANTOVANI, «El *Martín Fierro* de Martínez Estrada», en *Martín Fierro. Un siglo,* Buenos Aires, Xerox Argentina, 1972.

TERRÓN, Alicia, *Ensayos acerca del «Martín Fierro»,* Prólogo de Antonio Pagés Larraya, Buenos Aires, Perlado, 1961.

TISCORNIA, Eleuterio F., *La lengua de «Martín Fierro»,* tomo III de la Biblioteca de dialectología hispanoamericana, Buenos Aires, Instituto de Filología, 1930.

UNAMUNO, Miguel de, «El gaucho Martín Fierro», en *La Revista Española,* Madrid, año 1, núm. 1, 1894.

VARIOS AUTORES, *Martín Fierro. Un siglo,* Buenos Aires, Xerox Argentina, 1972.

VARIOS AUTORES, *Estudios reunidos en conmemoración de «El gaucho Martín Fierro», 1872-1972,* Universidad Nacional de La Plata, Facultad de Humanidades y Ciencias de la Educación, La Plata, 1973.

El gaucho Martín Fierro

Foto para una edición de obra, por Francisco Ayerza,
finales del siglo pasado.

Señor D. José Zoilo Miguens.

Querido amigo:

Al fin me he decidido a que mi pobre *Martín Fierro*, que me ha ayudado algunos momentos a alejar el fastidio de la vida del hotel, salga a conocer el mundo, y allá va acogido al amparo de su nombre.

No le niegue su protección, usted que conoce bien todos los abusos y todas las desgracias de que es víctima esa clase desheredada de nuestro país.

Es un pobre gaucho, con todas las imperfecciones de forma que el arte tiene todavía entre ellos, y con toda la falta de enlace en sus ideas, en las que no existe siempre una sucesión lógica, descubriéndose frecuentemente entre ellas apenas una relación oculta y remota.

Me he esforzado, sin presumir haberlo conseguido, en presentar un tipo que personificara el carácter de nuestros gauchos, concentrando el modo de ser, de sentir, de pensar y de expresarse que les es peculiar, dotándolo con todos los juegos de su imaginación llena de imágenes y de colorido, con todos los arranques de su altivez, inmoderados hasta el crimen, y con todos los impulsos y arrebatos, hijos de una naturaleza que la educación no ha pulido y suavizado.

Cuantos conozcan con propiedad el original podrán juzgar si hay o no semejanza en la copia.

Quizá la empresa habría sido para mí más fácil, y de mejor éxito, si sólo me hubiera propuesto hacer reír a costa de su ignorancia, como se halla autorizado por el uso en este género de composiciones; pero mi objeto ha sido dibujar a grandes rasgos, aunque fielmente, sus costumbres, sus trabajos, sus hábitos de vida, su índole, sus vicios y sus virtudes; ese conjunto que constituye el cuadro de su fisonomía moral, y los accidentes de su existencia llena de peligros, de inquietudes, de inseguridad, de aventuras y de agitaciones constantes.

Y he deseado todo esto, empeñándome en imitar ese estilo abundante en metáforas, que el gaucho usa sin conocer y sin valorar, y su empleo constante de comparaciones tan extrañas como frecuentes; en copiar sus reflexiones con el sello de la originalidad que las distingue y el tinte sombrío de que jamás carecen, revelándose en ellas esa especie de filosofía propia que, sin estudiar, aprende en la misma naturaleza; en respetar la superstición y sus preocupaciones, nacidas y fomentadas por su misma ignorancia; en dibujar el orden de sus impresiones y de sus afectos, que él encubre y disimula estudiosamente; sus desencantos, producidos por su misma condición social, y esa indolencia que le es habitual, hasta llegar a constituir una de las condiciones de su espíritu; en retratar, en fin, lo más fielmente que me fuera posible, con todas sus especialidades propias, ese tipo original de nuestras pampas, tan poco conocido por lo mismo que es difícil estudiarlo, tan erróneamente juzgado muchas veces, y que, al paso que avanzan las conquistas de la civilización, va perdiéndose casi por completo.

Sin duda que todo esto ha sido demasiado desear para tan pocas páginas, pero no se me puede hacer un cargo por el deseo, sino por no haberlo conseguido.

Una palabra más, destinada a disculpar sus defectos. Páselos usted por alto porque quizá no lo sean todos los que a primera vista puedan parecerlo, pues no pocos se encuentran allí como copia o imitación de los que lo son realmente.

Por lo demás, espero, mi amigo, que usted lo juzgará con benignidad, siquiera sea porque *Martín Fierro* no va de la ciudad a referir a sus compañeros lo que ha visto y admirado en un 25 de Mayo u otra función semejante, referencias algunas de las cuales, como el *Fausto* y varias otras, son de mucho mérito ciertamente, sino que cuenta sus trabajos, sus desgracias, los azares de su vida de gaucho, y usted no desconoce que el asunto es más difícil de lo que muchos se imaginarán.

Y con lo dicho basta para preámbulo, pues ni *Martín Fierro* exige más, ni usted gusta mucho de ellos, ni son de la predilección del público, ni se avienen con el carácter de
Su verdadero amigo,

JOSÉ HERNÁNDEZ

Desde 1862 hasta la fecha se han invertido 25 millones de fuertes, sólo en la frontera, y si a esto se agrega el monto de las propiedades particulares perdidas, el decaimiento de la industria, la depreciación de la tierra, el trastorno que causa el servicio forzado, el cautiverio de centenares de personas y la muerte de mayor número, tenemos que retroceder espantados ante este cuadro de desolación y ruina, cuya exactitud parecería sospechosa si no estuviese confirmada por hechos que todos conocen, de una incontestable evidencia.

...

Parece que el despotismo y la crueldad con que tratamos a los pobres paisanos estuviese en la sangre y en la educación que hemos recibido. Cuando ven al hombre de nuestros campos, al modesto agricultor, envuelto en su manta de lana o con su poncho a la espalda, les parece que ven al indio de nuestras Pampas, a quien se creen autorizados para tratar con la misma dureza e injusticia que los conquistadores empleaban con los primitivos habitantes de la América.

...

Cuando se quiere mandar un contingente a la frontera o se quiere organizar un batallón, se toma por sorpresa o con sorpresa al labrador y al artesano, y mal de su grado se le conduce atrincado a las filas.

OROÑO, Discurso en el Senado, Sesión del 8 de octubre de 1869.

Cuando la grita ha llegado a su último punto, cuando ha venido a comprobarse que las guarniciones de los fortines eran insuficientes, que estaban desnudas, desarmadas, desmontadas y hambrientas, sólo entonces se ha visto que, por una especie de pudor y a pesar de sus denegaciones, el Ministerio trataba de enviarles siquiera lo indispensable para mitigar el hambre y cubrir la desnudez de los soldados.

La Nación, noviembre 14 de 1872

EL PAYADOR

En un espacioso rancho
de amarillentas totoras,
en derredor asentadas
de una llama serpeadora,
que ilumina los semblantes
como funeraria antorcha,
hirviendo el agua en el fuego,
y de una mano tras otra
pasando el sabroso mate
que todos con gusto toman,
se pueden contar muy bien
como unas doce personas.
Pero están con tal silencio,
con tanta calma reposan,
que sólo se escucha el eco
de guitarra gemidora,
mezclado con los acentos
de una voz que, melancólica,
murmura tan dulcemente
como el viento entre las hojas
Es un payador que, tierno,
alza allí sentida trova,
y al compás de su guitarra
versos a raudales brota,
pero versos expresivos,
de cadencia voluptuosa
y que expresan tiernamente
de su pecho las congojas.
Es verdad que muchas veces
la ingrata rima cohorta
pensamientos que grandiosos
se traslucen mas no asoman
y como nocturnas luces
al irradiarse evaporan
la fantasía sujeta
en las redes del idioma,
no permite que se eleve
la inspiración creadora
ni que sus altivas alas
del arte los grillos rompan

ni que el instinto del genio
les trace una senda propia,
mostrándole allá en los cielos
aquella ansiada corona,
que iluminando el espacio
con su luz esplendorosa
vibra un rayo diamantino
que el numen del vate esponja
para embeber fácilmente
de su corazón las gotas
y destilarlas después
como el llanto de la aurora,
convertidas en cantares
que vuelan de zona en zona.
¡Y cuántas veces no obstante
sus desaliñadas coplas,
sin esfuerzo ni trabajo
como las tranquilas ondas,
una a una, dulcemente,
van saliendo de su boca!
O de repente, veloces,
penetrantes, ardorosas,
se escapan como centellas
y el fondo del alma tocan!
Porque su maestro es
la naturaleza sola,
a quien ellos sin saberlo
a oscuras y a tientas copian.
Así el cantor, sin curarse
de reglas que no le importan,
sigue raudo y caprichoso
su bien comenzada trova.

Celiar. ALEJANDRO MAGARIÑOS CERVANTES.

I

MARTÍN FIERRO

Aquí me pongo a cantar
al compás de la vigüela,
que el hombre que lo desvela
una pena estrordinaria,
5   como la ave solitaria,
con el cantar se consuela.

Pido a los santos del cielo
que ayuden mi pensamiento;
les pido en este momento
10   que voy a cantar mi historia
me refresquen la memoria
y aclaren mi entendimiento.

Vengan santos milagrosos,
vengan todos en mi ayuda,
15   que la lengua se me añuda
y se me turba la vista;
pido a mi Dios que me asista
en una ocasión tan ruda.

Yo he visto muchos cantores,
20   con famas bien otenidas,
y que después de alquiridas

no las quieren sustentar:
parece que sin largar
se cansaron en partidas [1].

25   Mas ande otro criollo pasa
Martín Fierro ha de pasar;
nada lo hace recular
ni las fantasmas lo espantan;
y dende que todos cantan
30   yo también quiero cantar.

Cantando me he de morir,
cantando me han de enterrar,
y cantando he de llegar
al pie del Eterno Padre:
35   dende el vientre de mi madre
vine a este mundo a cantar.

Que no se trabe mi lengua
ni me falte la palabra.
El cantar mi gloria labra,
40   y poniéndome a cantar,
cantando me han de encontrar
aunque la tierra se abra.

Me siento en el plan de un bajo [2]
a cantar un argumento.
45   Como si soplara el viento
hago tiritar los pastos.
Con oros, copas y bastos
juega allí mi pensamiento.

---

[1] *Partida:* Competición previa a la carrera propiamente dicha, que se realiza entre dos caballos, a media rienda y en corto espacio hasta que ambos quedan igualados. También se denominan de este modo los pequeños recorridos hechos por separado como entrenamiento en análoga ocasión.

[2] *En el plan de un bajo:* Lugar llano en una hondonada de la pampa.

Yo no soy cantor letrao,
50   mas si me pongo a cantar
no tengo cuándo acabar
y me envejezco cantando;
las coplas me van brotando
como agua de manantial.

55   Con la guitarra en la mano
ni las moscas se me arriman;
naides me pone el pie encima,
y cuando el pecho se entona,
hago jemir a la prima
60   y llorar a la bordona.

Yo soy toro en mi rodeo [3]
y toraso en rodeo ajeno;
siempre me tuve por güeno,
y si me quieren probar,
65   salgan otros a cantar
y veremos quién es menos.

No me hago al lao de la güeya [4]
aunque vengan degollando;
con los blandos yo soy blando
70   y soy duro con los duros,
y ninguno en un apuro
me ha visto andar tutubiando.

En el peligro ¡qué Cristos!
el corazón se me ensancha
75   pues toda la tierra es cancha,
y de esto naides se asombre:
el que se tiene por hombre
donde quiera hace pata ancha [5].

---

[3] *Rodeo:* Lugar abierto donde se reúne el ganado. Se denomina también así a una agrupación de ganado caballar, vacuno y lanar.

[4] *Güeya:* Camino trazado por las marcas (huellas) reiteradas de carruajes y animales.

[5] *Hacer pata ancha:* Enfrentarse valerosamente con un peligro.

　　　　　Soy gaucho, y entiendanló
80　　como mi lengua lo explica,
　　　para mí la tierra es chica
　　　y pudiera ser mayor.
　　　Ni la víbora me pica
　　　ni quema mi frente el sol.

85　　　Nací como nace el peje [6],
　　　en el fondo de la mar;
　　　naides me puede quitar
　　　aquello que Dios me dio:
　　　lo que al mundo truge yo
90　　del mundo lo he de llevar.

　　　　　Mi gloria es vivir tan libre
　　　como el pájaro del cielo;
　　　no hago nido en este suelo,
　　　ande hay tanto que sufrir;
95　　y naides me ha de seguir
　　　cuando yo remuento el vuelo.

　　　　　Yo no tengo en el amor
　　　quien me venga con querellas;
　　　como esas aves tan bellas
100　que saltan de rama en rama,
　　　yo hago en el trébol mi cama
　　　y me cubren las estrellas.

　　　　　Y sepan cuantos escuchan
　　　de mis penas el relato,
105　que nunca peleo ni mato
　　　sino por necesidá,
　　　y que a tanta alversidá
　　　sólo me arrojó el mal trato.

　　　　　Y atiendan la relación
110　que hace un gaucho perseguido,
　　　que padre y marido ha sido
　　　empeñoso y diligente,
　　　y sin embargo la gente
　　　lo tiene por un bandido.

---

[6] *Peje:* Pez, arcaísmo que predomina sobre esta última forma en el poema.

II

115   Ninguno me hable de penas,
       porque yo penando vivo,
       y naides se muestre altivo
       aunque en el estribo esté,
       que suele quedarse a pie
120   el gaucho más alvertido.

       Junta esperencia en la vida
       hasta pa dar y prestar
       quien la tiene que pasar
       entre sufrimiento y llanto,
125   porque nada enseña tanto
       como el sufrir y el llorar.

       Viene el hombre ciego al mundo,
       cuartiándolo [7] la esperanza,
       y a poco andar ya lo alcanzan
130   las desgracias a empujones.
       ¡La pucha! [8] que trae liciones
       el tiempo con sus mudanzas.

       Yo he conocido esta tierra
       en que el paisano vivía
135   y su ranchito tenía
       y sus hijos y mujer...
       Era una delicia el ver
       cómo pasaba sus días.

       Entonces... cuando el lucero
140   brillaba en el cielo santo
       y los gallos con su canto

---

[7] *Cuartiándolo:* Empleo figurado del verbo *cuartiar (cuartear):* acción consistente en ayudar a un caballo a tirar de un carruaje por medio de un lazo unido a aquél.

[8] *¡La pucha!:* Interjección muy común en la lengua gaucha, discreta variante de la palabra habitual para designar a una prostituta. El uso le ha hecho perder su crudeza inicial.

nos decían que el día llegaba,
a la cocina rumbiaba [9]
el gaucho... que era un encanto.

145   Y sentao junto al jogón
a esperar que venga el día,
al cimarrón [10] le prendía
hasta ponerse rechoncho,
mientras su china [11] dormía
150   tapadita con su poncho [12].

Y apenas la madrugada
empezaba a coloriar,
los pájaros a cantar
y las gallinas a apiarse [13],
155   era cosa de largarse
cada cual a trabajar.

Éste se ata las espuelas,
se sale el otro cantando,
uno busca un pellón [14] blando;
160   éste, un lazo; otro, un rebenque;
y los pingos [15], relinchando,
los llaman dende el palenque [16].

El que era pion domador
enderezaba al corral,
165   ande estaba el animal

---

[9] *Rumbiaba:* De *rumbiar* (rumbear), dirigirse a algún sitio. Aunque aquí no resulta necesaria, suele tener la connotación de orientarse correctamente.

[10] *Cimarrón:* En este caso significa mate sin azúcar, amargo, forma en que normalmente prefiere tomar esta infusión el hombre del campo en el Río de la Plata. Como se verá, cimarrón puede aludir también a un caballo en estado salvaje y a un hombre fugitivo.

[11] *China:* Palabra de origen quechua, que designa a la mujer de la pampa, cristiana o india.

[12] *Poncho:* Pieza rectangular de lana u otro tejido, con abertura en el centro que constituye una prenda esencial en la vestimenta del gaucho.

[13] *Apiarse:* Apearse.

[14] *Pellón:* Especie de cojín pequeño usado en la silla del caballo.

[15] *Pingo:* Caballo ágil y ligero.

[16] *Palenque:* Estacada donde se atan los animales.

bufidos [17] que se las pela...
Y más malo que su agüela
se hacía astillas [18] el bagual [19].

Y allí el gaucho inteligente
170 en cuanto el potro enriendó
los cueros le acomodó
y se le sentó en seguida,
que el hombre muestra en la vida
la astucia que Dios le dio.

175 Y en las playas [20] corcobiando
pedazos se hacía el sotreta [21],
mientras él por las paletas [22]
le jugaba las lloronas [23],
y al ruido de las caronas [24]
180 salía haciéndose gambetas.

¡Ah tiempos!... Si era un orgullo
ver ginetiar [25] un paisano.
Cuando era gaucho vaquiano [26]
aunque el potro [27] se boliase [28],

---

[17] *Bufidos:* Hernández prefirió esta palabra, que presupone una elipsis verbal (dando...), a *bufando,* como corrigieron por cuenta propia los editores de 1894.

[18] *Hacerse astillas:* Se dice del caballo que corcovea mucho; es decir, da saltos encorvando el lomo.

[19] *Bagual:* Caballo cimarrón.

[20] *Playa:* Terreno llano y despejado, sin matorrales.

[21] *Sotreta:* Caballo viejo e inútil.

[22] *Paleta:* Cuarto delantero de un caballo o una res, junto al cuello.

[23] *Lloronas:* Nombre que el gaucho da a las espuelas de doma.

[24] *Carona:* Pieza de suela o cuero crudo que se sitúa bajo el asiento del recado o apero del caballo.

[25] *Ginetiar:* Jinetear, montar un potro para domarlo.

[26] *Baquiano:* Hombre del campo que por su profundo conocimiento del terreno presta servicios de guía. De él dijo Sarmiento: «El baquiano es un gaucho grave y reservado, que conoce a palmo veinte mil leguas cuadradas de llanura, bosques y montañas. Es el topógrafo más completo; es el único mapa que lleva un general para dirigir los movimientos de su campaña» *(Facundo,* México. Porrúa, 1969, pág. 25).

[27] *Potro:* Se designa así no al caballo necesariamente joven, sino al no domado todavía.

[28] *Boliarse* un potro: Bolearse, perder el equilibrio al erguirse sobre las patas traseras, cayendo hacia atrás.

185   no había uno que no parase
con el cabresto en la mano.

Y mientras domaban unos,
otros al campo salían,
y la hacienda [29] recogían,
190   las manadas repuntaban [30],
y ansí sin sentir pasaban
entretenidos el día.

Y verlos al cair la noche
en la cocina riunidos,
195   con el juego bien prendido
y mil cosas que contar,
platicar muy divertidos
hasta después de cenar.

Y con el buche bien lleno,
200   era cosa superior
irse en brazos del amor
a dormir como la gente,
pa empezar al día siguiente
las fainas del día anterior.

205   Ricuerdo... ¡qué maravilla!
cómo andaba la gauchada [31],
siempre alegre y bien montada
y dispuesta pa el trabajo...
Pero hoy en el día... ¡barajo! [32]
210   no se le ve de aporriada.

El gaucho más infeliz
tenía tropilla de un pelo [33];

---

[29] *Hacienda:* Ganado.

[30] *Repuntar:* Reunir las cabezas de ganado dispersas por el campo.

[31] *Gauchada* y *gauchaje* son los nombres empleados para designar colectivamente a los gauchos. *Gauchada* puede tener, como veremos, otra acepción (véase nota 263).

[32] *¡Barajo!:* Se trata de una interjección relacionada con el juego de cartas, tantas veces mencionado en el poema, al que el gaucho era muy aficionado; pero sustituye además a otra fácilmente deducible.

[33] *Tropilla de un pelo:* Grupo de ganado caballar en el que todos los animales tienen el mismo color de pelo.

no le faltaba un consuelo
y andaba la gente lista...
215   tendiendo al campo la vista,
sólo vía hacienda y cielo *.

Cuando llegaban las yerras,
¡cosa que daba calor!
tanto gaucho pialador [34]
220   y tironiador sin yel [35].
¡Ah tiempos!... pero si en él
se ha visto tanto primor.

Aquello no era trabajo,
más bien era una junción,
225   y después de un güen tirón
en que uno se daba maña,
pa darle un trago de caña [36]
solía llamarlo el patrón.

Pues siempre la mamajuana
230   vivía bajo la carreta,
y aquel que no era chancleta [37],
en cuanto el goyete vía,
sin miedo se le prendía
como güérfano a la teta.

235   Y ¡qué jugadas se armaban
cuando estábamos riunidos!
Siempre íbamos prevenidos,
pues en tales ocasiones,

---

* Verso perteneciente a la edición de 1878, donde Hernández
introdujo, como se ha dicho, algunas pequeñas modificaciones. En
la de 1872 leemos: «no vía sino hacienda y cielo».

[34] *Pialador:* El que *piala,* es decir, arroja el lazo *(peal* o pial)
a las patas delanteras de un animal para provocar su caída.

[35] *Sin yel:* Animoso, dispuesto para el trabajo.

[36] *Caña:* Aguardiente de caña de azúcar.

[37] *Chancleta:* Cobarde. Es término español de germanía. Valle
Inclán, por ejemplo, lo usa en *Farsa y licencia de la Reina castiza*
y otras obras.

a ayudarles a los piones
240 caiban [38] muchos comedidos.

Eran los días del apuro
y alboroto pa el hembraje [39],
pa preparar los potajes
y osequiar bien a la gente;
245 y ansí, pues, muy grandemente,
pasaba siempre el gauchaje.

Venía la carne con cuero [40],
la sabrosa carbonada [41],
mazamorra [42] bien pisada,
250 los pasteles [43] y el güen vino...
Pero ha querido el destino
que todo aquello acabara.

Estaba el gaucho en su pago [44]
con toda siguridá;
255 pero aura... ¡barbaridá!,
la cosa anda tan fruncida,
que gasta el pobre la vida
en juir de la autoridá.

Pues si usté pisa en su rancho
260 y si el alcalde lo sabe,
lo caza lo mesmo que ave,
aunque su mujer aborte...
No hay tiempo que no se acabe
ni tiento [45] que no se corte.

---

[38] *Caiban:* Forma popular del imperfecto de indicativo de caer, muy frecuente en el poema. Se trata de un cruce entre las terminaciones de los verbos de 2.ª y 3.ª conjugación con los de la 1.ª Así encontramos también *traiba, oiba,* etc.

[39] *Hembraje:* Otro colectivo de amplio uso en el habla gauchesca.

[40] *Carne con cuero:* Carne asada con la piel de la res, que constituye un plato muy especial.

[41] *Carbonada:* Guiso de carne con choclo (maíz), zapallo (especie de calabaza), patatas, arroz, etc.

[42] *Mazamorra:* Maíz molido (pisado) en un mortero y hervido.

[43] *Pasteles:* Empanadillas, generalmente de carne.

[44] *Pago:* Lugar de nacimiento o residencia habitual. A veces, simplemente *lugar.*

[45] *Tiento:* Filamento de cuero.

265   Y al punto dese por muerto
si el alcalde lo bolea [46],
pues ay nomás se le apea
con una felpa de palos [47].
Y después dicen que es malo
270   el gaucho si los pelea.

Y el lomo le hinchan a golpes
y le rompen la cabeza,
y luego, con lijereza,
ansí lastimao y todo,
275   lo amarran codo con codo
y pa el cepo lo enderiezan.

Ay comienzan sus desgracias,
ay principia el pericón [48];
porque ya no hay salvación,
280   y que usté quiera o no quiera,
lo mandan a la frontera
o lo echan a un batallón.

Ansí empezaron mis males,
lo mesmo que los de tantos.
285   Si gustan… en otros cantos
les diré lo que he sufrido.
Despuésque uno está perdido
no lo salvan ni los santos.

III

Tuve en mi pago en un tiempo
290   hijos, hacienda y mujer;

---

[46] *Bolea:* De *bolear,* atrapar con las *boleadoras* (bolas sujetas a unos ramales), instrumento usado por gauchos e indios para capturar animales. El término está aquí usado, evidentemente, en sentido figurado.

[47] *Felpa de palos:* Paliza. Relacionado con esta expresión está *felpear:* reprender o castigar.

[48] *Pericón:* Baile muy típico del Río de la Plata, con acompañamiento de guitarra. No hay que aclarar el carácter metafórico que aquí tiene.

pero empecé a padecer,
me echaron a la frontera,
¡y qué iba a hallar al volver!
Tan sólo hallé la tapera [49].

295   Sosegao vivía en mi rancho,
como el pájaro en su nido.
Allí mis hijos queridos
iban creciendo a mi lao…
Sólo queda al desgraciao
300   lamentar el bien perdido.

Mi gala en las pulperías [50]
era, cuando había más gente,
ponerme medio caliente,
pues cuando puntiao [51] me encuentro
305   me salen coplas de adentro
como agua de la virtiente.

Cantando estaba una vez
en una gran diversión,
y aprovechó la ocasión
310   como quiso el juez de paz:
se presentó y ay no más
hizo una arriada en montón.

Juyeron los más matreros [52]
y lograron escapar.
315   Yo no quise disparar:
soy manso y no había por qué.
Muy tranquilo me quedé
y ansí me dejé agarrar.

---

[49] *Tapera:* Palabra de origen guaraní, designa una casa o rancho abandonado y ruinoso.

[50] *Pulpería:* Tienda de bebidas, comestibles y objetos diversos, que servía también como punto de reunión y esparcimiento de los gauchos.

[51] *Puntiao* (Punteado): Con principio de borrachera.

[52] *Matrero:* Rebelde, huido de la justicia.

         Allí un gringo [53] con un órgano
320   y una mona que bailaba
         haciéndonos rair estaba
         cuando le tocó el arreo.
         ¡Tan grande el gringo y tan feo!
         ¡Lo viera cómo lloraba!

325   Hasta un inglés sangiador [54]
         que decía en la última guerra
         que él era de Inca-la-perra
         y que no quería servir,
         tuvo también que juir
330   a guarecerse en la sierra.

         Ni los mirones salvaron
         de esa arriada de mi flor [55];
         fue acoyarao [56] el cantor
         con el gringo de la mona;
335   a uno solo, por favor,
         logró salvar la patrona.

         Formaron un contingente
         con los que en el baile arriaron;
         con otros nos mesturaron,
340   que habían agarrao también.
         Las cosas que aquí se ven
         ni los diablos las pensaron.

         A mí el juez me tomó entre ojos
         en la última votación.

---

[53] *Gringo:* Extranjero de lengua no castellana. En la época en que se escribió el poema, el término no aludía preferentemente, como hoy es común en toda Hispanoamérica, al norteamericano, sino al italiano.

[54] *Sangiador:* Zanjeador, que hace zanjas.

[55] *De mi flor:* Expresión para aludir a algo muy selecto. «Ahora ¡qué crías de mi flor las que irían a sacar!» leemos en *La guerra gaucha,* de Leopoldo Lugones *(Obras en prosa,* Madrid, Aguilar, 1962, pág. 348).

[56] *Acoyarao:* Acollarado, unido a otro por la collera. Naturalmente se trata de un término aplicable a los caballos, que Hernández usa aquí, muy eficazmente, en forma figurada.

345   Me le había hecho el remolón
     y no me arrimé ese día,
     y él dijo que yo servía
     a los de la esposición [57].

     Y ansí sufrí ese castigo
350   tal vez por culpas agenas.
     Que sean malas o sean güenas
     las listas, siempre me escondo.
     Yo soy un gaucho redondo
     y esas cosas no me enllenan.

355   Al mandarnos nos hicieron
     más promesas que a un altar.
     El juez nos jue a ploclamar
     y nos dijo muchas veces:
     —«Muchachos, a los seis meses
360   los van a revelar.»

     Yo llevé un moro de número [58]
     ¡sobresaliente el matucho! [59]
     Con él gané en Ayacucho [60]
     más plata que agua bendita.
365   Siempre el gaucho necesita
     un pingo pa fiarle un pucho [61].

     Y cargué sin dar más güeltas
     con las prendas que tenía.
     Gergas [62], poncho, cuanto había

---

[57] *Esposición:* Deformación de *oposición.*

[58] *Moro de número:* Moro es el caballo de pelo negro, con alguna mezcla de blanco. *De número* es una expresión que resalta la calidad del mencionado por Martín Fierro.

[59] *Matucho:* Lo mismo que *sotreta,* significa caballo viejo e inútil. En este caso, como se ve, la palabra se utiliza para designar ingeniosamente todo lo contrario.

[60] *Ayacucho:* Partido de la provincia de Buenos Aires.

[61] *Pucho:* Colilla de cigarro o pequeño sobrante de algo sin valor. Se alude a la conveniencia de disponer de un buen caballo en el que confiar.

[62] *Gergas:* La jerga es una pieza de lana que forma parte del apero del caballo. Se coloca debajo de la carona (véase nota 24).

A partir de aquí nos referiremos siempre a *notas* al poema.

370 en casa, tuito lo alcé.
A mi china la dejé
medio desnuda ese día.

No me faltaba una guasca [63];
esa ocasión eché el resto:
375 bozal, maniador [64], cabresto,
lazo, bolas y manea... [65]
¡El que hoy tan pobre me vea
tal vez no creerá todo esto!

Ansí en mi moro escarciando [66]
380 enderesé a la frontera.
¡Aparcero! [67], si usté viera
lo que se llama cantón...
Ni envidia tengo al ratón
en aquella ratonera.

385 De los pobres que allí había
a ninguno lo largaron;
los más viejos resongaron,
pero a uno que se quejó,
en seguida lo estaquiaron [68]
390 y la cosa se acabó.

---

[63] *Gusca:* Lonja de curo, similar a tiento (véase nota 45).

[64] *Maniador (maneador):* Soga de cuero para atar el caballo cuando pace o en otras circunstancias.

[65] *Bolas:* Véase nota 46. Se usa *bolas,* por sinécdoque, en vez de *boleadoras,* la mayor parte de las veces. Las bolas propiamente dichas son normalmente de piedra y están forradas en cuero. Son tres y la más pequeña de ellas, llamada manija, fuertemente agarrada con la mano, sirve para hacer girar a las otras hasta que el conjunto es arrojado sobre un animal. Fueron muy usadas también como arma bélica.

[66] *Escarciendo:* Escarceo es el movimiento de cuello y cabeza hecho por el caballo repetidamente de arriba abajo, que denota nervio y resistencia. De ahí, *escarcear.*

[67] *Aparcero:* Amigo, socio.

[68] *Estaquiaron:* De *estaquear,* castigar a alguien atando sus extremidades a estacas, tendido en el suelo. Era una de las penas impuestas frecuentemente en los cantones o fortines.

En la lista de la tarde
el jefe nos cantó el punto,
diciendo: —«Quinientos juntos
llevará el que se resiente;
395   lo haremos pitar del juerte [69];
más bien dése por dijunto».

A naides le dieron armas,
pues toditas las que había
el coronel las tenía,
400   sigún dijo esa ocasión,
pa repartirlas el día
en que hubiera una invasión.

Al principio nos dejaron
de haraganes, criando sebo;
405   pero después... no me atrevo
a decir lo que pasaba...
¡Barajo!... si nos trataban
como se trata a malevos [70].

Porque todo era jugarle
410   por los lomos con la espada,
y aunque usté no hiciera nada,
lo mesmito que en Palermo [71],
le daban cada cepiada [72]
que lo dejaban enfermo.

415   Y ¡qué indios ni qué servicio!
¡Si allí no había ni cuartel!
Nos mandaba el coronel
a trabajar en sus chacras [73],

---

[69] *Pitar del juerte:* Literalmente, fumar tabaco negro fuerte (véase nota 141). En sentido figurado, castigar con dureza.

[70] *Malevo:* Malhechor. Emilio Carilla, en su citada edición de *Martín Fierro,* pág. 99, señala su origen brasileño.

[71] *Palermo:* Se alude a un cuartel situado en San Benito de Palermo, lugar cercano a Buenos Aires (hoy convertido en gran parque dentro de la capital), donde tuvo también su residencia el dictador Juan Manuel de Rosas.

[72] *Cepiada:* Castigo consistente en obligar a un hombre a permanecer sujeto a un cepo de madera.

[73] *Chacra:* Finca agrícola de pequeña extensión.

y dejábamos las vacas
420   que las llevara el infiel.

Yo primero sembré trigo
y después hice un corral;
corté adobe pa un tapial,
hice un quincho [74], corté paja...
425   ¡La pucha que se trabaja
sin que le larguen ni un rial!

Y es lo pior de aquel enriedo
que si uno anda hinchando el lomo
se le apean como un plomo... *
430   ¡Quién aguanta aquel infierno!
Y eso es servir al Gobierno,
a mí no me gusta el cómo [75].

Más de un año nos tuvieron
en esos trabajos duros;
435   y los indios, le asiguro,
dentraban cuando querían:
como no los perseguían
siempre andaban sin apuro.

A veces decía al volver
440   del campo la descubierta
que estuviéramos alerta,
que andaba adentro la indiada,
porque había una rastrillada [76]
o estaba una yegua muerta.

---

[74] *Quincho:* Pared o valla de ramas o juncos.

* Ed. 1878. En la de 1872 leemos: «Ya se le apean como plomo».

[75] *El cómo:* Carilla, prefiere la lectura *como*, «voz castiza que el *Diccionario de Autoridades* define como "chasco, zumba o cantaleta"» (pág. 101 de la edición citada). Por nuestra parte, sin negar la posibilidad de esta interpretación, debemos pensar también con otros comentaristas —Santiago Lugones entre ellos (véase su citada edición del *Martín Fierro)*— en una posible nominalización del adverbio interrogativo que pasa a significar *el modo, la forma.*

[76] *Rastrillada:* Rastros dejados por las caballerías de los indios.

445   Recién entonces salía
la orden de hacer la riunión,
y cáibamos al cantón
en pelos y hasta enancaos [77];
sin armas, cuatro pelaos,
450   que ívamos a hacer jabón [78].

      Ay empezaba el afán,
se entiende, de puro vicio,
de enseñarle el ejercicio
a tanto gaucho recluta
455   con un estrutor... ¡qué... bruta!,
que nunca sabía su oficio.

      Daban entonces las armas
pa defender los cantones,
que eran lanzas y latones
460   con ataduras de tiento...
Las de juego [79] no las cuento
porque no había municiones.

      Y chamuscao [80] un sargento,
me contó que las tenían,
465   pero que ellos las vendían
para cazar avestruces;
y ansí andaban noche y día
déle bala a los ñanduces [81].

      Y cuando se iban los indios
470   con lo que habían manotiao [82],
salíamos muy apuraos

---

[77] *Enancaos:* Montados dos jinetes en el mismo caballo, uno sobre las ancas.

[78] *Hacer jabón:* Pasar miedo.

[79] *Juego:* Fuego. Conviene recordar que el cambio f-j en posición inicial es una de las características más marcadas del lenguaje gauchesco.

[80] *Chamuscao:* Hombre algo bebido.

[81] *Ñanduces:* Plural habitual (frente al académico *ñandúes)* de *ñandú,* avestruz americano, de tamaño menor que el africano. Este animal era buscado por su carne, sus plumas y otras aportaciones muy útiles.

[82] *Manotiao:* De *manotiar (manotear),* robar.

a perseguirlos de atrás;
si no se llevaban más
es porque no habían hallao.

475   Allí sí se ven desgracias
y lágrimas y afliciones;
naides les pida perdones
al indio, pues donde dentra
roba y mata cuanto encuentra
480   y quema las poblaciones.

No salvan de su juror
ni los pobres anjelitos;
viejos, mozos y chiquitos,
los mata del mesmo modo,
485   que el indio lo arregla todo
con la lanza y con los gritos.

Tiemblan las carnes al verlo
volando al viento la cerda [83];
la rienda en la mano izquierda
490   y la lanza en la derecha,
ande enderiesa abre brecha,
pues no hay lanzaso que pierda.

Hace trotiadas tremendas
dende el fondo del desierto;
495   ansí llega medio muerto
de hambre, de sé y de fatiga;
pero el indio es una hormiga
que día y noche está dispierto.

Sabe manejar las bolas
500   como naides las maneja;
cuanto el contrario se aleja
manda una bola perdida,
y si lo alcanza, sin vida
es siguro que lo deja.

505   Y el indio es como tortuga
de duro para espichar;

---

[83] *Cerda:* Alusión a la crin y cola de los caballos.

si lo llega a destripar
ni siquiera se le encoge,
luego, sus tripas recoje,
510   y se agacha a disparar.

Hacían el robo a su gusto
y después se ivan de arriba
se llevaban las cautivas
y nos contaban que aveces
515   les descarnaban los pieses,
a las pobrecitas, vivas.

¡Ah, si partía el corazón
ver tantos males, canejo!
Los perseguíamos de lejos
520   sin poder ni galopiar;
y ¡qué habíamos de alcanzar
en unos bichocos [84] viejos!

Nos volvíamos al cantón
a las dos o tres jornadas,
525   sembrando las caballadas;
y pa que alguno la venda,
rejuntábamos la hacienda
que habían dejao resagada.

Una vez, entre otras muchas,
530   tanto salir al botón [85],
nos pegaron un malón [86]
los indios, y una lanciada,
que la gente acobardada
quedó dende esa ocasión.

535   Habían estao escondidos
aguaitando [87] atrás de un cerro...

---

[84] *Bichocos:* Caballos viejos o enfermos, con determinados defectos en las patas.

[85] *Al botón:* Inútilmente. Se dice también *al divino botón.*

[86] *Malón:* Acometida, asalto inesperado de los indios.

[87] *Aguaitando:* De *aguaitar,* acechar, espiar. Término desusado, pero perteneciente al castellano general, lo encontraremos utilizado no pocas veces por César Vallejo («O sin madre, sin amada, sin porfía / de agacharme a aguaitar al fondo...». Poema *XXXIII* de *Trilce).*

¡Lo viera a su amigo Fierro
aflojar como un blandito!
Salieron como maiz frito
540   en cuanto sonó un cencerro.

Al punto nos dispusimos,
aunque ellos eran bastantes;
la formamos al istante
nuestra gente, que era poca,
545   y golpiándose en la boca
hicieron fila adelante.

Se vinieron en tropel
haciendo temblar la tierra.
No soy manco pa la guerra,
550   pero tuve mi jabón,
pues iva en un redomón [88]
que había boliao en la sierra.

¡Qué vocerío! ¡Qué barullo!
¡Qué apurar esa carrera!
555   La indiada todita entera
dando alaridos cargó.
¡Jué pucha!... y ya nos sacó
como yeguada matrera [89].

¡Qué fletes [90] traiban los bárbaros!
560   Como una luz de lijeros,
hicieron el entrevero,
y en aquella mescolanza,
éste quiero, éste no quiero,
nos escojían con la lanza.

565   Al que le dan un chuzaso,
dificultoso es que sane.
En fin, para no echar panes [91],

---

[88] *Redomón:* Potro que ha comenzado a ser amansado.
[89] *Yeguada matrera:* El adjetivo matrero aplicado a animales equivale a salvaje, cimarrón.
[90] *Fletes:* Caballos de buena clase.
[91] *Echar panes:* Presumir de bravo.

                salimos por esas lomas
                lo mesmo que las palomas
    570   al juir de los gavilanes.

                ¡Es de almirar la destreza
                con que la lanza manejan!
                De perseguir nunca dejan,
                y nos traiban apretaos.
    575   ¡Si queríamos, de apuraos,
                salirnos por las orejas!

                Y pa mejor de la fiesta,
                en esta aflición tan suma,
                vino un indio echando espuma
    580   y con la lanza en la mano
                gritando: —«Acabau, cristiano,
                metau el lanza hasta el pluma».

                Tendido en el costillar [92],
                cimbrando por sobre el brazo
    585   una lanza como un lazo,
                me atropeyó dando gritos.
                Si me descuido... el maldito
                me levanta de un lanzazo.

                Si me atribulo o me encojo,
    590   siguro que no me escapo.
                Siempre he sido medio guapo [93];
                pero en aquella ocasión
                me hacía buya el corazón
                como la garganta al sapo.

—————————

[92] *Tendido en el costillar:* Completamente recostado sobre el caballo para no ofrecer blanco. Tal modo de cabalgar era frecuente entre los indios a fin de pasar desapercibidos.

[93] *Medio guapo:* El adjetivo *guapo,* en casi toda Hispanoamérica, es sinónimo de arrogante, valiente y, más aún, bravucón. En cuanto al uso adverbial de *medio,* normal en el castellano general, es algo particularmente insistente en el habla popular argentina para rebajar, con falsa modestia, la posible rotundidad de algunos adjetivos, como sucede en este caso, o por simple tendencia hacia lo elusivo.

595 Dios le perdone al salvaje
   las ganas que me tenía...
   Desaté las tres marías [94]
   y lo engatusé a cabriolas...
   ¡Pucha!... Si no traigo bolas
600 me achura [95] el indio ese día.

   Era el hijo de un casique,
   sigún yo lo averigüé;
   la verdá del caso jué
   que me tuvo apuradazo,
605 hasta que al fin de un bolazo
   del caballo lo bajé.

   Ay no más me tiré al suelo
   y lo pisé en las paletas;
   empezó a hacer morisquetas
610 y a mesquinar la garganta [96].
   Pero yo hice la obra santa
   de hacerlo estirar la geta.

   Allí quedó de mojón
   y en su caballo salté;
615 de la indiada disparé,
   pues si me alcanza, me mata;
   y al fin me las escapé
   con el hilo en una pata [97].

IV

   Seguiré esta relación,
620 aunque pa chorizo es largo.
   El que pueda, hágase cargo
   cómo andaría de matrero
   después de salvar el cuero
   de aquel trance tan amargo.

---

[94] *Las tres marías:* Metáfora de uso extendido para designar las boleadoras.

[95] *Achurar:* Sacar las entrañas; por extensión, herir.

[96] *Mesquinar la garganta:* Hurtarla, esconderla del arma que la busca.

[97] *Con el hilo en una pata:* Dificultosamente.

625   Del sueldo nada les cuento,
porque andaba' disparando.
Nosotros de cuando en cuando
solíamos ladrar de pobres;
nunca llegaban los cobres
630 que se estaban aguardando.

    Y andábamos de mugrientos
que el mirarnos daba horror;
le juro que era un dolor
ver esos hombres ¡por Cristo!
635 En mi perra vida he visto
una miseria mayor.

    Yo no tenía ni camisa
ni cosa que se parezca;
mis trapos sólo pa yesca
640 me podían servir al fin...
No hay plaga como un fortín
para que el hombre padezca.

    Ponchos, gergas, el apero,
las prenditas, los botones,
645 todo, amigo, en los cantones
jué quedando poco a poco,
ya nos tenían medio loco
la pobreza y los ratones.

    Sólo una manta peluda
650 era cuanto me quedaba;
la había agenciao a la taba [98]
y ella me tapaba el bulto.
Yaguané [99] que allí ganaba
no salía... ni con indulto.

655   Y pa mejor, hasta el moro
se me jué de entre las manos.

---

[98] *A la taba:* Se alude aquí a uno de los juegos predilectos de los gauchos.

[99] *Yaguané:* Pelo de caballo o res con dos franjas blancas a lo largo de la espina dorsal. Por extensión, piojo, acepción correspondiente a este caso.

No soy lerdo... pero, hermano,
vino el comendante un día
diciendo que lo quería
660 «pa enseñarle a comer grano» [100].

Afigúrese cualquiera
la suerte de este su amigo
a pie y mostrando el umbligo,
estropiao, pobre y desnudo.
665 Ni por castigo se pudo
hacerse más mal conmigo.

Ansí pasaron los meses,
y vino el año siguiente,
y las cosas igualmente
670 siguieron del mesmo modo:
adrede parece todo
para aburrir a la gente.

No teníamos más permiso
ni otro alivio la gauchada
675 que salir de madrugada
cuando no había indio ninguno,
campo ajuera, a hacer boliadas,
desocando [101] los reyunos [102].

Y cáibamos al cantón
680 con los fletes aplastaos;
pero a veces, medio aviaos,
con pluma [103] y algunos cueros,
que ay no más con el pulpero [104]
los teníamos negociaos.

---

[100] *Grano:* El autor se refiere con esta palabra al maíz, alimento que se ofrecía a los caballos que se deseaba preparar para las carreras, siendo necesario acostumbrarles a él, ya que no formaba parte de sus hábitos de consumo.

[101] *Desocando:* Dislocando.

[102] *Reyunos:* Caballos del Estado (originalmente, del rey).

[103] *Pluma:* Se alude a las del ñandú.

[104] *Pulpero:* Dueño de una pulpería (véase nota 50) o, como en este caso, de un *boliche*.

685   Era un amigo del gefe
que con un boliche [105] estaba;
yerba y tabaco nos daba
por la pluma de avestruz,
y hasta le hacía ver la luz [106]
690   al que un cuero le llevaba.

    Sólo tenía cuatro frascos
y unas barricas vacías
y a la gente le vendía
todo cuanto precisaba.
695   A veces creiba que estaba
allí la provedería.

    ¡Ah pulpero habilidoso!
Nada le solía faltar,
¡ay juna!, y para tragar
700   tenía un buche de ñandú.
La gente le dio en llamar
«el boliche de virtú».

    Aunque es justo que quien vende
algún poquitito muerda,
705   tiraba tanto la cuerda
que con sus cuatro limetas [107]
él cargaba las carretas
de plumas, cueros y cerda.

    Nos tenían apuntaos a todos
710   con más cuentas que un rosario,
cuando se anunció un salario
que iban a dar, o un socorro [108];
pero sabe Dios qué zorro
se lo comió al comisario.

715   Pues nunca lo vi llegar;
y al cabo de muchos días,

---

[105] *Boliche:* Tienda muy inferior a la pulpería.
[106] *Les hacía ver la luz:* La de los destellos de las monedas; es decir, les pagaba.
[107] *Limetas:* Frascos de licor.
[108] *Socorro:* Parte anticipada del sueldo.

136

en la mesma pulpería
dieron una *buena cuenta* [109],
que la gente, muy contenta,
720   de tan pobre, recebía.

Sacaron unos sus prendas
que las tenían empeñadas;
por sus diudas atrasadas
dieron otros el dinero;
725   al fin de fiesta el pulpero
se quedó con la mascada [110].

Yo me arrecosté a un orcón
dando tiempo a que pagaran,
y poniendo güena cara,
730   estuve haciéndome el poyo [111],
a esperar que me llamaran
para recibir mi boyo.

Pero ay me pude quedar
pegao pa siempre al orcón:
735   ya era casi la oración
y ninguno me llamaba.
La cosa se me ñublaba
y me dentró comezón.

Pa sacarme el entripao [112]
740   vi al mayor, y lo fi a hablar.
Yo me le empecé a atracar [113],
y como con poca gana
le dije: —«Tal vez mañana
acabarán de pagar».

745   —«¡Qué mañana ni otro día!»—
—al punto me contestó—.
La paga ya se acabó,
siempre has de ser animal».

_____

[109] *Buena cuenta:* Análogo a *socorro* (véase nota 108).
[110] *Mascada:* Bocado, dinero en este contexto.
[111] *Hacerse el poyo (pollo):* Hacerse el inocente.
[112] *Entripao (entripado):* Enojo.
[113] *Atracar(se)* a alguien: Acercarse con miramiento.

Me rai y le dije: —«Yo...
750   no he recebido ni un rial».

Se le pusieron los ojos
que se le querían salir,
y ay no más volvió a decir,
comiéndomé con la vista:
755   —«Y ¿qué querés recebir
si no has dentrao en la lista?»

«Esto sí que es amolar»
—dije yo pa mis adentros—.
Van dos años que me encuentro,
760   y hasta aura he visto ni un grullo [114];
dentro en todos los barullos,
pero en las listas no dentro».

Vide el plaito mal parao
y no quise aguardar más...
765   Es güeno vivir en paz
con quien nos ha de mandar.
Y reculando pa atrás
me le empecé a retirar.

Supo todo el comendante
770   y me llamó al otro día,
diciéndome que quería
aviriguar bien las cosas,
que no era el tiempo de Rosas [115],
que aura a naides se debía.

775   Llamó al cabo y al sargento
y empezó la indagación:
si había venido al cantón
en tal tiempo o en tal otro...
y si había venido en potro,
780   en reyuno o redomón.

---

[114] *Grullo:* Nombre dado a la moneda de plata de un peso. Procede de *gurullo,* porción de lana apretada que toma forma redonda.
[115] *Rosas:* Juan Manuel de Rosas, dictador derrocado en 1852, que llenó una larga y fundamental etapa de la vida argentina.

Y todo era alborotar
al ñudo [116] y hacer papel [117].
Conocí que era pastel [118]
pa engordar con mi guayaca [119];
785   mas si voy al coronel
me hacen bramar en la estaca.

¡Ah hijos de una!... La codicia
ojalá les ruempa el saco.
Ni un pedazo de tabaco
790   le dan al pobre soldao
y lo tienen de delgao
más lijero que un guanaco [120].

Pero qué iba a hacerles yo,
charabón [121] en el desierto;
795   más bien me daba por muerto
pa no verme más fundido;
y me les hacía el dormido
aunque soy medio dispierto.

V

Ya andaba desesperao,
800   aguardando una ocasión;
que los indios un malón
nos dieran y entre el estrago
hacérmeles cimarrón
y volverme pa mi pago.

805   Aquello no era servicio
ni defender la frontera:
aquello era ratonera
en que sólo gana el juerte *;

---

[116] *Al ñudo:* En vano, sin utilidad.
[117] *Hacer papel:* Hacer el paripé.
[118] *Pastel:* Farsa.
[119] *Guayaca:* Bolsita para el dinero, tabaquera, etc.
[120] *Guanaco:* Cuadrúpedo lanar que corre con gran ligereza, muy delgado en el ijar.
[121] *Charabón:* Ñandú al que todavía le están saliendo las plumas.
  * Ed. 1878. En la de 1872 leemos: «en que es más gato el más fuerte».

era jugar a la suerte
810   con una taba culera.

Allí tuito va al revés:
los milicos [122] se hacen piones
y andan por las poblaciones
emprestaos pa trabajar:
815   los rejuntan pa peliar
cuando entran indios ladrones.

Yo he visto en esa milonga [123]
muchos gefes con estancia,
y piones en abundancia,
820   y majadas y rodeos;
he visto negocios feos,
a pesar de mi inorancia.

Y colijo que no quieren
la barunda componer.
825   Para esto no ha de tener
el gefe aunque esté de estable
más que su poncho y su sable,
su caballo y su deber.

Ansina, pues, conociendo
830   que aquel mal no tiene cura,
que tal vez mi sepultura
si me quedo iba a encontrar,
pensé en mandarme mudar [124]
como cosa más sigura.

835   Y pa mejor, uan noche,
¡qué estaquiada [125] me pegaron!
Casi me descoyuntaron
por motivo de una gresca.
¡Ay juna, si me estiraron
840   lo mesmo que guasca fresca!

---

[122] *Milicos:* Soldados. También policías de campaña.

[123] *Milonga:* Baile típico criollo. En sentido figurado, enredo, ambiente revuelto, etc.

[124] *Mandarme mudar:* Irme. Se trata de una expresión coloquial muy difundida también en los medios urbanos.

[125] *Estaquiada:* Acto de estaquear (véase nota 68).

Jamás me puedo olvidar
lo que esta vez me pasó:
dentrando una noche yo
al fortín, un enganchao [126]
845   que estaba medio mamao [127]
allí me desconoció.

Era un gringo tan bozal [128],
que nada se le entendía.
¡Quién sabe de ande sería!
850   Tal vez no juera cristiano,
pues lo único que decía
es que era *pa-po-litano* [129].

Estaba de centinela,
y por causa del peludo [130]
855   verme más claro no pudo
y ésa jué la culpa toda:
el bruto se asustó al ñudo
y fi [131] el pavo de la boda [132].

Cuando me vido acercar:
860   —«¿*Quén vívore?*» —preguntó.
—«¿*Qué víboras*» —dije yo.
—«¡Ha garto!» [133] —me pegó el grito,
 y yo dije despacito:
—«*Más lagarto serás vos*».

865   Ay no más ¡Cristo me valga!
Rastrillar [134] el fusil siento;

---

[126] *Enganchao:* Soldado que se enrola voluntariamente, a sueldo.
[127] *Mamao:* Borracho.
[128] *Bozal:* Inepto, inculto, torpe, incapaz de expresarse inteligentemente. Originariamente se aplicaba este calificativo al esclavo negro trasladado a América.
[129] *Pa-po-litano:* Evidentemente, napolitano.
[130] *Peludo:* Mamífero desdentado de pequeño tamaño, cubierto con caparazón y poseedor de fuertes uñas. Por extensión, *borrachera.*
[131] *Fi:* Fui.
[132] *El pavo de la boda: Pavo* equivale normalmente a tonto, bobo. En este caso, el que paga los vidrios rotos.
[133] *Ha garto:* Haga alto.
[134] *Rastrillar* el fusil: Montarlo para disparar.

me agaché, y en el momento
el bruto me largó un chumbo [135];
mamao, me tiró sin rumbo,
870   que si no, no cuento el cuento.

Por de contao, con el tiro
se alborotó el abispero;
los oficiales salieron
y se empezó la junción:
875   quedó en su puesto el nación [136],
y yo fi al estaquiadero.

Entre cuatro bayonetas
me tendieron en el suelo;
vino el mayor medio en pedo [137],
880   y allí se puso a gritar:
—«Pícaro, te he de enseñar
a andar declamando sueldos.»

De las manos y las patas
me ataron cuatro sinchones [138];
885   les aguanté los tirones
sin que ni un ¡ay! se me oyera,
y al gringo la noche entera
lo harté con mis maldiciones.

Yo no sé por qué el Gobierno
890   nos manda aquí a la frontera
gringada que ni siquiera
se sabe atracar a un pingo.
¡Si crerá al mandar un gringo
que nos manda alguna fiera!

895   No hacen más que dar trabajo,
pues no saben ni ensillar,
no sirven ni pa carniar [139],

---

[135] *Chumbo:* Disparo de arma de fuego. Se trata de un portu-
guesismo.

[136] *Nación:* Extranjero.

[137] *Pedo:* Borrachera.

[138] *Sinchones (cinchones):* Sobrecinchas de cuero para terminar de
ajustar el recado al caballo.

[139] *Carniar (carnear):* Sacrificar una res para aprovechar su carne.

y yo he visto muchas veces
que ni voltiadas las reses
900　se les querían arrimar.

Y lo pasan sus mercedes
lengüetiando [140] pico a pico,
hasta que viene un milico
a servirles el asao;
905　y, eso sí, en lo delicaos
parecen hijos de rico.

Si hay calor, ya no son gente;
si yela, todos tiritan;
si usté no les da, no pitan [141]
910　por no gastar en tabaco,
y cuando pescan un naco [142]
unos a otros se lo quitan.

Cuanto llueve se acoquinan
como el perro que oye truenos.
915　¡Qué diablos!, sólo son güenos
pa vivir entre maricas,
y nunca se andan con chicas
para alzar [143] ponchos ajenos.

Pa vichar [144] son como ciegos:
920　ni hay ejemplo de que entienden,
no hay uno solo que aprienda.
al ver un bulto que cruza,
a saber si es avestruza
o si es ginete o hacienda.

925　Si salen a perseguir,
después de mucho aparato,
tuitos se pelan [145] al rato

---

[140] *Lengüeteando:* Conversando con rapidez y en forma confusa.

[141] *Pitan:* Fuman (véase nota 69).

[142] *Naco:* Mazo de tabaco del cual se extraía cada vez el necesario para un cigarrillo.

[143] *Alzar:* Robar.

[144] *Vichar:* Mirar, espiar.

[145] *Pelarse:* Despellejarse, lastimarse la piel como consecuencia del roce al montar inexpertamente a caballo.

y va quedando el tendal [146].
Esto es como en un nidal
930   echarle güebos a un gato.

VI

Vamos dentrando recién
a la parte más sentida,
aunque es todita mi vida
de males una cadena.
935   A cada alma dolorida
le gusta cantar sus penas.

Se empezó en aquel entonces
a rejuntar caballada
y riunir la milicada
940   teniéndola en el cantón,
para una despedición
a sorprender a la indiada.

Nos anunciaban que iríamos
sin carretas ni bagajes
945   a golpiar a los salvages
en sus mesmas tolderías;
que a la güelta pagarían,
licenciándolo, al gauchaje.

Que en esta despedición
950   tuviéramos la esperanza,
que iba a venir sin tardanza,
sigún el gefe contó,
un menistro, o qué sé yo,
que le llamaban Don Ganza [147].

955   Que iba a riunir el ejército
y tuitos los batallones,

---

[146] *Tendal:* Cosas que van quedando desparramadas.

[147] *Don Ganza:* Don Martín de Gaínza, ministro del Ejército durante la presidencia de Domingo Faustino Sarmiento. Este y Rosas son los dos únicos personajes históricos citados por su nombre en el Martín Fierro.

y que traiba unos cañones
con más rayas que un cotín [148].
¡Pucha!, las conversaciones
960   por allá no tenían fin.

Pero esas trampas no enriedan
a los zorros de mi laya;
que el menistro venga o vaya,
poco le importa a un matrero:
965   yo también dejé las rayas... [149]
en los libros del pulpero.

Nunca jui gaucho dormido,
siempre pronto, siempre listo,
yo soy un hombre, ¡qué Cristo!,
970   que nada me ha acobardao,
y siempre salí parao
en los trances que me he visto.

Dende chiquito gané
la vida con mi trabajo,
975   y aunque siempre estuve abajo
y no sé lo que es subir,
también el mucho sufrir
suele cansarnos ¡barajo!

En medio de mi inorancia
980   conozco que nada valgo;
soy la liebre o soy el galgo
asigún los tiempos andan;
pero también los que mandan
debieran cuidarnos algo.

985   Una noche que riunidos
estaban en la carpeta [150]

---

[148] *Cotín:* Tela propia para colchones.

[149] *Rayas:* Los pulperos solían marcar rayas en sus libros como medio de anotación de las cuentas de los gauchos.

[150] *Carpeta:* Nombre que recibía la colgadura o paño que se ponía en la puerta de las tabernas, pero también se designa así a la mesa de juego, como en este caso (véase *Vuelta*, 3152 y 3367).

empinando una limeta
el jefe y el juez de paz,
yo no quise aguardar más,
990   y me hice humo en un sotreta.

Para mí el campo son flores
dende que libre me veo;
donde me lleva el deseo
allí mis pasos dirijo,
995   y hasta en las sombras, de fijo
que a donde quiera rumbeo.

Entro y salgo del peligro
sin que me espante el estrago;
no aflojo al primer amago
1000   ni jamás fi gaucho lerdo;
soy pa rumbiar como el cerdo,
y pronto cai a mi pago.

Volvía al cabo de tres años
de tanto sufrir al ñudo.
1005   Resertor, pobre y desnudo,
a procurar suerte nueva;
y lo mesmo que el peludo
enderesé pa mi cueva.

No hallé ni rastro del rancho;
1010   ¡sólo estaba la tapera!
¡Por Cristo, si aquello era
pa enlutar el corazón!
¡Yo juré en esa ocasión
ser más malo que una fiera!

1015   ¡Quien no sentirá lo mesmo
cuando ansí padece tanto!
Puedo asigurar que el llanto
como una mujer largué.
¡Ay mi Dios, si me quedé
1020   más triste que Jueves Santo!

Sólo se oiban los aullidos
de un gato que se salvó;
el pobre se guareció

cerca, en una vizcachera [151];
1025   venía como si supiera
que estaba de güelta yo.

Al dirme dejé la hacienda,
que era todito mi haber;
pronto debíamos volver,
1030   según el juez prometía,
y hasta entonces cuidaría
de los bienes la mujer.

...   .
...   .
...   .

Después me contó un vecino
que el campo se lo pidieron,
1035   la hacienda se la vendieron [152]
pa pagar arrendamientos,
y qué sé yo cuántos cuentos;
pero todo lo fundieron.

Los pobrecitos muchachos,
1040   entre tantas afliciones
se conchabaron de piones;
mas ¡qué ivan a trabajar,
si eran como los pichones
sin acabar de emplumar!

1045   Por ay andarán sufriendo
de nuestra suerte el rigor:
me han contado que el mayor
nunca dejaba a su hermano.
Puede ser que algún cristiano
1050   los recoja por favor.

---

[151] *Vizcachera:* Guarida de las vizcachas consistente en una cueva amplia y profunda. La vizcacha es un mamífero roedor de color pardo, áspera barba y fuertes uñas.

[152] *El campo... la hacienda:* Vale la pena recordar que la palabra *hacienda* significa ganado y que no hay, por tanto, nada confuso en esta estrofa.

¡Y la pobre mi mujer
Dios sabe cuánto sufrió!
Me dicen que se voló
con no sé qué gavilán:
1055   sin duda a buscar el pan
que no podía darle yo.

No es raro que a uno le falte
lo que a algún otro le sobre:
si no le quedó ni un cobre,
1060   sinó de hijos un enjambre,
¿qué más iba a hacer la pobre
para no morirse de hambre?

¡Tal vez no te vuelva a ver,
prenda de mi corazón!
1065   Dios te dé su protección,
ya que no me la dio a mí.
Y a mis hijos dende aquí
les echo mi bendición.

Como hijitos de la cuna [153]
1070   andarán por ay sin madre *;
ya se quedaron sin padre,
y ansí la suerte los deja
sin naides que los proteja
y sin perro que los ladre.

1075   Los pobrecitos tal vez
no tengan ande abrigarse,
ni ramada ande ganarse,
ni un rincón ande meterse,
ni camisa que ponerse,
1080   ni poncho con que taparse.

Tal vez los verán sufrir
sin tenerles compasión;
puede que alguna ocasión,
aunque los vean tiritando,

---

[153] *Hijitos de la cuna:* Niños incluseros, recogidos en una casa cuna.
* Ed. 1878. En la de 1872 leemos: «andaban por ayh sin madre».

1085   los echen de algún jogón
        pa que no estén estorbando.

        Y al verse ansina espantaos
        como se espanta a los perros,
        irán los hijos de Fierro,
1090   con la cola entre las piernas,
        a buscar almas más tiernas
        o esconderse en algún cerro.

        Mas también en este juego
        voy a pedir mi volada [154]:
1095   a naides le debo nada,
        ni pido cuartel ni doy,
        y ninguno dende hoy
        ha de llevarme en la armada [155].

        Yo he sido manso primero
1100   y seré gaucho matrero
        en mi triste circunstancia:
        aunque es mi mal tan projundo,
        nací y me he criao en estancia [156],
        pero ya conozco el mundo.

1105   Ya le conozco sus mañas,
        le conozco sus cucañas,
        sé cómo hacen la partida,
        la enriedan y la manejan.
        Desaceré la madeja,
1110   aunque me cueste la vida.

        Y aguante el que no se anime
        a meterse en tanto engorro
        o si no aprétese el gorro
        o para otra tierra emigre;

---

[154] *Bolada:* Entre los varios significados de este término, entendemos que el más adecuado aquí es el de ocasión propicia, oportunidad.

[155] *Armada:* Abertura del lazo, que se cierra para aprisionar a un animal.

[156] *Estancia:* Finca rural dedicada a la ganadería, de gran extensión.

149

1115 pero yo ando como el tigre
   que le roban los cachorros.

   Aunque muchos cren que el gaucho
   tiene un alma de reyuno,
   no se encontrará ninguno
1120 que no le dueblen las penas;
   mas no debe aflojar uno
   mientras hay sangre en las venas.

VII

   De carta de más [157] me vía
   sin saber a dónde dirme;
1125 mas dijieron que era vago
   y entraron a perseguirme.

   Nunca se achican los males,
   van poco a poco creciendo,
   y ansina me vide pronto
1130 obligao a andar juyendo.

   No tenía muger ni rancho,
   y a más era resertor;
   no tenía una prenda güena
   ni un peso en el tirador [158].

1135 A mis hijos infelices,
   pensé volverlos a hallar,
   y andaba de un lao al otro
   sin tener ni qué pitar.

   Supe una vez, por desgracia,
1140 que había un baile por allí,
   y medio desesperao
   a ver la milonga [159] fui.

---

[157] *De carta de más:* Nueva alusión al juego de la baraja.

[158] *Tirador:* Cinturón de cuero con bolsillos para el dinero. Adornado con monedas valiosas, ofrecía a veces —no era éste el caso de Fierro, claro está— un aspecto ostentoso.

[159] *Milonga:* Véase nota 123. A la definición dada anteriormente

Riunidos al pericón
tantos amigos hallé,
1145   que alegre de verme entre ellos
esa noche me apedé [160].

Como nunca en la ocasión
por peliar me dio la tranca [161],
y la emprendí con un negro
1150   que trujo una negra en ancas.

Al ver llegar la morena,
que no hacía caso de naides,
le dije con la mamúa:
—«Va...ca...yendo [162] gente al baile.»

1155   La negra entendió la cosa
y no tardó en contestarme,
mirándome como a perro:
—«Más *vaca* será su madre.»

Y dentró al baile muy tiesa,
1160   con más cola que una zorra,
haciendo blanquiar los dientes
lo mesmo que mazamorra:

—«Negra linda» —dije yo—.
Me gusta... pa la carona.»
1165   Y me puse a talariar [163]
esta coplita fregona:

---

hay que añadir que *milonga* equivale también simplemente a fiesta, baile en general, como lo corrobora aquí la inmediata mención del *pericón*.

[160] *Apedarse:* Emborracharse.

[161] *Tranca:* Borrachera.

[162] *Va...ca...yendo:* Este tipo de calambures originados por el procedimiento de hablar en forma entrecortada para proferir o insinuar insultos o palabras gruesas de modo equívoco es algo muy frecuente en la literatura gauchesca. Es fácil encontrar ejemplos en Hilario Ascasubi *(Aniceto el gallo,* en *Poesía gauchesca,* ed. de Jorge Luis Borges y Alfredo Bioy Casares, México, Fondo de C. E., 1955, v. II, páginas 263, 281 y ss.).

[163] *Talariar:* Tararear.

«A los blancos hizo Dios;
a los mulatos, San Pedro;
a los negros hizo el diablo
1170   para tizón del infierno.»

Había estao juntando rabia
el moreno dende ajuera:
en lo oscuro le brillaban
los ojos como linterna.

1175   Lo conocí retobao [164],
me acerqué y le dije presto:
—«Po...r...rudo [165] que un hombre sea,
nunca se enoja por esto.»

Corcovió el de los tamangos [166],
1180   y creyéndose muy fijo:
—«Más *porrudo* serás vos,
gaucho rotoso» —me dijo.

Y ya se me vino al humo [167],
como abuscarme la hebra [168],
1185   y un golpe le acomodé
con el porrón de ginebra.

Ay no más pegó el de ollín [169]
más gruñidos que un chanchito [170],
y pelando el envenao [171]
1190   me atropelló dando gritos.

---

[164] *Retobao (retobado):* Forrado, recubierto. Por extensión, irritado.

[165] *Porrudo:* De pelo abundante y enredado, que puede recordar al del negro; de ahí su carácter ofensivo en el contexto del poema.

[166] *Tamangos:* Calzado muy tosco consistente en una envoltura de cuero, frecuentemente usado por los negros.

[167] *Al humo:* A ciegas, atropellando.

[168] *La hebra:* Buscar la hebra equivale a buscar la veta en la madera para cortarla mejor. El paralelismo con la situación aquí planteada es claro.

[169] *El de ollín* (hollín): Naturalmente, el negro.

[170] *Chanchito:* El cerdo recibe generalmente en el poema el nombre de *chancho,* aunque Hernández usa alguna vez la palabra cerdo, no habitual en el español de América.

[171] *Envenao (envenado):* Cuchillo con mango de verga de toro.

Pegué un brinco y abrí cancha
diciéndoles: —«Caballeros,
dejen venir ese toro.
Solo nací…, solo muero.»

1195   El negro, después del golpe
se había el poncho refalao [172]
y dijo: —«Vas a saber
si es solo o acompañao.»

    Y mientras se arremangó
1200   yo me saqué las espuelas,
pues malicié que aquel tío
no era de arriar con las riendas [173].

    No hay cosa como el peligro
pa refrescar un mamao:
1205   hasta la vista se aclara
por mucho que aiga chupao.

    El negro me atropelló
como a quererme comer;
me hizo dos tiros seguidos
1210   y los dos le abarajé [174].

    Yo tenía un facón con S
que era de lima de acero;
le hice un tiro, lo quitó
y vino ciego el moreno.

---

[172] *Refalao* (refalado): *Refalar* es la derivación popular rioplatense de resbalar. Aparte de este significado puede tener el de robar y, en forma reflexiva, el de entrar más o menos subrepticiamente en algún sitio y también el de irse, trasladarse a otro lado.

[173] *Arriar (arrear) con las riendas:* Hacer andar a un animal manso con ligeros toques de riendas.

[174] *Abarajé:* El verbo *abarajar,* aparte de su posible confusión con *barajar,* significa, cuando se trata de una pelea a cuchillo, parar con esta arma los golpes del contrario; también ensartar al rival con el cuchillo.

1215   Y en el medio de las aspas [175]
         un planaso le asenté [176]
         que le largué culebriando
         lo mismo que buscapié.

         Le coloriaron las motas [177]
1220   con la sangre de la herida,
         y volvió a venir furioso
         como una tigra parida.

         Y ya me hizo relumbrar
         por los ojos el cuchillo,
1225   alcansando con la punta
         a cortarme en un carrillo.

         Me hirbió la sangre en las venas
         y me le afirmé al moreno,
         dándole de punta y hacha
1230   pa dejar un diablo menos.

         Por fin en una topada
         en el cuchillo lo alcé,
         y como un saco de güesos
         contra el cerco lo largué.

1235   Tiró unas cuantas patadas
         y ya cantó pa el carnero [178].

---

[175] *Aspas:* Normalmente, cuernos. Aquí, forma burlesca —muy común, por otra parte en el lenguaje gauchesco—, de aludir a la frente de un hombre.

[176] *Planazo:* Golpe dado con un arma cortante.

[177] *Motas:* Formas ensortijadas del pelo del negro.

[178] *Carnero:* Sepultura, fosa común, término bien atestiguado en la literatura hispanoamericana. Junto a *El carnero* de Juan Rodríguez Freile, que recuerda Carilla —pág. 136— podemos traer a colación la *Carta sobre la navegación a las Indias,* de Eugenio Salazar, donde se habla de «aposentos tan cerrados, oscuros y olorosos que parecen bóvedas o carneros de difuntos» (en Guillermo Díaz Plaja, *Antología mayor de la literatura hispanoamericana,* Barcelona, Labor, 1969, véase I, pág. 53) y el soneto «En el sepulcro de la Mujer de Pico de Oro», de Juan del Valle Caviedes en el que se lee: «¿Hasta tu dicha arrojas al carnero?» (cit. por Luis Alberto Sánchez en *Es-*

Nunca me puedo olvidar
de la agonía de aquel negro.

En esto la negra vino,
1240   con los ojos como agí [179],
y empesó, la pobre, allí
a bramar como una loba.
Yo quise darle una soba
a ver si la hacía callar;
1245   Mas pude reflexionar
que era malo en aquel punto,
y por respeto al dijunto
no la quise castigar.

Limpie el facón en los pastos [180],
1250   desaté mi redomón,
monté despacio y salí
al tranco [181] pa el cañadón [182].

Despúes supe que al finao
ni siquiera lo velaron
1255   y retobao en un cuero
sin resarle lo enterraron.

Y dicen que dende entonces,
cuando es la noche serena,
suele verse una luz mala
1260   como de alma que anda en pena.

Yo tengo intención a veces,
para que no pene tanto
de sacar de allí los güesos
y echarlos al campo santo.

---

critores representativos de América, Madrid, Gredos, 1963, véase I,
página 26).

[179] *Agí* (ají): Pimiento picante.

[180] *Pastos:* Pasto o pastos es la denominación habitual de la alta
hierba de la pampa que, en efecto, sirve de pasto para el ganado.
La palabra hierba o, más normalmente, yerba, designa otros tipos
de plantas más específicos y por antonomasia el mate.

[181] *Al tranco:* El tranco es el paso largo y firme del caballo.

[182] *Cañadón:* Hondonada llena de agua.

1265   Otra vez, en un boliche
estaba haciendo la tarde;
cayó un gaucho que hacía alarde
de guapo y de peliador.

A la llegada metió
1270   el pingo hasta la ramada[183],
y yo sin decirle nada
me quedé en el mostrador.

Era un terne [184] de aquel pago
que naides lo reprendía,
1275   que sus enriedos tenía
con el señor comendante.

Y como era protejido,
andaba muy entonao,
y a cualquiera desgraciao
1280   lo llevaba por delante.

¡Ah, pobre, si él mismo creiba
que la vida le sobraba!
Ninguno diría que andaba
Aguaitándolo la muerte.

1285   Pero ansí pasa en el mundo,
es ansí la triste vida:
pa todos está escondida
la güena o la mala suerte.

Se tiró al suelo; al dentrar
1290   le dió un empeyón a un vasco,
y me alargó un medio frasco
diciendo: —«Beba, cuñao» [185].

---

[183] *Ramada:* Lo mismo que *enramada,* cobertizo hecho de ramas sostenidas por palos.

[184] *Terne:* Valentón, buscador de peleas.

[185] *Cuñao* (cuñado): Tratamiento amistoso entre la gente del campo que en este caso denota, sin embargo, una familiaridad improcedente y ofensiva.

—«Por su hermana —contesté—
que por la mía no hay cuidao.»

1295   —¡Ah, gaucho! —me respondió—;
¿De qué pago será criollo?
«Lo andará buscando el oyo,
deberá tener güen cuero;
pero ande bala este toro
1300   no bala ningún ternero.»

Y ya salimos trensaos,
porque el hombre no era lerdo;
mas como el tino no pierdo
y soy medio lijerón,
1305   lo dejé mostrando el sebo
de un revés con el facón.

Y como con la justicia
no andaba bien por allí,
cuanto pataliar lo vi
1310   y el pulpero pegó el grito,
ya pa el palenque salí,
como haciéndome chiquito.

Monté y me encomendé a Dios,
rumbiando para otro pago;
1315   que el gaucho que llaman vago
no puede tener querencia,
y ansí, de estrago en estrago,
vive yorando la ausencia.

Él anda siempre juyendo.
1320   Siempre pobre y perseguido;
no tiene cueva ni nido,
como si juera maldito;
porque el ser gaucho... ¡barajo!,
el ser gaucho es un delito.

1325   Es como el patrio de posta [186]:
lo larga éste, aquél lo toma,

---

[186] *El patrio de posta:* Caballo perteneciente al Estado; lo mismo
que *reyuno* (véase nota 102) y utilizado en el servicio de correos, di-
ligencias, etc.

nunca se acaba la broma;
dende chico se parece
al arbolito que crece
1330   desemparao en la loma.

Le echan la agua del bautismo
aquel que nació en la selva;
«buscá madre que te envuelva»,
se dice el flaire, y lo larga,
1335   y dentra a crusar el mundo
como burro con la carga.

Y se cría viviendo al viento
como oveja sin trasquila,
mientras su padre en las filas
1340   anda sirviendo al Gobierno.
Aunque tirite en invierno,
naides lo ampara ni asila.

Le llaman gaucho mamao
si lo pillan divertido,
1345   y que es mal entretenido
si en un baile lo sorprienden;
hace mal si se defiende
y si no, se ve... fundido.

No tiene hijos, ni mujer,
1350   ni amigos ni protetores;
pues todos son sus señores,
sin que ninguno lo ampare.
Tiene la suerte del güey,
¿y dónde irá el güey que no are?

1355   Su casa es el pajonal [187],
su guarida es el desierto;
y si de hambre medio muerto
le echa el lazo a algún mamón [188],
lo persiguen como a plaito [189]
1360   porque es un «gaucho ladrón».

---

[187] *Pajonal:* Parte del campo con hierbas altas y secas, pajas, etc.
[188] *Mamón:* Ternero que aún mama.
[189] *Plaito:* Pleito.

Y si de un golpe por ay
la dan güelta panza arriba,
no hay un alma compasiva
que le rese una oración;
1365 tal vez como cimarrón
en una cueva lo tiran.

Él nada gana en la paz
y es el primero en la guerra;
no lo perdonan si yerra,
1370 que no saben perdonar,
porque el gaucho en esta tierra
sólo sirve pa votar.

Para él son los calabozos,
para él las duras prisiones,
1375 en su boca no hay razones
aunque la razón le sobre;
que son campanas de palo
las razones de los pobres.

Si uno aguanta, es gaucho bruto;
1380 si no aguanta, es gaucho malo.
¡Déle azote, déle palo!,
porque es lo que él necesita.
De todo el que nació gaucho
ésta es la suerte maldita.

1385 Vamos, suerte, vamos juntos,
dende que juntos nacimos;
y ya que juntos vivimos
sin podernos dividir,
yo abriré con mi cuchillo
1390 el camino pa seguir.

IX

Matreriando lo pasaba
y a las casas [190] no venía.

---

[190] *Casas:* Falso plural. Se refiere a cualquier casa o rancho.

Solía arrimarme de día;
mas, lo mesmo que el carancho [191],
1395   siempre estaba sobre el rancho
espiando a la polecía.

Viva el gaucho que anda mal
como zorro perseguido,
hasta que al menor descuido
1400   se lo atarasquen [192] los perros,
pues nunca le falta un yerro
al hombre más alvertido.

Y en esa hora de la tarde
en que tuito se adormese,
1405   que el mundo dentrar parece
a vivir es pura calma,
con las tristezas de su alma
al pajonal enderiese.

Bala el tierno corderito
1410   al lao de la blanca oveja,
y a la vaca que se aleja
llama el ternero amarrao;
pero el gaucho desgraciao
no tiene a quién dar su queja.

1415   Ansí es que al venir la noche
iva a buscar mi guarida,
pues ande el tigre se anida
también el hombre lo pasa,
y no quería que en las casas
1420   me rodiara la partida [193].

Pues aun cuando vengan ellos
cumpliendo con sus deberes,
yo tengo otros pareceres,
y en esa conducta vivo;
1425   que no debe un gaucho altivo
peliar entre las mujeres.

---

[191] *Carancho:* Ave de rapiña de la pampa.
[192] *Atarasquen: Atarascar* es verbo derivado de *tarascón,* gran mordisco.
[193] *La partida:* Milicia o policía rural.

Y al campo me iba solito,
más matrero que el venao,
como perro abandonao,
1430   a buscar una tapera,
o en alguna bisachera
pasar la noche tirao.

Sin punto ni rumbo fijo
en aquella inmensidá,
1435   entre tanta escuridá
anda el gaucho como duende;
allí jamás lo sorpriende
dormido la autoridá.

Su esperanza es el coraje,
1440   su guardia es la precaución,
su pingo es la salvación,
y pasa uno en su desvelo
sin más amparo que el cielo
ni otro amigo que la facón.

    ...   .
    ...   .
    ...   .

1445   Ansí me hallaba una noche,
contemplando las estrellas,
que le parecen más bellas
cuanto uno es más desgraciao
y que Dios las haiga criao
1450   para consolarse en ellas.

Les tiene el hombre cariño,
y siempre con alegría
ve salir las Tres Marías [194];
que si llueve, cuanto escampa,
1455   las estrellas son la guía
que el gaucho tiene en la pampa.

---

[194] *Las tres Marías:* En este caso se alude directamente a la constelación que anteriormente se utilizó como término metafórico (véase nota 94).

Aquí no valen dotores,
sólo vale la esperencia;
aquí verían su inocencia
1460 esos que todo lo saben;
porque esto tiene otra llave
y el gaucho tiene su cencia.

Es triste en medio del campo
pasarse noches enteras
1465 contemplando en sus carreras
las estrellas que Dios cría,
sin tener más compañía
que su soledá y las fieras.

Me encontraba, como digo,
1470 en aquella soledá,
entre tanta escuridá,
echando al viento mis quejas,
cuando el grito del chajá [195]
me hizo parar las orejas.

1475 Como lumbriz me pegué
al suelo para escuchar;
pronto sentí retumbar
las pisadas de los fletes,
y que eran muchos ginetes
1480 conocí sin vasilar.

Cuando el hombre está en peligro
no debe tener confianza;
ansí, tendido de panza,
puse toda mi atención,
1485 y ya escuché sin tardanza
como el ruido de un latón [196].

Se venían tan calladitos
que yo me puse en cuidao;

---

[195] *Chajá:* Ave zancuda, bastante corpulenta que suele anidar en lugares encharcados. Conocida como «centinela del campo», grazna de un modo característico en cuanto percibe algún ruido. Este es el motivo de que *Martín Fierro* se ponga en guardia al oírla.

[196] *Latón:* Nombre dado al sable por los gauchos.

```
        tal vez me habieran bombiao [197]
1490    y me venían a buscar;
        mas no quise disparar,
        que eso es de gaucho morao [198].


        Al punto me santigüé
        y eché de giñebra un taco [199];
1495    lo mesmito que el mataco [200]
        me arroyé con el porrón [201]:
        «Si han de darme pa tabaco [202],
        dije, ésta es güena ocasión.»


        Me refalé las espuelas
1500    para no peliar con grillos;
        me arremangué el calzoncillo [203]
        y me ajusté bien la faja,
        y en una mata de paja
        prové el filo del cuchillo.


1505    Para tenerlo a la mano
        el flete en el pasto até [204],
        la cincha le acomodé,
```

---

[197] *Bombiao:* De *bombiar* (bombear), espiar.

[198] *Morao* (morado): Tímido, cobarde.

[199] *Taco:* Trago.

[200] *Mataco:* Lo mismo que quirquincho, especie de armadillo de dura caparazón.

[201] *Me arroyé con el porrón:* Martín Fierro se puso en cuclillas, enrollándose (o *arroyándose)* como suele hacer el mataco cuando es atacado, mientras bebía de la botella de barro vidriado llamada *porrón.*

[202] *Dar pa tabaco:* No parece tratarse de un típico dicho gauchesco, sino de una expresión personal improvisada por Hernández, de sentido muy comprensible en este contexto.

[203] *Calzoncillo:* Calzones amplios, terminados en flecos sobre los que se colocaba el chiripá.

[204] *Até:* La ausencia de árboles o arbustos aguzaba el ingenio del gaucho para dejar atado su caballo en medio de la pampa. En ocasiones improvisaba una *estaca pampa,* introduciendo en un hoyo estrecho un hueso atado a la parte inicial del *maneador* o soga de cuero de cierta longitud del que quedaba sujeto el caballo. En otras, y sobre todo en situaciones de emergencia como la que aquí se describe, ataba el maneador hábilmente a la paja del suelo.

                    y en un trance como aquél,
                    haciendo espaldas en él
1510   quietito los aguardé.

                    Cuanto cerca los sentí
                    y que ay nomás se pararon,
                    los pelos se me erizaron,
                    y aunque nada vían mis ojos
1515   —«no se han de morir de antojo»—
                    les dije cuando llegaron.

                    Yo quise hacerles saber
                    que allí se hallaba un varón;
                    les conocí la intención,
1520   y solamente por eso
                    es que les gané el tirón [205],
                    sin aguardar voz de preso.

                    —«Vos sos un gaucho matrero»
                    —dijo uno, haciéndosé el güeno—.
1525   «Vos matastes un moreno
                    y otro en una pulpería,
                    y aquí está la polecía,
                    que viene a justar tus cuentas,
                    te va a alzar por las cuarenta [206]
1530   si te resistís hoy día.»

                    —«No me vengan —contesté—
                    con relación de dijuntos;
                    ésos son otros asuntos;
                    vean si me pueden llevar,
1535   que yo no me he de entregar
                    aunque vengan todos juntos.»

                    Pero no aguardaron más,
                    y se apiaron en montón.
                    Como a perro cimarrón
1540   me rodiaron entre tantos;

---

[205] *Gané el tirón. Ganar al tirón:* Equivale a adelantarse a la acción
de otro.
[206] *Alzar por las cuarenta:* Tratar con rigor. De nuevo encontra-
mos un modismo basado en el juego de naipes.

yo me encomendé a los santos,
y eché mano a mi facón.

Y ya vide el fogonazo
de un tiro de garabina;
1545   mas quiso le suerte indina
de aquel maula [207], que me errase,
y ay no más lo levantase,
lo mesmo que una sardina.

A otro que estaba apurao
1550   acomodando una bola,
le hice una dentrada sola
y le hice sentir el fierro,
y ya salió como el perro
cuando le pisan la cola.

1555   Era tanta la aflición
y la angurria que tenían,
que tuitos se me venían
donde yo los esperaba:
uno al otro se estorbaba
1560   y con las ganas no vían.

Dos de ellos, que traiban sables,
más garifos [208] y resueltos,
en las hilachas envueltos
en frente se me pararon,
1565   y a un tiempo me atropellaron
lo mesmo que perros sueltos.

Me fuí reculando en falso
y el poncho adelante eché,
y en cuanto le puso el pie
1570   uno medio chapetón [209],

---

[207] *Maula:* Cobarde. Es voz perteneciente al castellano general, pero
especialmente usada en el Río de la PLata.

[208] *Garifo:* De *jarifo,* término igualmente castizo que significa
hermoso, vistoso, adornado. Tiscornia ofrece varios ejemplos de su uso
en la literatura gauchesca con el sentido de apuesto, ufano, etcé-
tera (véase en la bibliografía su edición de *Martín Fierro,* pág. 356).

[209] *Chapetón:* Bisoño, inexperto. En otros países hispanoamerica-
nos se designa con esta palabra al español, si bien es término en
desuso.

de pronto le di el tirón
y de espaldas lo largué.

Al verse sin compañero
el otro se sofrenó;
1575 entonces le dentré yo,
sin dejarlo resollar,
pero ya empezó a aflojar
y a la pun...ta [210] disparó.

Uno que en una tacuara [211]
1580 había atao una tigera,
se vino como si fuera
palenque de atar terneros;
pero en dos tiros certeros
salió aullando campo ajuera.

1585 Por suerte en aquel momento
venía coloriando el alba,
y yo dije: «Si me salva
la Virgen en este apuro,
en adelante le juro
1590 ser más güeno que una malba.»

Pegué un brinco y entre todos
sin miedo me entreveré;
echo ovillo me quedé
y ya me cargó una yunta,
1595 y por el suelo la punta
de mi facón les jugué [212].

El más engolosinao
se me apió [213] con un hachazo,
se lo quité con el brazo,
1600 de no, me mata los piojos;

[210] *Pun...ta:* Eufemismo como *pucha.*

[211] *Tacuara:* Caña de gran tamaño.

[212] *Y por el suelo... les jugué:* Se trata de un alarde del atacado que raya el suelo con su cuchillo delante de sus enemigos.

[213] *Se me apió:* Está dicho que los atacantes se habían *apeado* ya de sus caballos, de modo que en este caso el verbo tiene el significado de iniciar una acción (como *se descolgó con...*).

y antes de que diera un paso
le eché tierra en los dos ojos.

Y mientras se sacudía
refregándose la vista,
1605   yo me le fuí como lista [214],
y ay no más me le afirmé
diciéndole: —«Dios te asista.»—
Y de un revés lo voltié.

Pero en ese punto mesmo
1610   sentí que por las costillas
un sable me hacía cosquillas,
y la sangre se me heló:
desde ese momento yo
me salí de mis casillas.

1615   Di para atrás unos pasos
hasta que pude hacer pie;
por delante me lo eché
de punta y tajos a un criollo,
metió la pata en un oyo,
1620   y yo al oyo lo mandé.

Tal vez en el corazón
lo tocó un santo bendito
a un gaucho, que pegó el grito.
Y dijo: «Cruz no consiente
1625   que se cometa el delito
de matar ansí un valiente.»

Y ay no más se me aparió,
dentrándole a la partida:
yo les hice otra envestida,
1630   pues entre dos era robo;
y el Cruz era como lobo
que defiende su guarida.

---

[214] *Como lista:* Para Tiscornia (ed. cit., pág. 287) se trata de una
elipsis parcial del dicho gauchesco *como lista de poncho.* Carilla
(ed. cit., pág. 151) se inclina a pensar en *(persona) lista.* En cualquier
caso la expresión alude a la rapidez y perspicacia con que Martín
Fierro se mueve frente a uno de sus enemigos.

167

                    Uno despachó al infierno
                  de dos que lo atropellaron;
1635   los demás remoliniaron,
                  pues íbamos a la fija,
                  y a poco andar dispararon
                  lo mesmo que sabandija.

                    Ay quedaban largo a largo
1640   los que estiraron la jeta;
                  otro iva como maleta [215],
                  y Cruz, de atrás, les decía:
                  —«Que venga otra polecía
                  a llevarlos en carreta.»

1645   Yo junté las osamentas,
                  me hinqué y les recé un bendito [216];
                  hice una cruz de un palito
                  y pedí a mi Dios clemente
                  me perdonara el delito
1650   de haber muerto tanta gente.

                    Dejamos amontanaos
                  a los pobres que murieron;
                  no sé si los recogieron,
                  porque nos fimos a un rancho,
1655   o si tal vez los caranchos
                  ay no más se los comieron.

                    Lo agarramos mano a mano
                  entre los dos al porrón;
                  en semejante ocasión
1660   un trago a cualquiera encanta,
                  y Cruz no era remolón
                  ni pijotiaba [217] garganta.

---

[215] *Maleta:* Alforja, bolsa de cuero o lona.

[216] *Un bendito:* Parece tratarse de una oración que comienza: «Bendito, alabado sea...», aunque para Tito Saubidet *(Vocabulario y refranero criollo,* Buenos Aires, Editorial Guillermo Kraft Ltda., página 39), *bendito* equivale simplemente a Padre Nuestro. Por extensión se llamaba *bendito* a una improvisada tienda de campaña formada por dos cueros pendientes de un palo largo, cuya inclinación recordaba la posición de las manos de quien reza (Vuelta, 413).

[217] *Pijotiaba:* De *pijotiar (pijotear),* mezquinar, cicatear. Cruz, evidentemente, no hurtaba su garganta a los tragos.

Calentamos los gargueros
y nos largamos muy tiesos,
1665   siguiendo siempre los besos
al pichel, y, por más señas,
íbamos como sigüeñas,
estirando los pescuezos.

—«Yo me voy —le dije—, amigo,
1670   donde la suerte me lleve,
y si es que alguno se atreve
a ponerse en mi camino,
yo seguiré mi destino,
que el hombre hace lo que debe.

1675   Soy un gaucho desgraciado,
no tengo donde ampararme,
ni un palo donde rascarme,
ni un árbol que me cubije;
pero ni aun esto me aflige,
1680   porque yo sé manejarme.

Antes de cair al servicio
tenía familia y hacienᵈa;
cuando volví, ni la prenda
me la habían dejao ya.
1685   Dios sabe en lo que vendrá
a parar esta contienda.»

X

CRUZ

Amigazo, pa sufrir
han nacido los varones.
Éstas son las ocasiones
1690   de mostrarse un hombre juerte,
hasta que venga la muerte
y lo agarre a coscorrones.

El andar tan despilchao [218]
ningún mérito me quita.

---

[218] *Despilchao (despilchado):* Andrajoso.

1695   Sin ser un alma bendita,
me duelo del mal ageno:
soy un pastel con relleno
que parece torta frita [219].

    Tampoco me faltan males
1700 y desgracias, le prevengo;
también mis desdichas tengo,
aunque esto poco me aflige:
yo sé hacerme el chancho rengo [220]
cuando la cosa lo esige.

1705   Y con algunos ardiles
voy viviendo, aunque rotoso;
a veces me hago el sarnoso
y no tengo ni un granito,
pero al chifle [221] voy ganoso
1710 como panzón al maíz frito.

    A mí no me matan penas
mientras tenga el cuero sano,
venga el sol en el verano
y la escarcha en el invierno:
1715 si este mundo es un infierno,
¿por qué afligirse el cristiano?

    Hagámosle cara fiera
a los males, compañero,
porque el zorro más matrero
1720 suele cair como un chorlito:
viene por un corderito
y en la estaca [222] deja el cuero.

    Hoy tenemos que sufrir
males que no tienen nombre:

---

[219] *Torta frita:* Manjar muy simple, claramente inferior al pastel.
Martín Fierro muestra así que vale más de lo que parece.

[220] *Rengo:* Cojo. Hacerse el chancho rengo: hacerse el infeliz,
el desvalido.

[221] *Chifle:* Vasija hecha con un asta de buey.

[222] *Estaca:* Las trampas para zorros consistían, «grosso modo», en
un lazo atado a una rama flexible o a una estaca.

1725   pero esto a naides lo asombre,
porque ansina es el pastel;
y tiene que dar el hombre
más vueltas que un carretel [223].

    Yo nunca me he de entregar
1730   a los brazos de la muerte;
arrastro mi triste suerte
paso a paso y como pueda,
que donde el débil se queda
se suele escapar el juerte.

1735   Y ricuerde cada cual
lo que cada cual sufrió,
que lo que es, amigo, yo
hago ansí la cuenta mía:
ya lo pasado pasó,
1740   mañana será otro día.

    Yo también tuve una pilcha [224]
que me enllenó el corazón;
y si en aquella ocasión
alguien me hubiera buscao,
1745   siguro que me había hallao
más prendido que un botón.

    En la güella del querer
no hay animal que se pierda...
Las mujeres no son lerdas,
1750   y todo gaucho es dotor
si pa cantarle al amor
tiene que templar las cuerdas.

    ¡Quién es de un alma tan dura
que no quiera una mujer!
1755   Lo alivia en su padecer:
si no sale calavera
es la mejor compañera
que el hombre puede tener.

---

[223] *Carretel:* Especie de carrete.
[224] *Pilcha:* Prenda de vestir o del recado de montar. También mujer amada, sentido en el que se emplea en este caso.

         Si es güena, no lo abandona
1760 cuando lo ve desgraciao;
         lo asiste con su cuidao
         y con afán cariñoso,
         y usté tal vez ni un rebozo [225]
         ni una pollera [226] le ha dao.

1765   Grandemente lo pasaba
         con aquella prenda mía,
         viviendo con alegría
         como la mosca en la miel.
         ¡Amigo, qué tiempo aquél!
1770 ¡La pucha, que la quería!

         Era la águila que a un árbol
         dende las nubes bajó;
         era más linda que el alba
         cuando va rayando el sol;
1775 era la flor deliciosa
         que entre el trevolar creció.

         Pero, amigo, el comendante
         que mandaba la milicia,
         como que no desperdicia
1780 se fue refalando a casa.
         Yo le conocía en la traza
         que el hombre traiba malicia.

         Él me daba voz de amigo,
         pero no le tenía fe;
1785 era el gefe y, ya se ve,
         no podía competir yo:
         en mi rancho se pegó
         lo mesmo que saguaipé [227]

         A poco andar, conocí
1790 que ya me había desvancao [228],

---

[225] *Rebozo:* Manto femenino.
[226] *Pollera:* Falda.
[227] *Saguaipé:* Sanguijuela de los terrenos bajos y encharcados de la zona litoral argentina.
[228] *Desbanca(d)o:* Término del juego de cartas aplicado aquí para describir de qué modo el tal jefe va arrebatando la mujer al gaucho.

y él siempre muy entonao,
aunque sin darme ni un cobre:
me tenía de lao a lao
como encomienda de pobre.

1795   A cada rato, de chasque [229]
me hacía dir a gran distancia;
ya me mandaba a una estancia,
ya al pueblo, ya a la frontera;
pero él en la comendancia
1800   no ponía los pies siquiera.

    Es triste a no poder más
el hombre en su padecer
si no tiene una mujer
que lo ampare y lo consuele;
1805   mas pa que otro se la pele
lo mejor es no tener.

    No me gusta que otro gallo
le cacaree a mi gallina.
Yo andaba ya con la espina,
1810   hasta que en una ocasión
lo pillé junto al jogón *
abrazándome a la china.

    Tenía el viejito una cara
de ternero mal lamido.
1815   Y al verlo tan atrevido
le dije: —«Que le aproveche;
que había sido pa el amor
como guacho [230] pa la leche.»

---

[229] *Chasque:* Mensajero, recadero. Se trata de una voz quechua *(chasqui)* mencionada y explicada por los historiadores de Indias y muy en especial por el Inca Garcilaso de la Vega en los *Comentarios reales*.

* Ed. 1878. En la de 1872 leemos: «lo solprendí en el jogón.»

[230] *Guacho:* Es también voz quechua *(huachu):* hijo ilegítimo, huérfano. Tratándose de animales, ternero, cordero, etc., que ha perdido a su madre sin estar criado.

Peló [231] la espada y se vino
1820 como a quererme ensartar,
pero yo, sin tutubiar,
le volví al punto a decir:
—«Cuidao no te vas a pér...tigo [232],
poné cuarta [233] pa salir.»

1825 Un puntaso me largó,
pero el cuerpo le saqué,
y en cuanto se lo quité,
para no matar un viejo,
con cuidao, medio de lejo,
1830 un planaso le asenté.

Y como nunca al que manda
le falta algún adulón,
uno que en esa ocasión
se encontraba allí presente
1835 vino apretando los dientes
como perrito mamón.

Me hizo un tiro de revuélver
que el hombre creyó siguro;
era confiao, y le juro
1840 que cerquita se arrimaba;
pero siempre en un apuro
se desentumen mis tabas.

Él me siguió menudiando [234],
mas sin poderme acertar;
1845 y yo, déle culebriar,
hasta que al fin le dentré
y ay no más lo despaché
sin dejarlo resollar.

---

[231] *Pelar:* Desenvainar, sacar.
[232] *Pértigo:* Lanza del carro o carreta a cuyo extremo se encuentra el yugo que sujeta a los bueyes. En esta ocasión la palabra es pretexto para producir un equívoco de grueso humorismo en cuanto la primera sílaba sugiere la forma contracta de un verbo malsonante.
[233] *Cuarta:* Soga utilizada para *cuartear* (véase nota 7). Como se vé, se trata de un uso en sentido figurado.
[234] *Menudiando:* Insistiendo en una acción. Hay que suponer que el *adulón* seguía acometiendo a Cruz con un arma blanca.

Dentré a campiar [235] en seguida
1850 al viejito enamorao.
El pobre se había ganao
en un noque [236] de lejía.
¡Quién sabe cómo estaría
del susto que había llevao!

1855 ¡Es sonso el cristiano macho
cuando el amor lo domina!
Él la miraba a la indina,
y una cosa tan jedionda
sentí yo, que ni en la fonda [237]
1860 he visto tal jedentina.

Y le dije: —«Pa su agüela
han de ser esas perdices.»
Yo me tapé las narices
y me salí estornudando,
1865 y el viejo quedó olfatiando
como chico con lumbrices.

Cuando la mula recula,
señal que quiere cosiar,
Ansí se suele portar,
1870 aunque ella lo disimula:
recula como la mula
la mujer, para olvidar.

Alcé mi poncho y mis prendas
y me largué a padecer
1875 por culpa de una muger
que quiso engañar a dos;
al rancho le dije *adiós,*
para nunca más volver.

---

[235] *Campiar (campear):* Buscar en el campo animales o personas.
[236] *Noque:* Recipiente de cuero que puede ser de gran tamaño.
[237] *Fonda:* Puede tratarse de una alusión a la suciedad y mal olor de las fondas existentes en los pueblos de mayor importancia. Malaret *(Diccionario de americanismos,* Buenos Aires, Emecé, 1946) señala que en el Río de la Plata fonda significa *restaurante de mala muerte.* Se nos ocurre pensar, no obstante, si Fierro no se estará refiriendo, convirtiendo la palabra en femenina humorísticamente, al *fondo,* denominación habitual y eufemística del excusado o letrina.

Las mujeres, dende entonces,
1880　conocí a todas en una;
ya no he de probar fortuna
con carta tan conocida:
muger y perra parida,
no se me acerca ninguna.

XI

1885　A los otros les brotan las coplas
como agua de manantial;
pues a mí me pasa igual:
aunque las mías nada valen,
de la boca se me salen
1890　como ovejas del corral.

Que en puertiando la primera,
ya la siguen las demás,
y en montones las de atrás
contra los palos se estrellan,
1895　y saltan y se atropellan
sin que se corten jamás.

Y aunque yo por mi inocencia
con gran trabajo me esplico,
cuando llego a abrir el pico,
1900　téngalo por cosa cierta:
sale un verso y en la puerta
ya asoma el otro el hocico.

Y emprésteme su atención,
me oirá relatar las penas
1905　de que traigo la alma llena,
porque en toda circunstancia
paga el gaucho su inorancia
con la sangre de las venas.

Después de aquella desgracia
1910　me refugié en los pajales *;

---

* Ed. 1878. En la de 1872 leemos: «me guarecí en los pajales».

andube entre los cardales
como vicho sin guarida;
pero, amigo, es esa vida
como vida de animales.

1915   Y son tantas las miserias
en que me he sabido ver,
que con tanto padecer
y sufrir tanta aflición
malicio que he de tener
1920   un callo en el corazón.

    Ansí andaba como guacho
cuando pasa el temporal.
Supe una vez, pa. mi mal,
de una milonga que había,
1925   y ya pa la pulpería
enderecé mi bagual.

    Era la casa del baile
un rancho de mala muerte,
y se enllenó de tal suerte
1930   que andábamos a empujones:
nunca faltan encontrones
cuando el pobre se divierte.

    Yo tenía unas medias botas
con tamaños verdugones;
1935   me pusieron los talones
con crestas como los gallos.
¡Si viera mis afliciones
pensando yo que eran callos!

    Con gato [238] y con fandanguillo
1940   había empezado el changango [239],
y para ver el fandango
me colé haciéndome bola:
mas metió el diablo la cola
y todo se volvió pango [240].

---

[238] *Gato:* Danza criolla zapateada.
[239] *Changango:* Guitarra ordinaria. Para Santiago Lugones (véase su citada edición del *Martín Fierro,* pág. 116), bailongo.
[240] *Pango:* Enredo, confusión, trifulca.

1945   Había sido el guitarrero
un gaucho duro de boca,
yo tengo paciencia poca
pa aguantar cuando no debo;
a ninguno me le atrevo,
1950   pero me halla el que me toca.

A bailar un pericón
con una moza salí,
y cuando me vido allí
sin duda me conoció,
1955   y estas coplitas cantó,
como por rairse de mí:

«Las mujeres son todas [241]
como las mulas,
yo no digo que todas,
1960   pero hay algunas
que a las aves que vuelan
les sacan plumas.

Hay gauchos que presumen
de tener damas.
1965   no digo que presumen,
pero se alaban,
y a lo mejor los dejan
tocando tablas» [242].

Se secretiaron las hembras,
1970   y yo ya me encocoré.
Volié la anca [243] y le grité:
—«Dejá de cantar... chicharra.»
Y de un tajo a la guitarra
tuitas las cuerdas corté.

---

[241] *Las mujeres son...:* Tito Saubidet en su *Vocabulario* (pág. 176) ofrece una letra de *gato* creada en 1826 por Abdón González, que es la misma que encontramos aquí reproducida con alguna variante («Las mujeres son todas / como las mulas... / Yo no digo por todas, / digo de algunas...»).

[242] *Tocando tablas:* Pelado, arruinado.

[243] *Volié la anca:* Me enfrenté con él. *Voliar (volear) la anca* significa normalmente echar pie a tierra.

178

1975   Al punto salió de adentro *
        un gringo con un jusil;
        pero nunca he sido vil,
        poco el peligro me espanta:
        ya me refalé la manta
1980   y la eché sobre el candil.

            Gané en seguida la puerta
        gritando: —«Naides me ataje.»
        Y alborotao el hembraje
        lo que [244] todo quedó escuro,
1985   empezó a verse en apuro
        mesturao con el gauchage.

            El primero que salió
        fue el cantor, y se me vino;
        pero yo no pierdo el tino
1990   aunque haiga tomao un trago,
        y hay algunos por mi pago
        que me tienen por ladino.

            No ha de haber achocao otro;
        le salió cara la broma.
1995   A su amigo, cuando toma,
        se le despeja el sentido,
        y el pobrecito había sido
        como carne de paloma.

            Para prestar sus socorros
2000   las mujeres no son lerdas:
        antes que la sangre pierda
        lo arrimaron a unas pipas.
        Ay lo dejé con las tripas
        como pa que hiciera cuerdas.

2005   Monté y me largué a los campos
        más libre que el pensamiento,
        como las nubes al viento,
        a vivir sin paradero;

---

* Ed. 1878. En la de 1872 leemos: «Al grito salió de adentro.»
[244] *Lo que:* Locución temporal muy común: en cuanto, cuando.

que no tiene el que es matrero
2010 nido, ni rancho, ni asiento.

No hay fuerza contra el destino
que le ha señalao el cielo;
y aunque no tenga consuelo,
aguante el que está en trabajo:
2015 ¡Nadies se rasca pa abajo
ni se lonjea [245] contra el pelo!

Con el gaucho desgraciao
no hay uno que no se entone [246].
La menor falta lo espone *
2020 a andar con los avestruces.
Faltan otros con más luces
y siempre hay quien los perdone.

XII

Yo no sé qué tantos meses
esta vida me duró;
2025 a veces nos obligó
la miseria a comer potro:
me había acompañao con otros
tan desgraciaos como yo.

Mas ¿para qué platicar
2030 sobre esos males, canejo?
Nace el gaucho y se hace viejo
sin que mejore su suerte,
hasta que por ay la muerte
sale a cobrarle el pellejo.

2035 Pero como no hay desgracia
que no acabe alguna vez,

---

[245] *Se lonjea:* No es normal el reflexivo con este verbo. Claro que se trata de un uso figurado. Lo habitual es *lonjear,* afeitar la piel de un caballo para extraer a continuación una lonja de ella.

[246] *Se entone:* De *entonarse,* envalentonarse.

* Ed. 1878. En la de 1872 leemos: «la mesma falta lo espone».

me aconteció que después
de sufrir tanto rigor,
una amigo, por favor,
2040   me compuso con el juez.

Le alvertiré que en mi pago
ya no va quedando un criollo;
se los ha tragao el oyo,
o juido, o muerto en la guerra,
2045   porque, amigo, en esta tierra
nunca se acaba el embrollo.

Colijo que jue para eso [247]
que me llamó el juez un día
y me dijo que quería
2050   hacerme a su lao venir,
pa que dentrase a servir
de soldao de polecía.

Y me largó una ploclama
tratándome de valiente,
2055   que yo era un hombre decente
y que dende aquel momento
me nombraba de sargento
pa que mandara la gente.

Ansí estuve en la partida,
2060   pero ¿qué había de mandar?
Anoche al irlo a tomar [248]
vida güena coyontura,

---

[247] *Jue para eso que:* La construcción con *que galicado* en el habla gauchesca prueba, como opinaba Henríquez Ureña, que aquélla no era debida exclusivamente a influencia francesa sino que tiene en parte su origen en la práctica popular. No es, en efecto, difícil aceptar que el pueblo en Hispanoamérica redujo en muchos sectores la enfática estructura *es para eso para lo que, es por eso por lo que,* etc., por cuenta propia. La existencia del mismo fenómeno en el lenguaje culto —donde sin duda el modelo francés fue determinante— apoyaría la difusión popular de la construcción. En España, donde según Cuervo tiene ésta su origen, el rechazo culto pudo impedir que prosperara. (Véase Charles E. Kany, *Sintaxis hispanoamericana,* Madrid, Gredos, 1969, pág. 297, para un acercamiento al tema.)

[248] *Al irlo a tomar:* Al ir a prender a Fierro.

y a mí no me gusta andar
con la lata [249] a la cintura.

  ...   ...
  ...   ...
  ...   ...

2065 Ya conoce, pues, quién soy;
tenga confianza conmigo:
Cruz le dió mano de amigo
y no lo ha de abandonar;
juntos podemos buscar
2070 pa los dos un mesmo abrigo.

  Andaremos de matreros
si es preciso pa salvar.
Nunca nos ha de faltar
ni un güen pingo pa juir,
2075 ni un pajal ande dormir,
ni un matambre [250] que ensartar.

  Y cuando sin trapo alguno
nos haiga el tiempo dejao,
yo le pediré emprestao
2080 el cuero a cualquiera lobo [251],
y hago un poncho, si lo sobo,
mejor que poncho engomao.

  Para mí la cola es pecho
y el espinaso es cadera;
2085 hago mi nido ande quiera

---

[249] *Lata:* Sable (anteriormente Fierro lo ha denominado *latón,*
como se recordará; véase nota 196).

[250] *Matambre.* Carne de la res entre las costillas y el pellejo, muy
buscada por los gauchos. Ya Concolorcorvo nos dice que éstos «otras
veces matan sólo una vaca o novillo por comer el matambre». También
lo hacían «solamente por comer una lengua, que asan en el rescoldo»
(«El lazarillo..., pág. 136).

[251] *Lobo:* Según Santiago Lugones (ed. cit., pág. 122), en esta oca-
sión se alude a un lobo marino (lo cual parece muy discutible). No
así en las anteriores en que la palabra lobo es mencionada, a pesar
de que el lobo común no existe en la pampa (véase págs. 86 y 102).

y de lo que encuentre como;
me echo tierra sobre el lomo
y me apeo en cualquier tranquera.

Y dejo rodar la bola,
2090 que algún día ha de parar *.
Tiene el gaucho que aguantar
hasta que lo trague el oyo
o hasta que venga algún criollo
en esta tierra a mandar.

2095 Lo miran al pobre gaucho
como carne de cogote [252];
lo tratan al estricote [253];
y si ansí las cosas andan
porque quieren los que mandan,
2100 aguantemos los azotes.

¡Pucha, si usté los oyera
como yo en una ocasión
tuita la conversación
que con otro tuvo el juez!
2105 Le asiguro que esa vez
se me achicó el corazón.

Hablaban de hacerse ricos
con campos en la frontera;
de sacarla más ajuera
2110 donde había campos baldidos
y llevar de los partidos
gente que la defendiera.

Todo se güelven proyetos
de colonias y carriles,
2115 y tirar la plata a miles
en los gringos enganchaos,

----

* Ed. 1878. En la de 1872 leemos «que algún día se ha de parar»
tras la corrección manual hecha por Hernández.
[252] *Carne de cogote:* La menos aprovechable de la res. De hecho
no se consumía.
[253] *Al estricote:* De mala manera. Es modismo tradicional español.

mientras al pobre soldao
le pelan la chaucha [254] ¡ah, viles!

Pero si siguen las cosas
2120   como van hasta el presente
puede ser que redepente
veamos el campo disierto
y blanquiando solamente
los güesos de los que han muerto.

2125   Hace mucho que sufrimos
la suerte reculativa.
Trabaja el gaucho y no arriba,
pues a lo mejor del caso
lo levantan de un sogaso
2130   sin dejarle ni saliva.

De los males que sufrimos
hablan mucho los puebleros [255];
pero hacen como los teros [256]
para esconder sus niditos:
2135   en un lao pegan los gritos
y en otro tienen los güevos.

Y se hacen los que no aciertan
a dar con la coyontura:
mientras al gaucho lo apura
2140   con rigor la autoridá,
ellos a la enfermedá
le están errando la cura.

---

[254] *Le pelan la chaucha.* Le arruinan. *Pelar la chaucha* (judía o frijol tierno) puede significar también esgrimir el facón.

[255] *Puebleros:* Habitantes de las ciudades o pueblos importantes.

[256] *Teros:* Aves zancudas que habitan cerca de riachuelos o lugares húmedos. Siempre vigilantes ante el peligro, que advierten, como el chajá, con un característico graznido, usan de la ingeniosa treta descrita para proteger sus huevos.

XIII

MARTÍN FIERRO

Ya veo que somos los dos
astillas del mesmo palo:
2145 yo paso por gaucho malo
y usté anda del mesmo modo,
y yo, pa acabarlo todo,
a los indios me refalo [257].

Pido perdón a mi Dios,
2150 que tantos bienes me hizo;
pero dende que es preciso
que viva entre los infieles
yo seré cruel con los crueles:
ansí mi suerte lo quiso.

2155 Dios formó lindas las flores,
delicadas como son;
les dio toda perfección
y cuanto él era capaz;
pero al hombre le dio más
2160 cuando le dio el corazón.

Le dio claridá a la luz,
juerza en su carrera al viento,
le dio vida y movimiento
dende la águila al gusano;
2165 pero más le dio al cristiano
al darle el entendimiento.

Y aunque a las aves les dio,
con otras cosas que inoro,
esos piquitos como oro
2170 y un plumaje como tabla,
le dio al hombre más tesoro
al darle una lengua que habla.

Y dende que dio a las fieras
esa juria tan inmensa,

---

[257] *Me refalo:* Véase lo dicho en la nota 172.

2175 que no hay poder que las vensa
ni nada que las asombre,
¿qué menos le daría al hombre
que el valor pa su defensa?

Pero tantos bienes juntos
2180 al darle, malicio yo
que en sus adentros pensó
que el hombre los precisaba,
pues los bienes igualaba *
con las penas que le dio.

2185 Y yo, empujao por las mías,
quiero salir de este infierno.
Ya no soy pichón muy tierno
y sé manejar la lanza
y hasta los indios no alcanza
2190 la facultá del gobierno.

Yo sé que allá los caciques
amparan a los cristianos,
y que los tratan de «hermanos»
cuando se van por su gusto.
2195 ¿A qué andar pasando susto?
Alcemos el poncho [258] y vamos.

En la cruzada [259] hay peligros,
pero ni aun esto me aterra:
yo ruedo sobre la tierra
2200 arrastrao por mi destino,
y si erramos el camino...
no es el primero que lo erra.

Si hemos de salvar o no,
de esto naides nos responde;
2205 derecho ande el sol se esconde
tierra adentro hay que tirar;

_____

* Ed. 1978. En la de 1872 leemos: «que los bienes igualaban».
[258] *Alcemos el poncho. Alzar el poncho* es huir, marcharse y también rebelarse contra la autoridad.
[259] *Cruzada:* Cruce (del desierto).

algún día hemos de llegar,
después sabremos a dónde.

　　　　No hemos de perder el rumbo,
2210　los dos somos güena yunta.
　　　　El que es gaucho va ande apunta,
　　　　aunque inore ande se encuentra.
　　　　Pa el lao en que el sol se dentra
　　　　dueblan los pastos la punta.

2215　De hambre no pereceremos,
　　　　pues, según otros me han dicho,
　　　　en los campos se hallan vichos
　　　　de lo que uno necesita...
　　　　gamas [260], matacos, mulitas [261],
2220　avestruces y quirquinchos [262].

　　　　Cuando se anda en el desierto,
　　　　se come uno hasta las colas;
　　　　lo han cruzao mugeres solas,
　　　　llegando al fin con salú,
2225　y a de ser gaucho el ñandú [263]
　　　　que se escape de mis bolas.

　　　　Tampoco a la sé le temo,
　　　　yo la aguanto muy contento:
　　　　busco agua olfatiando el viento,
2230　y dende que no soy manco,

---

[260] *Gamas:* Venados hembras.

[261] *Mulitas:* La *mulita* es un mamífero desdentado, de unos treinta centímetros de largo, cuyo cuerpo se halla recubierto de una concha escamosa con fajas amarillentas y negras. Es, pues, uno más en la familia de los armadillos, tan bien representada en el poema. Su carne era muy apreciada por las gentes del campo rioplatense.

[262] *Quirquinchos:* Todos los armadillos reciben el nombre genérico de *quirquincho,* aunque, como señala Santiago Lugones (ed. cit., página 127), «en algunas partes se le dice quirquincho exclusivamente al *dasypus vellerosus pannosus* de Fischer, armadillo parecido al peludo».

[263] *Ha de ser gaucho el ñandú:* La·magnificación de las cualidades del gaucho ha llevado a convertir, a veces, la palabra en calificativo aplicable, curiosamente, incluso a animales. Del mismo modo, *gauchada* es sinónimo de acto generoso, noble.

ande hay duraznillo blanco
cabo y la saco al momento.

Allá habrá siguridá,
ya que aquí no la tenemos;
2235   menos males pasaremos
y ha de haber grande alegría
el día que nos descolguemos
en alguna toldería [264].

Fabricaremos un toldo [265],
2240   como lo hacen tantos otros,
con unos cueros de potro,
que sea sala y sea cocina.
¡Tal vez no falte una china [266]
que se apiade de nosotros!

2245   Allá no hay que trabajar,
vive uno como un señor.
De cuando en cuando, un malón,
y si de él sale con vida,
lo pasa echao panza arriba
2250   mirando dar güelta el sol.

Y ya que a juerza de golpes
la suerte nos dejó a flus [267],
puede que allá veamos luz
y se acaben nuestras penas:
2255   todas las tierras son güenas,
vámosnos, amigo Cruz.

El que maneja las bolas,
y que sabe echar un pial [268]
y sentársele a un bagual *

---

[264] *Toldería:* Poblado indio formado por *toldos.*
[265] *Toldo:* Rancho indio pampa hecho con cuero y palos.
[266] *China:* Puede comprobarse lo dicho en la nota 11.
[267] *A flus:* Sin dinero. Es expresión perteneciente al juego de cartas.
Aquí, por extensión, desamparados, desprovistos de todo.
[268] *Pial:* Véase nota 34.
  * Ed. 1878. En la de 1872 leemos «o sentarse en un bagual».

2260   sin miedo de que lo baje,
entre los mesmos salvajes
no puede pasarlo mal.

El amor, como la guerra,
lo hace el criollo con canciones.
2265   A más de eso, en los malones
podemos aviarnos de algo.
En fin, amigo, yo salgo
de estas pelegrinaciones.

...   .
...   .
...   .

En este punto el cantor
2270   buscó un porrón pa consuelo,
echó un trago como un cielo,
dando fin a su argumento,
y de un golpe al istrumento
lo hizo astillas contra el suelo.

2275   —«Ruempo —dijo— la guitarra,
pa no volverme a tentar *;
ninguno la ha de tocar,
por siguro tenganló,
pues naides ha de cantar
2280   cuando este gaucho cantó.»

Y daré fin a mis coplas
con aire de relación.
Nunca falta un preguntón
más curioso que mujer,
2285   y tal vez quiera saber
cómo fue la conclusión.

Cruz y Fierro, de una estancia
una tropilla se arriaron;
por delante se la echaron,
2290   como criollos entendidos,

* Ed. 1878. En la de 1872 leemos: «pa no volverla a templar».

189

y pronto sin ser sentidos
por la frontera cruzaron.

Y cuando la habían pasao,
una madrugada clara,
2295   le dijo Cruz que mirara
las últimas poblaciones,
y a Fierro dos lagrimones
le rodaron por la cara.

Y siguiendo el fiel del rumbo
2300   se entraron en el desierto.
No sé si los habrán muerto
en alguna correría,
pero espero que algún día
sabré de ellos algo cierto.

2305   Y ya con estas noticias
mi relación acabé.
Por ser ciertas las conté
todas las desgracias dichas:
es un telar de desdichas
2310   cada gaucho que usté ve.

Pero ponga su esperanza
en el Dios que lo formó;
y aquí me despido yo,
que he relatao a mi modo *
2315   *males que conocen todos,*
pero que naides contó.

---

* Ed. 1878. En la de 1872 leemos: «que referí ansí a mi modo».

La vuelta de Martín Fierro

LA VUELTA

DE

MARTIN FIERRO

POR

JOSÉ HERNANDEZ

PRIMERA EDICION, ADORNADA CON DIEZ LAMINAS

SE VENDE EN TODAS LAS LIBRERIAS DE BUENOS AIRES

Depósito central: LIBRERIA DEL PLATA, Calle Tacuari, 17

1879

CUATRO PALABRAS DE CONVERSACIÓN
CON LOS LECTORES

Entrego a la benevolencia pública, con el título *La vuelta de Martín Fierro,* la segunda parte de una obra que ha tenido una acogida tan generosa, que en seis años se han repetido once ediciones, con un total de cuarenta y ocho mil ejemplares.

Esto no es vanidad de autor, porque no rindo tributo a esa falsa diosa; ni bombo de editor, porque no lo he sido nunca de mis humildes producciones.

Es un recuerdo oportuno y necesario para explicar por qué el primer tiraje del presente libro consta de veinte mil ejemplares, divididos en cinco secciones o ediciones de a cuatro mil números cada una; y agregaré que confío en que el acreditado Establecimiento Tipográfico del señor Coni hará una impresión esmerada, como la tienen todos los libros que salen de sus talleres.

Lleva también diez ilustraciones incorporadas en el texto, y creo que en los dominios de la literatura es la primera vez que una obra sale de las prensas nacionales con esta mejora.

Así se empieza.

Las láminas han sido dibujadas y calcadas en la piedra por don Carlos Clerice, artista compatriota que llegará a ser notable en su ramo, porque es joven, tiene escuela, sentimiento artístico y amor al trabajo.

El grabado ha sido ejecutado por el señor Supot, que posee el arte nuevo y poco generalizado todavía entre nosotros de fijar en láminas metálicas lo que la habilidad del litógrafo ha calcado en la piedra, creando o imaginando posiciones que interpreten con claridad y sentimiento la escena descrita en el verso.

No se ha omitido, pues, ningún sacrificio a fin de hacer una publicación en las más aventajadas condiciones artísticas.

En cuanto a su parte literaria, sólo diré que no se debe perder de vista al juzgar los defectos del libro que es copia fiel de una original que los tiene, y repetiré que muchos defectos están allí con el objeto de hacer más evidente y clara la imitación de los que lo son en realidad.

Un libro destinado a despertar la inteligencia y el amor a la lectura en una población casi primitiva, a servir de provechoso recreo, después de las fatigosas tareas, a millares de personas que jamás han leído, debe ajustarse estrictamente a los usos y costumbres de esos mismos lectores, rendir sus ideas e interpretar sus sentimientos en su mismo lenguaje, en sus frases más usuales, en su forma más general, aunque sea incorrecta; con sus imágenes de mayor relieve y con sus giros más característicos, a fin de que el libro se identifique con ellos de una manera tan estrecha e íntima, que su lectura no sea sino una continuación natural de su existencia.

Sólo así pasan sin violencia del trabajo al libro; y sólo así esa lectura puede serles amena, interesante y útil.

¡Ojalá hubiera un libro que gozara del dichoso privilegio de circular incesantemente de mano en mano en esta inmensa población diseminada en nuestras vastas campañas, y que bajo una forma que lo hiciera agradable, que asegurara su popularidad, sirviera de ameno pasatiempo a sus lectores!, pero:

Enseñando que el trabajo honrado es la fuente principal de toda mejora y bienestar.

Enalteciendo las virtudes morales que nacen de la ley natural y que sirven de base a todas las virtudes sociales.

Inculcando en los hombres el sentimiento de veneración hacia su Creador, inclinándolos a obrar bien.

Afeando las supersticiones ridículas y generalizadas que nacen de una deplorable ignorancia.

Tendiendo a regularizar y dulcificar las costumbres, enseñando por medios hábilmente escondidos la moderación y el aprecio de sí mismo, el respeto a los demás, estimulando la fortaleza por el espectáculo del infortunio acerbo, aconsejando la perseverancia en el bien y la resignación en los trabajos.

Recordando a los Padres los deberes que la naturaleza les impone para con sus hijos, poniendo ante sus ojos los males que produce su olvido, induciéndolos por ese medio a que mediten y calculen por sí mismos todos los beneficios de su cumplimiento.

Enseñando a los hijos cómo deben respetar y honrar a los autores de sus días.

Fomentando en el esposo el amor a su esposa, recordando a ésta los santos deberes de su estado; encareciendo la felicidad del hogar, enseñando a todos a tratarse con respeto recíproco, robusteciendo por todos estos medios los vínculos de la familia y de la sociabilidad.

Afirmando en los ciudadanos el amor a la libertad, sin apartarse del respeto que es debido a los superiores y magistrados.

Enseñando a hombres con escasas nociones morales que deben ser humanos y clementes, caritativos con el huérfano y con el desvalido, fieles a la amistad, gratos a los favores recibidos, enemigos de la holgazanería y del vicio, conformes con los cambios de fortuna, amantes de la libertad, tolerantes, justos y prudentes siempre.

Un libro que todo esto, más que esto o parte de esto enseñara sin decirlo, sin revelar su pretensióin, sin dejarla conocer siquiera, sería indudablemente un buen libro, y por cierto que levantaría el nivel moral e intelectual de sus lectores, aunque dijera *naides* por *nadie, resertor* por *desertor, mesmo* por *mismo* u otros barbarismos semejantes, cuya enmienda le está reservada a la escuela, llamada a llenar un vacío que el poema debe respetar, y a corregir vicios y defectos de fraseología, que son también elementos de que se debe apoderar el arte para combatir y extirpar males morales más fundamentales y trascendentes, examinándolos bajo el punto de vista de una filosofía más elevada y pura.

El progreso de la locución no es la base del progreso social, y un libro que se propusiera tan elevados fines debería prescindir por completo de las delicadas formas de la cultura de la frase, subordinándose a las imperiosas exigencias de sus propósitos moralizadores, que serían en tal caso el éxito buscado.

Los personajes colocados en escena deberían hablar en su lenguaje peculiar y propio, con su originalidad, su gracia y sus defectos naturales, porque, despojados de ese ropaje, lo serían igualmente de su carácter típico, que es lo único que los hace simpáticos, conservando la imitación y la verosimilitud en el fondo y en la forma.

Entra también en esta parte la elección del prisma a través del cual le es permitido a cada uno estudiar sus tiempos. Y aceptando esos defectos como un elemento, se idealiza también, se piensa, se inclina a los demás a que piensen igualmente, y se agrupan, se preparan y conservan pequeños monumentos de arte para los que han de estudiarnos mañana y levantar el grande monumento de la historia de nuestra civilización.

El gaucho no conoce ni siquiera los elementos de su propio idioma, y sería una impropiedad, cuando menos, y una falta de verdad muy censurable, que quien no ha abierto jamás un libro siga la reglas de arte de Blair, Hermosilla o la Academia.

El gaucho no aprende a cantar. Su único maestro es la espléndida naturaleza que en variados y majestuosos panoramas se extiende delante de sus ojos.

Canta porque hay en él cierto impulso moral, algo de métrico, de rítmico que domina en su organización, y que lo lleva hasta el extraordinario extremo de que todos sus refranes, sus dichos agudos, sus proverbios comunes son expresados en dos versos octosílabos perfectamente medidos, acentuados con inflexible regularidad, llenos de armonía, de sentimiento y de profunda intención.

Eso mismo hace muy difícil, si no de todo punto imposible, distinguir y separar cuáles son los pensamientos originales del autor y cuáles los que son recogidos de las fuentes populares.

No tengo noticia que exista ni que haya existido una raza de hombre aproximado a la naturaleza, cuya sabiduría proverbial llene todas las condiciones rítmicas de nuestros proverbios gauchos.

Qué singular es y qué digno de observación, el oír a nuestros paisanos más incultos expresar en dos versos claros y sencillos máximas y pensamientos morales que las naciones más antiguas, la India y la Persia, conservaban como un tesoro inestimable de su sabiduría proverbial; que los griegos escuchaban con veneración en boca de sus sabios más profundos, de Sócrates, fundador de la moral, de Platón y de Aristóteles; que entre los latinos difundió gloriosamente el afamado Séneca; que los hombres del Norte les dieron lugar preferente en su robusta y enérgica literatura; que la civilización moderna repite por medio de sus moralistas más esclarecidos, y que se hallan consagrados fundamentalmente en los códigos religiosos de todos los grandes reformadores de la humanidad.

Indudablemente que hay cierta semejanza íntima, cierta identidad misteriosa entre todas las razas del globo que sólo estudian en el gran libro de la naturaleza, pues que de él deducen y vienen deduciendo desde hace más de tres mil años la misma enseñanza, las mismas virtudes naturales, expresadas en prosa por todos los hombres del globo, y en verso por los gauchos que habitan las vastas y fértiles comarcas que se extienden a las dos márgenes del Plata.

El corazón humano y la moral son los mismos en todos los siglos.

Las civilizaciones difieren esencialmente. «Jamás se hará —dice el doctor don V. F. López en su prólogo a *Las neurosis*— un profesor o un catedrático europeo de un bracma». Así debe ser: pero no ofrecería la misma dificultad el hacer de un gaucho un bracma lleno de sabiduría, si es que los bracmas hacen consistir toda su ciencia en su sabiduría proverbial, según los pinta el sabio conservador de la Biblioteca Nacional de París en *La sabiduría popular de las naciones,* que difundió en el Nuevo Mundo el americano Pazos Kanki.

Saturados de ese espíritu gaucho hay entre nosotros algunos poetas de formas muy cultas y correctas, y no ha de escasear el género porque es una producción legítima y espontánea del país, y que en verdad no se manifiesta únicamente en el terreno florido de la literatura.

Concluyo aquí, dejando a la consideración de los benévolos lectores lo que yo no puedo decir sin extender demasiado este prefacio, poco necesario en las humildes coplas de un hijo del desierto.

¡Sea el público indulgente con él! y acepte esta humilde producción que le dedicamos como que es nuestro mejor y más antiguo amigo.

La originalidad de un libro debe empezar en el prólogo.

Nadie se sorprenda, por tanto, ni de la forma ni de los objetos que éste abraza. Y debemos terminarlo haciendo público nuestro agradecimiento hacia los distinguidos escritores que acaban de honrarnos con su fallo, como el señor don José Tomás Guido, en una bellísima carta que acogieron deferentes *La Tribuna* y *La Prensa,* y que reprodujeron en sus columnas varios periódicos de la República; el Dr. don Adolfo Saldias, en un meditado trabajo sobre el tipo histórico y social del gaucho; el doctor don Miguel Navarro Viola, en la última entrega de la *Biblioteca Popular,* estimulándonos con honrosos términos a continuar en la tarea empezada.

Diversos periódicos de la ciudad y campaña como *El Heraldo,* del Azul; *La Patria,* de Dolores; *El Oeste,* de Mercedes, y otros, han adquirido también justos títulos a nuestra gratitud, que consideramos como una deuda sagrada.

Terminamos esta breve reseña con *La Capital,* del Rosario, que ha anunciado *La vuelta de Martín Fierro* haciendo concebir esperanzas que Dios sabe si van a ser satisfechas.

Ciérrase este prólogo diciendo que se llama este libro *La vuelta de Martín Fierro* porque ese título le dio el público antes, mucho antes de haber pensado yo en escribirlo; y allá va a correr tierras con mi bendición paternal.

JOSÉ HERNÁNDEZ

Gauchos. Foto de Benito Panunzi, 1865

I

MARTÍN FIERRO

1   Atención pido al silencio
    y silencio a la atención,
    que voy en esta ocasión
    si me ayuda la memoria,
5   a mostrarles que a mi historia
    le faltaba lo mejor.

    Viene uno como dormido
    cuando vuelve del desierto;
    veré si a esplicarme acierto
10   entre gente tan bizarra
    y si al sentir la guitarra
    de mi sueño me dispierto.

    Siento que mi pecho tiembla,
    que se turba mi razón,
15   y de la vigüela al son
    imploro a la alma de un sabio
    que venga a mover mi labio
    y alentar mi corazón.

    Si no llego a treinta y una [269],
20   de fijo en treinta me planto;
    y esta confianza adelanto
    porque recebí en mí mismo

---

[269] *Treinta y una:* Máximo número de puntos que pueden conseguirse en el juego de cartas de este nombre.

con el agua [270] del bautismo
la facultá para el canto.

25 Tanto el pobre como el rico
la razón me la han de dar;
y si llegan a escuchar
lo que esplicaré a mi modo,
digo que no han de reir todos,
30 algunos han de llorar.

Mucho tiene que contar
el que tuvo que sufrir,
y empezaré por pedir
no duden de cuanto digo;
35 pues debe crerse al testigo
si no pagan por mentir.

Gracias le doy a la Virgen,
gracias le doy al Señor
porque entre tanto rigor,
40 y habiendo perdido tanto,
no perdí mi amor al canto
ni mi voz como cantor.

Que cante todo viviente
otorgó el Eterno Padre;
45 cante todo el que le cuadre
como lo hacemos los dos [271],
pues sólo no tiene voz
el ser que no tiene sangre,

Canta el pueblero... y es pueta;
50 canta el gaucho... y ¡ay Jesús!

---

[270] *El aguá:* Santiago Lugones (ed. cit., pág. 136) corrige: «debió
ser *la agua,* pues el vulgo nunca dice de otro modo». Sobre la actitud
de algunos comentaristas del poema que no aceptan que el gaucho
pudiera superar determinadas «normas de incorrección» decimos algo
en la introducción que hemos preparado para esta edición.

[271] *Los dos:* No es extraño que Santiago Lugones piense en un
lapsus mentis del autor al habalr de dos personas que cantan
(ed. cit., pág. 136). Carilla conjetura que acaso se esté aludiendo al
pueblero que aparece en la siguiente estrofa. Él y Fierro constituían la
pareja a la que el propio gaucho se refiere (ed. cit., pág. 190).

lo miran como avestruz,
su inorancia los asombra;
mas siempre sirven las sombras
para distinguir la luz.

55   El campo es del inorante [272];
el pueblo, del hombre estruido;
yo que en el campo he nacido,
digo que mis cantos son,
para los unos..., sonidos,
60   y para otros..., intención.

Yo he conocido cantores
que era un gusto el escuchar;
mas no quieren opinar
y se divierten cantando;
65   pero yo canto opinando,
que es mi modo de cantar.

El que va por esta senda,
cuanto sabe desembucha,
y aunque mi cencia no es mucha,
70   esto en mi favor previene:
yo sé el corazón que tiene
el que con gusto me escucha.

Lo que pinta este pincel,
ni el tiempo lo ha de borrar;
75   ninguno se ha de animar
a corregirme la plana;
no pinta quien tiene gana,
sinó quien sabe pintar.

Y no piensen los oyentes
80   que del saber hago alarde:

---

[272] *El campo es del inorante:* En esta estrofa y en las tres siguientes se dan algunas claves esenciales del *Martín Fierro:* la protesta contra el esquema sarmientino *civilización y barbarie,* la adhesión a la literatura-compromiso y la defensa de los valores artísticos de cualquier obra literaria como elemento inexcusable para servir a tal compromiso. Es, quizá, por eso, el pasaje más conceptualmente denso del poema.

he conocido, aunque tarde,
sin haberme arrepentido,
que es pecado cometido
el decir ciertas verdades.

85   Pero voy en mi camino
y nada me ladiará;
he de decir la verdá,
de naides soy adulón;
aquí no hay imitación,
90   ésta es pura realidá.

     Y el que me quiera enmendar,
mucho tiene que saber;
tiene mucho que aprender
el que me sepa escuchar;
95   tiene mucho que rumiar
el que me quiera entender.

     Más que yo y cuantos me oigan,
más que las cosas que tratan,
más que lo que ellos relatan,
100   mis cantos han de durar.
Mucho ha habido que mascar
para echar esta bravata.

     Brotan quejas de mi pecho,
brota un lamento sentido;
105   y es tanto lo que he sufrido
y males de tal tamaño,
que reto a todos los años
a que traigan el olvido.

     Ya verán si me dispierto
110   cómo se compone el baile;
y no se sorprenda naides
si mayor fuego me anima;
porque quiero alzar la prima
como pa tocar al aire.

115   Y con la cuerda tirante,
dende que ese tono elija,

yo no he de aflojar manija [273]
mientras que la voz no pierda,
si no se corta la cuerda
120   o no cede la clavija.

Aunque rompí el estrumento
por no volverme a tentar,
tengo tanto que contar
y cosas de tal calibre,
125   que Dios quiera que se libre
el que me enseñó a templar.

De naides sigo el ejemplo,
naide a dirigirme viene;
yo digo cuanto conviene,
130   y el que en tal güeya se planta,
debe cantar, cuando canta,
con toda la voz que tiene.

He visto rodar la bola
y no se quiere parar;
135   al fin de tanto rodar
me he decidido a venir
a ver si puedo vivir
y me dejan trabajar.

Sé dirigir la mansera [274]
140   y también echar un pial;
sé correr en un rodeo,
trabajar en un corral;
me sé sentar en un pértigo
lo mesmo que en un bagual.

145   Y empriéstenme su atención
si ansí me quieren honrar;
de no, tendré que callar,

---

[273] *Aflojar manija.* La *manija* es la bola más pequeña de las boleadoras que se sujeta con la mano mientras se hacen girar las otras (véase nota 65). Metafóricamente Fierro nos dice que no ha de ceder en su propósito de cantar y denunciar.

[274] *Mansera.* Palo que sirve para dirigir el arado cuando se traba con algún obstáculo.

pues el pájaro cantor
jamás se para a cantar
150   en árbol que no da flor.

Hay trapitos que golpiar,
y de aquí no me levanto;
escúchenme cuando canto
si quieren que desembuche.
155   Tengo que decirles tanto
que les mando que me escuchen.

Déjenme tomar un trago.
Éstas son otras cuarenta [275];
mi garganta está sedienta
160   y de esto no me abochorno,
pues el viejo, como el horno,
por la boca se calienta.

II

Triste suena mi guitarra,
y el asunto lo requiere.
165   Ninguno alegrías espere,
sinó sentidos lamentos
de aquel que en duros tormentos
nace, crece, vive y muere.

Es triste dejar sus pagos
170   y largarse a tierra agena
llevándose la alma llena
de tormentos y dolores;
mas nos llevan los rigores
como el pampero [276] a la arena.

---

[275] *Otras cuarenta:* Para Tiscornia esta expresión equivale a la española «Estos son otros Lópeces» (ed. cit., pág. 299). Cabe también pensar que Fierro habla de anotarse un buen número de puntos o bien que insiste, desafiante, en *seguir cantando las cuarenta.*

[276] *El pampero:* Viento típico de la pampa que sopla del sur hacia el oeste. Es seco, frío y violento, pero reconfortante. Anuncia la llegada del buen tiempo.

175   ¡Irse a cruzar el desierto
       lo mesmo que un foragido,
       dejando aquí en el olvido,
       como dejamos nosotros,
       su mujer en brazos de otro
180   y sus hijitos perdidos!

       ¡Cuántas veces al cruzar
       en esa inmensa llanura,
       al verse en tal desventura
       y tan lejos de los suyos,
185   se tira uno entre los yuyos [277]
       a llorar con amargura!

       En la orilla de un arroyo
       solitario lo pasaba,
       en mil cosas cavilaba,
190   y a una güelta repentina
       se me hacía ver a mi china
       o escuchar que me llamaba.

       Y las aguas serenitas
       bebe el pingo trago a trago,
195   mientras sin ningún halago
       pasa uno hasta sin comer,
       por pensar en su mujer,
       en sus hijos y en su pago.

       Recordarán que con Cruz
200   para el desierto tiramos [278];
       en la Pampa nos entramos,
       cayendo por fin del viaje
       a unos toldos de salvajes,
       los primeros que encontramos.

---

[277] *Yuyos:* Hierba silvestre, maleza.
[278] *Con Cruz... tiramos:* Frente a la construcción española que exige en estos casos concordancia verbal en singular, la sintaxis rio-platense —también a niveles cultos— prefiere la forma plural en el verbo interpretando el complemento de compañía como parte de un sujeto colectivo, lo cual psicológicamente no deja de ser cierto.

205   La desgracia nos seguía.
       Llegamos en mal momento:
       estaban en parlamento
       tratando de una invasión,
       y el indio en tal ocasión
210   recela hasta de su aliento.

       Se armó un tremendo alboroto
       cuando nos vieron llegar;
       no podíamos aplacar
       tan peligroso hervidero;
215   nos tomaron por bomberos [279]
       y nos quisieron lanciar.

       Nos quitaron los caballos
       a los muy pocos minutos;
       estaban irresolutos,
220   quién sabe qué pretendían;
       por los ojos nos metían
       las lanzas aquellos brutos.

       Y déle en su lengüeteo
       hacer gestos y cabriolas;
225   uno desató las bolas
       y se nos vino en seguida:
       ya no créiamos con vida
       salvar ni por carambola.

       Allá no hay misericordia
230   ni esperanza que tener:
       el indio es de parecer
       que siempre matarse debe,
       pues la sangre que no bebe
       le gusta verla correr.

235   Cruz se dispuso a morir
       peliando y me convidó;
       —«aguantemos —dije yo—
       el fuego hasta que nos queme».
       Menos los peligros teme
240   quien más veces los venció.

[279] *Bomberos:* Espías enemigos.

Se debe ser más prudente
cuanto el peligro es mayor;
siempre se salva mejor
andando con alvertencia,
245 porque no está la prudencia
reñida con el valor.

Vino al fin el lenguaraz [280],
como a trairnos el perdón.
Nos dijo: —«La salvación
250 se la deben a un cacique;
me manda que les esplique
que se trata de un malón.

Les ha dicho a los demás
que ustedes queden cautivos,
255 por si cain algunos vivos
en poder de los cristianos
rescatar a sus hermanos
con estos dos fugitivos.

Volvieron al parlamento
260 a tratar de sus alianzas,
o tal vez de las matanzas;
y conforme les detallo,
hicieron cerco a caballo
recostándose en las lanzas.

265 Dentra al cerco un indio viejo
y allí a lengüetiar se larga.
Quién sabe qué les encarga,
pero toda la riunión
lo escuchó con atención
270 lo menos tres horas largas.

Pegó al fin tres alaridos,
y ya principia otra danza;
para mostrar su pujanza
y dar pruebas de ginete,

[280] *Lenguaraz:* Intérprete. Es palabra ya muy utilizada por los
historiadores de Indias.

275   dio riendas rayando [281] el flete
      y revoliando la lanza.

      Recorre luego la fila,
      frente a cada indio se para,
      lo amenaza cara a cara,
280   y en su juria aquel maldito
      acompaña con su grito
      el cimbrar de la tacuara.

      Se vuelve aquello un incendio
      más feo que la mesma guerra;
285   entre una nube de tierra
      se hizo allí una mescolanza
      de potros, indios y lanzas,
      con alaridos que aterran.

      Parece un baile de fieras,
290   sigún yo me lo imagino.
      Era inmenso el remolino,
      las voces aterradoras,
      hasta que al fin de dos horas
      se aplacó aquel torbellino.

295   De noche formaban cerco
      y en el centro nos ponían;
      para mostrar que querían
      quitarnos toda esperanza,
      ocho o diez filas de lanzas
300   alrededor nos hacían.

      Allí estaban vigilantes
      cuidándonos a porfía;
      cuando roncar parecían
      «Huaincá» [282], gritaba cualquiera,

---

[281] *Rayando el flete. Rayar,* detener súbitamente el caballo lanzado a la carrera haciéndolo girar sobre las patas.

[282] *Huaincá:* Tiscornia advierte que se trata de una exclamación de las tribus araucanas y pampeanas cuya verdadera pronunciación es *huinca*. Con esta palabra se designaba al hombre blanco. La acentuación aguda, opina este crítico, «imita el grito prolongado del salvaje» (ed. cit., pág. 301). Con todo, no creemos necesario corregir la

305   y toda la fila entera
       «Huaincá», «Huaincá», repetía.

       Pero el indio es dormilón
       y tiene un sueño projundo;
       es roncador sin segundo
310   y en tal confianza es su vida
       que ronca a pata tendida
       aunque se dé güelta el mundo.

       Nos aviriguaban todo,
       como aquel que se previene,
315   porque siempre les conviene
       saber las juerzas que andan,
       dónde están, quiénes las mandan,
       qué caballos y armas tienen.

       A cada respuesta nuestra
320   uno hace una esclamación,
       y luego en continuación,
       aquellos indios feroces,
       cientos y cientos de voces
       repiten al mesmo son.

325   Y aquella voz de uno solo,
       que empieza por un gruñido,
       llega hasta ser alarido
       de toda la muchedumbre,
       y ansí alquieren la costumbre,
330   de pegar esos bramidos.

III

       De ese modo nos hallamos
       empeñaos en la partida [283].
       No hay que darla por perdida
       por dura que sea la suerte,

---

grafía de este término, como se ha hecho en alguna edición de *Martín Fierro*. Es lógico que el gaucho que tergiversaba su propio idioma cometiera errores al transcribir palabras ajenas.

[283] *Partida:* Nueva alusión metafórica al juego.

335   ni que pensar en la muerte
      sinó en soportar la vida.

      Se endurece el corazón,
      no teme peligro alguno.
      Por encontrarlo oportuno
340   allí juramos los dos
      respetar tan sólo a Dios;
      de Dios abajo, a ninguno.

      El mal es árbol que crece
      y que cortado retoña
345   la gente esperta o visoña
      sufre de infinitos modos;
      la tierra es madre de todos,
      pero también da ponzoña.

      Mas todo varón prudente
350   sufre tranquilo sus males.
      Yo siempre los hallo iguales
      en cualquier senda qué elijo:
      la desgracia tiene hijos
      aunque ella no tiene madre.

355   Y al que le toca la herencia,
      dondequiera halla su ruina.
      Lo que la suerte destina
      no puede el hombre evitar:
      porque el cardo ha de pinchar
360   es que nace con espina.

      Es el destino del pobre
      un continuo safarrancho;
      y pasa como el carancho,
      porque el mal nunca se sacia,
365   si el viento de la desgracia
      vuela las pajas del rancho.

      Mas quien manda los pesares
      manda también el consuelo;
      la luz que baja del cielo
370   alumbra al más encumbrao,
      y hasta el pelo más delgao
      hace su sombra en el suelo.

Pero por más que uno sufra
un rigor que lo atormente,
375 no debe bajar la frente
nunca por ningún motivo;
el álamo es más altivo
y gime constantemente.

```
...      ...      ...
...      ...      ...
...      ...      ...
```

El indio pasa la vida
380 Robando o echao de panza.
La única ley es la lanza
a que se ha de someter.
Lo que le falta en saber
lo suple con desconfianza.

385 Fuera cosa de engarzarlo
a un indio caritativo.
Es duro con el cautivo,
le dan un trato horroroso;
es astuto y receloso,
390 es audaz y vengativo.

No hay que pedirle favor
ni que aguardar tolerancia.
Movidos por su inorancia
y de puro desconfiaos,
395 nos pusieron separaos
bajo sutil vigilancia.

No pude tener con Cruz
ninguna conversación;
no nos daban ocasión.
400 Nos trataban como agenos.
Como dos años lo menos
duró esta separación.

Relatar nuestras penurias
fuera alargar el asunto.
405 Les diré sobre este punto

que a los dos años recién [284]
nos hizo el cacique el bien
de dejarnos vivir juntos.

Nos retiramos con Cruz
410   a la orilla de un pajal.
Por no pasarlo tan mal
en el desierto infinito,
hicimos como un bendito
con dos cueros de bagual.

415   Fuimos a esconder allí
nuestra pobre situación,
aliviando con la unión
aquel duro cautiverio;
tristes como un cementerio
420   al toque de la oración.

Debe el hombre ser valiente
si a rodar se determina;
primero, cuando camina;
segundo, cuando descansa,
425   pues en aquellas andanzas
perece el que se acoquina.

Cuando es manso el ternerito,
en cualquier vaca se priende.
El que es gaucho esto lo entiende
430   y ha de entender si le digo
que andábamos con mi amigo
como pan que no se vende.

Guarecidos en el toldo
charlábamos mano a mano;
435   éramos dos veteranos
mansos pa las sabandijas,

[284] *A los dos años recién:* El uso del adverbio *recién* tiene una gran movilidad en el Río de la Plata, frente a la norma académica de que debe ser utilizado «sólo inmediatamente antes de participio o de adjetivo de significación equivalente» (Manuel Seco, *Diccionario de dudas de la lengua española,* Madrid, Aguilar, 1961, pág. 282).

arrumbaos como cubijas [285]
cuando calienta el verano.

El alimento no abunda
440   por más empeño que se haga;
lo pasa uno como plaga,
egercitando la industria,
y siempre como la nutria,
viviendo a orillas del agua.

445   En semejante ejercicio
se hace diestro el cazador;
cai el piche [286] engordador,
cai el pájaro que trina:
todo vicho que camina
450   va a parar al asador.

Pues allí a los cuatro vientos
la persecución se lleva;
naide escapa de la leva,
y dende que la alba asoma
455   ya recorre uno la loma,
el bajo, el nido y la cueva.

El que vive de la caza
a cualquier vicho se atreve
que pluma o cáscara lleve,
460   pues cuando la hambre se siente
el hombre le clava el diente
a todo lo que se mueve.

En las sagradas alturas
está el maestro principal
465   que enseña a cada animal
a procurarse el sustento
y le brinda el alimento
a todo ser racional.

_____

[285] *Cubija:* Cobija, manta.
[286] *Piche:* Una nueva clase de armadillo. Se trata de uno muy similar al *peludo* de orejas más pequeñas y hocico más largo. Se caza con facilidad.

Y aves y vichos y pejes
470 se mantienen de mil modos;
pero el hombre, en su acomodo,
es curioso de oservar:
es el que sabe llorar
y es el que los come a todos.

IV

475 Antes de aclarar el día
empieza el indio a aturdir
la pampa con su rugir,
y en alguna madrugada
sin que sintiéramos nada
480 se largaban a invadir.

Primero entierran las prendas
en cuevas como peludos;
y aquellos indios cerdudos,
siempre llenos de recelos,
485 en los caballos en pelos
se vienen medio desnudos.

Para pegar el malón
el mejor flete procuran;
y como es su arma segura,
490 vienen con la lanza sola
y varios pares de bolas
atados a la cintura.

De ese modo anda liviano,
no fatiga al mancarrón [287];
495 es su espuela en el malón,
después de bien afilao,
un cuernito de venao
que se amarra en el garrón [288].

---

[287] *Mancarrón:* Caballo viejo, poco útil. En este caso, sin embargo, se alude a animales excelentes («el mejor *flete* procuran). El gaucho juega con un efecto de contraste.
[288] *Garrón:* Corvejón de un animal. Aquí designa por extensión el talón del indio.

El indio que tiene un pingo
500   que se llega a distinguir,
lo cuida hasta pa dormir;
de ese cuidado es esclavo;
se lo alquila a otro indio bravo
cuando vienen a invadir.

505   Por vigilarlo no come,
y ni aun el sueño concilia.
Sólo en eso no hay desidia.
De noche, les asiguro,
para tenerlo seguro
510   le hace cerco la familia

Por eso habrán visto ustedes,
si en el caso se han hallao,
y si no lo han oservao
tenganlo dende hoy presente,
515   que todo pampa valiente [289]
anda siempre bien montao.

Marcha el indio a trote largo,
paso que rinde y que dura;
viene en dirección sigura
520   y jamás a su capricho.
No se les escapa vicho
en la noche más escura.

Caminan entre tinieblas
con un cerco bien formao;
525   lo estrechan con gran cuidao
y agarran al aclarar
ñanduces, gamas, venaos,
cuanto ha podido dentrar.

Su señal es un humito
530   que se eleva muy arriba,
y no hay quien no lo aperciba
con esa vista que tienen;

---

[289] *Pampa:* Los indios pampas eran los que vivían en el sur de la provincia de Buenos Aires y en el hoy llamado Territorio de la Pampa.

de todas partes se vienen
a engrosar la comitiva.

535   Ansina se van juntando,
hasta hacer esas riuniones
que cain en las invasiones
en número tan crecido.
Para formarla han salido
540   de los últimos rincones.

Es guerra cruel la del indio
porque viene como fiera;
atropella dondequiera
y de asolar no se cansa.
545   De su pingo y de su lanza
toda salvación espera.

Debe atarse bien la faja
quien aguardarlo se atreva;
siempre mala intención lleva.
550   Y como tiene alma grande [290],
no hay plegaria que lo ablande
ni dolor que lo conmueva.

Odia de muerte al cristiano,
hace guerra sin cuartel;
555   para matar es sin yel [291],
es fiero de condición.
No golpea la compasión
en el pecho del infiel.

Tiene la vista del águila,
560   del león la temeridá.
En el desierto no habrá

---

[290] *Alma grande:* Carilla (ed. cit., pág. 208) explica este contrasentido al definir al indio así en un contexto completamente distinto, acudiendo a un pasaje de *Una excursión a los indios ranqueles* de Lucio. Véase Mansilla, referente a la creencia en la metempsícosis por parte de los indios. No obstante, es posible que se trate sólo de una ironía más de Fierro.

[291] *Sin yel:* Véase nota 35. El indio está bien dispuesto para el trabajo de matar.

216

animal que él no lo entienda,
ni fiera de que no aprienda
un istinto de crueldá.

565   Es tenaz en su barbarie,
no esperen verlo cambiar:
el deseo de mejorar
en su rudeza no cabe:
el bárbaro sólo sabe
570   emborracharse y peliar.

El indio nunca se ríe,
y el pretenderlo es en vano,
ni cuando festeja ufano
el triunfo en sus correrías.
575   La risa en sus alegrías
le pertenece al cristiano.

Se cruzan por el disierto
como un animal feroz;
dan cada alarido atroz
580   que hace erizar los cabellos.
Parece que a todos ellos
los ha maldecido Dios.

Todo el peso del trabajo
lo dejan a las mujeres:
585   el indio es indio y no quiere
apiar de su condición;
ha nacido indio ladrón
y como indio ladrón muere.

El que envenenen sus armas
590   les mandan sus hechiceras;
y como ni a Dios veneran,
nada a los pampas contiene.
Hasta los nombres que tienen
son de animales y fieras.

595   Y son ¡por Cristo bendito'
los más desasiaos del mundo.
Esos indios vagabundos,
con repunancia me acuerdo,

          viven lo mesmo que el cerdo
600   en esos toldos inmundos.

          Naides puede imaginar
          una miseria mayor;
          su pobreza causa horror.
          No sabe aquel indio bruto
605   que la tierra no da fruto
          si no la riega el sudor.

                              V

          Aquel desierto se agita
          cuando la invasión regresa.
          llevan miles de cabezas
610   de vacuno y yeguarizo.
          Pa no afligirse es preciso
          tener bastante firmeza.

          Aquello es un hervidero
          de pampas —un celemín [292]—;
615   cuando riunen el botín
          juntando toda la hacienda,
          es cantidá tan tremenda
          que no alcanza a verse el fin.

          Vuelven las chinas cargadas
620   con las prendas en montón.
          Aflige esa destrucción.
          Acomodaos en cargueros [293]
          llevan negocios [294] enteros
          que han saquiado en la invasión.

---

[292] *Un celemín.* Resulta sorprendente que se recurra a esta medida de capacidad para áridos (en una sola unidad) para subrayar que los pampas forman un *hervidero;* a no ser que Hernández tuviera en mente la multitud de granos que caben en dicha medida. Sin embargo, parece que esta mención no es casual a juzgar por otro testimonio gauchesco recordado por Carilla (ed. cit., pág. 212).

[293] *Cargueros:* Caballos que conducen la carga.

[294] *Negocios:* Aparte de la acepción común a los demás países hispánicos, *negocio* en la Argentina significa tienda, probablemente por influencia italiana.

625   Su pretensión es robar,
no quedar en el pantano.
Viene a tierra de cristianos
como furia del infierno,
no se llevan al gobierno
630   porque no lo hallan a mano.

Vuelven locos de contentos
cuando han venido a la fija.
Antes que ninguno elija
empiezan con todo empeño,
635   como dijo un santiagueño,
a hacerse la *repartija* [295].

Se reparten el botín
con igualdá, sin malicia.
No muestra el indio codicia,
640   ninguna falta comete:
sólo en esto se somete
a una regla de justicia.

Y cada cual con lo suyo
a sus toldos enderiesa.
645   Luego la matanza empieza,
tan sin razón ni motivo,
que no queda animal vivo
de esos miles de cabezas.

Y satisfecho el salvage
650   de que su oficio ha cumplido,
lo pasa por ay tendido
volviendo a su haraganiar;
y entra la china a cueriar [296]
con un afán desmedido.

---

[295] *Repartija:* La palabra es fácilmente comprensible cualquiera
que sea su origen. Carilla la considera argentinismo, no recogido por
otra parte en ningún texto anterior al *Martín Fierro* (ed. cit., pági-
na 212). No parece que sea un término exclusivo de Santiago del
Estero como sugiere Hernández.

[296] *Cueriar (cuerear):* Despellejar, quitar el cuero a un animal.

655 A veces a tierra adentro
algunas puntas [297] se llevan;
pero hay pocos que se atrevan
a hacer esas incursiones,
porque otros indios ladrones
660 les suelen pelar la breva [298].

Pero pienso que los pampas
deben de ser los más rudos.
Aunque andan medio desnudos
ni su convenencia entienden:
665 por una vaca que venden
quinientas matan al ñudo.

Estas cosas y otras piores
las he visto muchos años;
pero si yo no me engaño
670 concluyó ese bandalage,
y esos bárbaros salvages
no podrán hacer más daño.

Las tribus están deshechas;
los caciques más altivos
675 están muertos o cautivos,
privaos de toda esperanza,
y de la chusma [299] y de lanza [300]
ya muy pocos quedan vivos.

Son salvajes por completo
680 hasta pa su diversión,
pues hacen una junción
que naides se la imagina.
Recién [301] le toca a la china
el hacer su papelón [302].

---

[297] *Puntas:* Grupos, porciones de ganado, aunque *punta* puede referirse también a personas y aun a cosas (véase *Vuelta,* 2608).

[298] *Pelar la breva:* Despojar, arrebatar, robar.

[299] *Chusma:* Con esta palabra se designa en el lenguaje gauchesco a las personas que entre los indios no eran aptos para la guerra, es decir, mujeres, ancianos y niños.

[300] *De lanza:* Gente de lanza, guerreros, en contraposición a los anteriores.

[301] *Recién:* Inmediatamente. Véase nota 284.

[302] *Papelón:* No tiene aquí el conocido e irónico sentido habitual

685 Cuanto el hombre es más salvage
 trata pior a la mujer.
 Yo no sé que pueda haber
 sin ella dicha ni goce.
 ¡Feliz el que la conoce
690 y logra hacerse querer!

 Todo el que entiende la vida
 busca a su lao los placeres.
 Justo es que las considere
 el hombre de corazón.
695 Sólo los cobardes son
 valientes con sus mujeres.

 Pa servir a un desgraciao
 pronto la mujer está.
 Cuando en su camino va
700 no hay peligro que la asuste;
 ni hay una a quien no le guste
 una obra de caridá.

 No se hallará una mujer
 a la que esto no le cuadre.
705 Yo alabo al Eterno Padre
 no porque las hizo bellas,
 sinó porque a todas ellas
 les dio corazón de madre.

 Es piadosa y diligente
710 y sufrida en los trabajos.
 Tal vez su valer rebajo
 aunque la estimo bastante;
 mas los indios inorantes
 la tratan al estropajo.

715 Echan la alma trabajando
 bajo el más duro rigor;
 el marido es su señor;
 como tirano la manda,

con que se usa en el castellano general y más insistentemente en el
de la Argentina. *Hacer su papelón* equivale aquí simplemente a hacer
su tarea, su duro trabajo.

porque el indio no se ablanda
720 ni siquiera en el amor.

No tiene cariño a naides
ni sabe lo que es amar;
¡ni qué se puede esperar
de aquellos pechos de bronce!,
725 yo los conocí al llegar
y los calé dende entonces.

Mientras tiene qué comer
permanece sosegao.
Yo, que en sus toldos he estao
730 y sus costumbres oservo,
digo que es como aquel cuervo [303]
que no volvió del mandao.

Es para él como juguete
escupir un crucifijo.
735 Pienso que Dios los maldijo
y ansina el ñudo desato.
El indio, el cerdo y el gato
redaman sangre del hijo.

Mas ya con cuentos de pampas
740 no ocuparé su atención.
Debo pedirles perdón,
pues sin querer me distraje.
Por hablar de los salvages
me olvidé de la junción.

...   .
...   .
...   .

745   Hacen un cerco de lanzas,
los indios quedan ajuera;
dentra la china ligera

---

[303] *Aquel cuervo...:* Se alude al cuervo que mandó Noé desde el arca para comprobar si la gran inundación había remitido y no volvió. El tema —señala Tiscornia— «pasó a la poesía popular y entró en los repertorios de frases hechas» (ed. cit., pág. 303).

como yeguada en la trilla
y empieza allí la cuadrilla
750   a dar güeltas en la era.

A un lao están los caciques,
capitanejos [304] y el trompa [305],
tocando con toda pompa
como un toque de fagina;
755   adentro muere la china,
sin que aquel círculo rompa.

Muchas veces se les oyen
a las pobres los quejidos;
mas son lamentos perdidos:
760   alrededor del cercao,
en el suelo, están mamaos
los indios, dando alaridos.

Su canto es una palabra,
y de ay no salen jamás.
765   Llevan todas el compás,
«ioká-ioká» [306] repitiendo;
me parece estarlas viendo
más fieras que Satanás.

Al trote dentro del cerco,
770   sudando, hambrientas, juriosas,
desgreñadas y rotosas,
de sol a sol se lo llevan.
Bailan aunque truene o llueva,
cantando la mesma cosa.

VI

775   El tiempo sigue en su giro
y nosotros solitarios.

---

[304] *Capitanejos:* Se designaba así a los jefes indios de segundo rango.

[305] *Trompa:* Clarín. En este caso se trata de una metonimia como *el trompeta, el tambor.*

[306] *Ioká-ioká:* Exclamación típica de los indios pampas, con la que se estimulaban e incitaban mutuamente a la acción.

De los indios sanguinarios
no teníamos qué esperar.
El que nos salvó al llegar
780 era el más hospitalario.

Mostró noble corazón,
cristiano anelaba ser.
La justicia es un deber,
y sus méritos no callo:
785 nos regaló unos caballos
y a veces nos vino a ver.

A la voluntá de Dios
ni con la intención resisto.
Él nos salvó... pero ¡ah, Cristo!,
790 muchas veces he deseado
no nos hubiera salvado
ni jamás haberlo visto.

Quien recibe beneficios
jamás los debe olvidar;
795 y al que tiene que rodar
en su vida trabajosa,
le pasan a veces cosas
que son duras de pelar.

Voy dentrando poco a poco
800 en lo triste del pasage.
Cuando es amargo el brebage
el corazón no se alegra.
Dentró una virgüela negra.
que los diezmó a los salvajes.

805 Al sentir tal mortandá,
los indios, desesperaos,
gritaban alborotaos:
«Cristiano echando gualicho» [307].
No quedó en los toldos vicho
810 que no salió redotao.

---

[307] *Gualicho:* Demonio o espíritu del mal para los indios pampas.

Sus remedios son secretos;
los tienen las adivinas;
no los conocen las chinas,
sinó alguna ya muy vieja,
815   y es que los aconseja,
con mil embustes, la indina.

Allí soporta el paciente
las terribles curaciones,
pues a golpes y estrujones,
820   son los remedios aquellos.
Lo agarran de los cabellos
y le arrancan los mechones.

Les hacen mil heregías
que el presenciarlas da horror,
825   brama el indio de dolor
por los tormentos que pasa;
y untándolo todo en grasa
lo ponen a hervir al sol.

Y puesto allí boca arriba,
830   alrededor le hacen fuego.
Una china viene luego
y al oido le da de gritos.
Hay algunos tan malditos
que sanan con este juego.

835   A otros les cuecen la boca
aunque de dolores cruja;
lo agarran y allí lo estrujan;
labios le queman y dientes
con un güevo bien caliente
840   de alguna gallina bruja.

Conoce el indio el peligro
y pierde toda esperanza.
Si a escapárseles alcanza
dispara como una liebre.
845   Le da delirios la fiebre
y ya le cain con la lanza.

Esas fiebres son terribles,
y aunque de esto no disputo,
ni de saber me reputo,
850   será, decíamos nosotros,
de tanta carne de potro
como comen estos brutos.

Había un gringuito cautivo
que siempre hablaba del barco,
855   y lo augaron en un charco
por causante de la peste.
Tenía los ojos celestes
como potrillito zarco [308].

Que le dieran esa muerte
860   dispuso una china vieja;
y aunque se aflije y se queja,
es inútil que resista.
Ponía el infeliz la vista
como la pone la oveja.

865   Nosotros nos alejamos
para no ver tanto estrago.
Cruz sentía los amagos
de la peste que reinaba,
y la idea nos acosaba
870   de volver a nuestros pagos.

Pero contra el plan mejor
el destino se revela.
¡La sangre se me congela!,
el que nos había salvado,
875   cayó también atacado
de la fiebre y la virgüela.

No podíamos dudar
al verlo en tal padecer
el fin que había de tener,
880   y Cruz, que era tan humano:

---

[308] *Zarco:* De ojos con el iris casi blanco o azul claro.

—«Vamos —me dijo—, paisano [309],
a cumplir con un deber.»

　　　　Fuimos a estar a su lado
para ayudarlo a curar.
885　Lo vinieron a buscar
y hacerle como a los otros;
lo defendimos nosotros,
no lo dejamos lanciar.

　　　　Iba creciendo la plaga
890　y la mortandá seguía;
a su lado nos tenía
cuidándolo con paciencia.
Pero acabó su esistencia
al fin de unos pocos días.

895　　　El recuerdo me atormenta,
se renueva mi pesar,
me dan ganas de llorar,
nada a mis penas igualo.
Cruz también cayó muy malo,
900　ya para no levantar.

　　　　Todos pueden figurarse
cuánto tuve que sufrir;
yo no hacía sinó gemir,
y aumentaba mi aflición
905　no saber una oración
pa ayudarlo a bien morir.

　　　　Se le pasmó la virgüela [310],
y el pobre estaba en un grito;
me recomendó un hijito,
910　que en su pago había dejado.
—«Ha quedado abandonado—
—me dijo— aquel pobrecito.»

----

[309] *Paisano:* Equivale normalmente a hombre del campo. En este
caso, camarada.
[310] *Se le pasmó la virgüela:* Se le cortó el brote, lo cual, como es
sabido, crea una situación de gravedad.

«Si vuelve, busquemeló»,
me repetía a media voz.
915 En el mundo éramos dos,
pues él ya no tiene madre:
que sepa el fin de su padre
y encomiende mi alma a Dios.»

Lo apretaba contra el pecho
920 dominao por el dolor.
Era su pena mayor
el morir allá entre infieles.
Sufriendo dolores crueles
entregó su alma al Criador.

925 De rodillas a su lado
yo lo encomendé a Jesús.
Faltó a mis ojos la luz;
tube un terrible desmayo;
cai como herido del rayo
cuando lo vi muerto a Cruz.

VII

Aquel bravo compañero
en mis brazos espiró,
hombre que tanto sirvió,
varón que fue tan prudente,
935 por humano y por valiente
en el desierto murió.

Y yo, con mis propias manos,
yo mesmo lo sepulté.
A Dios por su alma rogué,
940 de dolor el pecho lleno;
y humedeció aquel terreno
el llanto que redamé.

Cumplí con mi obligación;
no hay falta de que me acuse,
945 ni deber de que me escuse,
aunque de dolor sucumba:

allá señala su tumba
una cruz que yo le puse.

Andaba de toldo en toldo
950 y todo me fastidiaba,
el pesar me dominaba,
y entregao al sentimiento,
se me hacía cada momento
oir a Cruz que me llamaba.

955 Cuál más, cuál menos, los criollos
saben lo que es amargura.
En mi triste desventura
no encontraba otro consuelo
que ir a tirarme en el suelo
960 al lao de su sepoltura.

Allí pasaba las horas
sin haber naides conmigo,
teniendo a Dios por testigo,
y mis pensamientos fijos
965 en mi mujer y mis hijos,
en mi pago y en mi amigo.

Privado de tantos bienes
y perdido en tierra ajena,
parece que se encadena
970 el tiempo y que no pasara,
como si el sol se parara
a contemplar tanta pena.

Sin saber qué hacer de mí
y entregado a mi aflición,
975 estando allí una ocasión,
del lado que venía el viento
oí unos tristes lamentos
que llamaron mi atención.

No son raros los quejidos
980 en los toldos del salvage,
pues aquél es vandalage,
donde no se arregla nada

sinó a lanza y puñalada,
a bolazos y a corage.

985 No preciso juramento,
deben creerle a Martín Fierro:
ha visto en ese destierro
a un salvaje que se irrita
degollar una chinita
990 y tirársela a los perros.

He presenciado martirios,
he visto muchas crueldades,
crímenes y atrocidades
que el cristiano no imagina,
995 pues ni el indio ni la china
sabe lo que son piedades.

Quise curiosiar los llantos
que llegaban hasta mí;
al punto me dirigí
1000 al lugar de ande venían.
¡Me horrorisa todavía
el cuadro que descubrí!

Era una infeliz muger
que estaba de sangre llena,
1005 y como una Madalena
lloraba con toda gana.
Conocí que era cristiana
y esto me dio mayor pena.

Cauteloso me acerqué
1010 a un indio que estaba al lao,
porque el pampa es desconfiao
siempre de todo cristiano,
y vi que tenía en la mano
el rebenque ensangrentao.

VIII

1015 Más tarde supe por ella,
de manera positiva,

que dentró una comitiva
de pampas a su partido,
mataron a su marido
1020   y la llevaron cautiva [311].

En tan dura servidumbre
hacían dos años que estaba;
un hijito que llevaba
a su lado lo tenía.
1025   La china la aborrecía,
tratándola como esclava.

Deseaba para escaparse
hacer una tentativa,
pues a la infeliz cautiva
1030   naides la va a redimir,
y allí tiene que sufrir
el tormento mientras viva.

Aquella china perversa,
dende el punto que llegó,
1035   crueldá y orgullo mostró
porque el indio era valiente:
usaba un collar de dientes
de cristianos que él mató.

La mandaba trabajar,
1040   poniendo cerca a su hijito,
tiritando y dando gritos,
por la mañana temprano,
atado de pies y manos
lo mesmo que un corderito.

1045   Ansí le imponía tarea
de juntar leña y sembrar
viendo a su hijito llorar;
y hasta que no terminaba,
la china no la dejaba
1050   que le diera de mamar.

[311] El tema de la mujer cautiva de los indios que ve degollar a su
propio hijo tenía un notable antecedente en *La cautiva* del romántico
Echeverría.

Cuando no tenían trabajo
la emprestaban a otra china.
—«Naides —decía— se imagina
ni es capaz de presumir
1055 cuánto tiene que sufrir
la infeliz que está cautiva.»

Si ven crecido a su hijito,
como de piedá no entienden
y a súplicas nunca atienden,
1060 cuando no es éste, es el otro:
se lo quitan y lo venden
o lo cambian por un potro.

En la crianza de los suyos
son bárbaros por demás.
1065 No lo había visto jamás:
en una tabla los atan,
los crían ansí y les achatan
la cabeza por detrás.

Aunque esto parezca estraño,
1070 ninguno lo ponga en duda;
entre aquella gente ruda,
en su bárbara torpeza,
es gala que la cabeza
se les forme puntiaguda.

1075 Aquella china malvada
que tanto la aborrecía
empezó a decir un día,
porque falleció una hermana,
que sin duda la cristiana
1080 le había echado brugería.

El indio la sacó al campo
y la empezó a amenazar
que le había de confesar
si la brugería era cierta,
1085 o que la iba a castigar
hasta que quedara muerta.

Llora la pobre, afligida;
pero el indio, en su rigor,
le arrebató con furor
1090   al hijo de entre sus brazos.
Y del primer rebencazo
la hizo crugir de dolor.

Que aquel salvaje tan cruel
azotándola seguía;
1095   más y más se enfurecía
cuanto más la castigaba,
y la infeliz se atajaba
los golpes como podía.

Que le gritó muy furioso:
1100   —«Confechando no querés»—,
la dio vüelta de un revés,
y por colmar su amargura,
a su tierna criatura
se la degolló a los pies.

1105   —«Es increible —me decía—
que tanta fiereza esista.
No habrá madre que resista;
aquel salvage inclemente
cometió tranquilamente
1110   aquel crimen a mi vista.»

Esos horrores tremendos
no los inventa el cristiano.
—«Ese bárbaro inhumano—
—sollozando me lo dijo—
1115   me amarró luego las manos
con las tripitas de mi hijo.»

IX

De ella fueron los lamentos
que en mi soledá escuché.
En cuanto al punto llegué,
1120   quedé enterado de todo.

Al mirarla de aquel modo
ni un istante tutubié.

Toda cubierta de sangre
aquella infeliz cautiva,
1125   tenía dende abajo arriba
la marca de los lazazos.
Sus trapos hechos pedazos
mostraban la carne viva.

Alzó los ojos al cielo,
1130   en sus lágrimas bañada.
Tenía las manos atadas;
su tormento estaba claro.
Y me clavó una mirada
como pidiéndome amparo.

1135   Yo no sé lo que pasó
en mi pecho en ese instante.
Estaba el indio arrogante
con una cara feroz:
para entendernos los dos
1140   la mirada fue bastante.

Pegó un brinco como gato
y me ganó la distancia;
aprovechó esa ganancia
como fiera cazadora:
1145   desató las boliadoras
y aguardó con vigilancia.

Aunque yo iba de curioso
y no por buscar contienda,
al pingo le até la rienda,
1150   eché mano dende luego [312],

---

[312] *Dende luego:* Esta locución aparece entre comas en algunas
ediciones del *Martín Fierro,* lo cual indica que se la interpreta en el
sentido moderno de *por supuesto.* Sin apelar a la puntuación de la
edición original del poema, siempre discutible, creemos que este *desde
luego* ha de entenderse en la significación tradicional y hoy desusada
de *inmediatamente.*

a éste que no yerra fuego [313],
y ya se armó la tremenda.

El peligro en que me hallaba
al momento conocí.
1155 Nos mantubimos ansí,
me miraba y lo miraba;
yo al indio le desconfiaba
y él me desconfiaba a mí.

Se debe ser precavido
1160 cuando el indio se agasape;
en esa postura el tape [314]
vale por cuatro o por cinco:
como tigre es para el brinco
y fácil que a uno lo atrape.

1165 Peligro era atropellar
y era peligro el juir,
y más peligroso seguir
esperando de este modo,
pues otros podían venir
1170 y carniarme allí entre todos.

A juerza de precaución
muchas veces he salvado,
pues en un trance apurado
es mortal cualquier descuido.
1175 Si Cruz hubiera vivido
no habría tenido cuidado.

Un hombre junto con otro
en valor y en juerza crece;
el temor desaparece;
1180 escapa de cualquier trampa.
Entre dos, no digo a un pampa,
a la tribu si se ofrece.

---

[313] *Éste que no yerra fuego:* Metáfora por el cuchillo. Santiago Lugones señala que esta alusión encierra también «intención despreciativa para las armas de fuego, que el gaucho tenía en poca estima» (ed. cit., pág. 179).

[314] *El tape:* Aquí simplemente indio, aunque originariamente era designación específica de la raza guaraní.

En tamaña incertidumbre,
en trance tan apurado,
1185   no podía, por de contado,
escaparme de otra suerte
sinó dando al indio muerte
o quedando allí estirado.

Y como el tiempo pasaba
1190   y aquel asunto me urgía,
viendo que él no se movía,
me fuí medio de soslayo
como a agarrarle el caballo,
a ver si se me venía.

1195   Ansí fué, no aguardó más,
Y me atropelló el salvage.
Es preciso que se ataje [315]
quien con el indio pelé.
El miedo de verse a pie
1200   aumentaba su coraje.

En la dentrada nomás
me largó un par de bolazos.
Uno me tocó en un brazo:
si me da bien, me lo quiebra,
1205   pues las bolas son de piedra
y vienen como balazo.

A la primer puñalada
el pampa se hizo un ovillo:
era el salvaje más pillo
1210   que he visto en mis correrías,
y a más de las picardías,
arisco [316] para el cuchillo.

Las bolas las manejaba
aquel bruto con destreza,
1215   las recogía con presteza
y me las volvía a largar,
haciéndomelas silvar
arriba de la cabeza.

---

[315] *Se ataje. Atajarse* equivale a prevenirse.
[316] *Arisco:* Huidizo, naturalmente.

　　　　　Aquel indio, como todos,
1220　　era cauteloso... ¡ay juna![317]
　　　　　ay me valió la fortuna
　　　　　de que peliando se apotra [318]:
　　　　　me amenazaba con una
　　　　　y me largaba con otra.

1225　　　Me sucedió una desgracia
　　　　　en aquel percance amargo;
　　　　　en momentos que lo cargo
　　　　　y que él reculando va,
　　　　　me enredé en el chiripá [319]
1230　　y cai tirao largo a largo.

　　　　　Ni pa encomendarme a Dios
　　　　　tiempo el salvage me dio;
　　　　　cuanto en el suelo me vio
　　　　　me saltó con ligereza;
1235　　juntito de la cabeza
　　　　　el bolazo retumbó.

　　　　　Ni por respeto al cuchillo
　　　　　dejó el indio de apretarme.
　　　　　Allí pretende ultimarme [320]
1240　　sin dejarme levantar,
　　　　　y no me daba lugar
　　　　　ni siquiera a enderezarme.

　　　　　De valde quiero moverme:
　　　　　aquel indio no me suelta.
1245　　Como persona resuelta,
　　　　　toda mi juerza ejecuto;
　　　　　pero abajo de aquel bruto
　　　　　no podía ni darme güelta.

---

[317] *¡Ahijuna!:* ¡Ay, hijo de una...!». Frente a este término sintético, véase la expresión casi completa (con la prudente elipsis final): «¡Ah, hijos de una...», en *Ida,* 787.

[318] *Se apotra:* Se irrita y enceguece como un potro.

[319] *Chiripá:* Prenda gauchesca consistente en una pieza amplia de paño que el gaucho se coloca entre las piernas, sobre los calzoncillos, sustituyendo de hecho al pantalón al quedar sujeta a la cintura.

[320] *Ultimar:* Matar.

          ...   .
          ...   .
          ...   .

             ¡Bendito, Dios poderoso
1250   quién te puede comprender!
       Cuando a una débil muger
       le diste en esa ocasión
       la juerza que en un varón
       tal vez no pudiera haber.

1255   Esa infeliz tan llorosa,
       viendo el peligro se anima.
       Como una flecha se arrima
       y, olvidando su aflición,
       le pegó al indio un tirón
1260   que me lo sacó de encima.

             Ausilio tan generoso
       me libertó del apuro.
       Si no es ella, de siguro
       que el indio me sacrifica.
1265   Y mi valor se duplica
       con un ejemplo tan puro.

             En cuanto me enderecé,
       nos volvimos a topar.
       No se podía descansar
1270   y me chorriaba el sudor.
       En un apuro mayor
       jamás me he vuelto a encontrar.

             Tampoco yo le daba alce [321],
       como deben suponer.
1275   Se había aumentao mi quehacer
       para impedir que el brutazo
       le pegara algún bolazo,
       de rabia, a aquella muger.

             La bola en manos del indio
1280   es terrible y muy ligera;

[321] *Alce: Dar alce* es lo mismo que dar ocasión. De *alzar, cortar*
la baraja.

hace de ella lo que quiera,
saltando como una cabra,
mudos, sin decir palabra,
peliábamos como fieras.

1285   Aquel duelo en el desierto,
nunca jamás se me olvida.
Iba jugando la vida
con tan terrible enemigo,
teniendo allí de testigo
1290   a una muger afligida.

Cuanto él más se enfurecía,
yo más me empiezo a calmar.
Mientras no logra matar
el indio no se desfoga.
1295   Al fin le corté una soga [322]
y lo empecé aventajar.

Me hizo sonar las costillas
de un bolazo aquel maldito,
y al tiempo que le di un grito
1300   y le dentro como bala,
pisa el indio y se refala
en el cuerpo del chiquito.

Para explicar el misterio
es muy escasa mi cencia:
1305   lo castigó, en mi concencia,
Su Divina Magestá [323].
Donde no hay casualidá
suele estar la Providencia.

En cuanto trastabilló [324],
1310   más de firme lo cargué,

---

[322] *Una soga:* Se alude a la cuerda de una de las boleadoras.

[323] Su *Divina Majestá.* Sobre el arraigo en España de esta forma de denominar a Dios nos dice José Blanco White: «Dios y el rey están tan unidos en la lengua del país que a los dos se les aplica el mismo título de *Majestad» (Cartas de España,* Madrid, Alianza, 1972, página 43). Lo recordamos como una muestra más del peso de la herencia española en el lenguaje del gaucho.

[324] *Trastabilló:* Tropezó.

y aunque de nuevo hizo pie,
lo perdió aquella pisada,
pues en esa atropellada
en dos partes lo corté.

1315   Al sentirse lastimao
se puso medio afligido;
pero era indio decidido,
su valor no se quebranta;
le salían de la garganta
1320   como una especie de aullidos.

Lastimao en la cabeza,
la sangre lo enceguecía;
de otra herida le salía,
haciendo un charco ande estaba;
1325   con los pies la chapaliaba [325]
sin aflojar todavía.

Tres figuras imponentes
formábamos aquel terno:
ella, en su dolor materno;
1330   yo, con la lengua dejuera;
y el salvaje, como fiera
disparada del infierno.

Iba conociendo el indio
que tocaban a degüello.
1335   Se le erizaba el cabello
y los ojos revolvía;
los labios se le perdían
cuando iba a tomar resuello.

En una nueva dentrada
1340   le pegué un golpe sentido,
y al verse ya mal herido,
aquel indio furibundo
lanzó un terrible alarido
que retumbó como un ruido
1345   si se sacudiera el mundo.

---

[325] *Chapaliaba (chapaleaba):* Chapoteaba.

Al fin de tanto lidiar
en el cuchillo lo alcé:
en peso lo levanté
aquel hijo del desierto;
1350   ensartado lo llevé,
y allá recién lo largué
cuando ya lo sentí muerto.

Me persiné dando gracias
de haber salvado la vida.
1355   Aquella pobre afligida,
de rodillas en el suelo,
alzó sus ojos al cielo
sollozando dolorida.

Me hinqué también a su lado
1360   a dar gracias a mi santo.
En su dolor y quebranto,
ella, a la Madre de Dios,
le pide en su triste llanto
que nos ampare a los dos.

1365   Se alzó con pausa de leona
cuando acabó de implorar,
y sin dejar de llorar
envolvió en unos trapitos
los pedazos de su hijito,
1370   que yo le ayudé a juntar.

X

Dende ese punto era juerza
abandonar el desierto,
pues me hubieran descubierto;
y aunque lo maté en pelea
1375   de fijo que me lancean
por vengar al indio muerto.

A la aflijida cautiva
mi caballo le ofrecí,
era un pingo que alquirí,
1380   y dondequiera que estaba,

en cuanto yo lo silvaba
venía a refregarse en mí.

Yo me le senté al del pampa;
era un escuro tapao[326].
1385   Cuando me hallo bien montao,
de mis casillas me salgo;
y era un pingo como galgo,
que sabía correr boliao [327].

Para correr en el campo
1390   no hallaba ningún tropiezo.
Los egercitan en eso,
y los ponen como luz [328],
de dentrarle a un avestruz
y boliar bajo el pescuezo.

1395   El pampa educa al caballo
como para un entrevero.
Como rayo es de ligero
en cuanto el indio lo toca;
y, como trompo, en la boca
1400   da güeltas sobre de un cuero [329].

Lo barea [330] en la madrugada;
jamás falta a este deber.
Luego, lo enseña a correr
entre fangos y guadales [331].
1405   ¡Ansina, esos animales
es cuanto se puede ver!

---

[326] *Escuro tapao:* Caballo de color totalmente negro.

[327] *Correr boliao (boleado):* Correr con las patas cogidas por las boleadoras. Todo un alarde. «Los indios pampas —dice Tiscornia—, en efecto, hacían el prodigio de enseñar a sus caballos a correr con las patas boleadas y en terreno medanoso» (ed. cit., pág. 306).

[328] *Como luz:* Ser una *luz* o *como una luz* equivale a ser muy ligero, muy vivo. Puede referirse a personas o animales.

[329] *Sobre de un cuero:* Una de las habilidades que se enseñaba a los caballos era la de hacerle girar sobre un cuero de vaca sin salirse de él.

[330] *Lo barea:* Varear al caballo consiste en hacerle ejercitarse para competir en una carrera.

[331] *Guadales:* Terrenos blandos, movedizos.

242

En el caballo de un pampa
no hay peligro de rodar,
¡jue pucha!, y pa disparar
1410   es pingo que no se cansa.
Con proligidá lo amansa
sin dejarlo corcobiar.

Pa quitarle las cosquillas
con cuidao lo manosea;
1415   horas enteras emplea,
y por fin sólo lo deja
cuando agacha las orejas
y ya el potro ni cocea.

Jamás le sacude un golpe,
1420   porque lo trata al bagual
con pacencia sin igual;
al domarlo no le pega,
hasta que al fin se le entrega
ya dócil el animal.

1425   Y aunque yo sobre los bastos [332]
me sé sacudir el polvo [333],
a esa costumbre me amoldo;
con pacencia lo manejan
y al día siguiente lo dejan
1430   rienda arriba [334] junto al toldo.

Ansí, todo el que procure
tener un pingo modelo,
lo ha de cuidar con desvelo,
y debe impedir también
1435   el que de golpes le den
o tironén en el suelo.

Muchos quieren dominarlo
con el rigor y el azote,
y si ven al chafalote [335]

---

[332] *Bastos:* Asiento del recado o silla de montar.
[333] *Me sé sacudir el polvo:* Sé aguantar, resistir.
[334] *Rienda arriba:* Cuando se dejaban las riendas sobre el caballo era señal de que éste se hallaba domesticado.
[335] *Chafalote:* Hombre basto, ordinario. Caballo grande y torpe.

1440   que tiene trazas de malo,
        lo embraman [336] en algún palo
        hasta que se descogote.

        Todos se vuelven pretestos
        y güeltas para ensillarlo.
1445   Dicen que es por quebrantarlo,
        mas compriende cualquier bobo
        que es el miedo del corcobo
        y no quieren confesarlo.

        El animal yeguarizo,
1450   perdónenme esta alvertencia
        es de mucha conocencia
        y tiene mucho sentido;
        es animal consentido;
        lo cautiva la pacencia.

1455   Aventaja a los demás
        el que estas cosas entienda.
        Es bueno que el hombre aprienda,
        pues hay pocos domadores
        y muchos frangoyadores [337]
1460   que andan de bozal y rienda [338].

        … … …
        … … …
        … … …

        Me vine, como les digo,
        trayendo esa compañera.
        Marchamos la noche entera,
        haciendo nuestro camino,
1465   sin más rumbo que el destino,
        que nos llevara ande quiera.

---

[336] *Lo embraman: Embramar* significa atar a un caballo a una estaca o palenque (bramadero) a muy corta distancia de éste de modo que tenga poca capacidad de movimiento.

[337] *Frangolladores:* De *frangollar,* hacer una cosa mal y con precipitación. Entre los gauchos se aplicaba al domador de caballos poco hábil.

[338] *Bozal y rienda:* Objetos típicos del domador. Los caballos mansos ya no precisan bozal.

Al muerto, en un pajonal
había tratao de enterrarlo,
y después de maniobrarlo
1470   lo tapé bien con las pajas,
para llevar de ventaja
lo que emplearan en hallarlo.

En notando nuestra ausiencia
nos habían de perseguir,
1475   y al decidirme a venir,
con todo mi corazón
hice la resolución
de peliar hasta morir.

Es un peligro muy serio
1480   cruzar juyendo el desierto.
Muchísimos de hambre han muerto,
pues en tal desasociego
no se puede ni hacer fuego
para no ser descubierto.

1485   Sólo el albitrio del hombre
puede ayudarlo a salvar;
no hay auxilio que esperar,
sólo de Dios hay amparo.
En el desierto es muy raro
1490   que uno se pueda escapar.

¡Todo es cielo y horizonte
en inmenso campo verde!
¡Pobre de aquel que se pierde
o que su rumbo estravea!
1495   Si alguien cruzarlo desea
este consejo recuerde:

Marque su rumbo de día
con toda fidelidá,
marche con puntualidá,
1500   siguiéndolo con fijeza,
y si duerme, la cabeza
ponga para el lao que va.

Oserve con todo esmero
adonde el sol aparece;
1505   si hay ñeblina y le entorpece
y no lo puede oservar,
guardese de caminar,
pues quien se pierde perece.

Dios les dio istintos sutiles
1510   a toditos los mortales.
El hombre es uno de tales,
y en lás llanuras aquellas
lo guían el sol, las estrellas,
el viento y los animales.

1515   Para ocultarnos de día
a la vista del salvage,
ganábamos un parage
en que algún abrigo hubiera,
a esperar que anocheciera
1520   para seguir nuestro viaje.

Penurias de toda clase
y miserias padecimos:
varias veces no comimos
o comimos carne cruda;
1525   y en otras, no tengan duda,
con reices nos mantubimos.

Después de mucho sufrir
tan peligrosa inquietú,
alcanzamos con salú
1530   a divisar una sierra,
y al fin pisamos la tierra
en donde crece el ombú [339].

Nueva pena sintió el pecho
por Cruz, en aquel parage,

---

[339] *Ombú:* Árbol típico de la pampa, si bien en aquella época lo
era sólo de las zonas habitadas por el hombre blanco, ya que fue
llevado por él. Para el gaucho era sobre todo un grato refugio debido
a la sombra que su frondosa y amplia copa proporciona. Por lo
demás ni su madera ni sus frutos son utilizables.

246

1535   y en humilde vasallage
a la Magestá infinita
besé esta tierra bendita
que ya no pisa el salvage.

   Al fin la misericordia
1540 de Dios nos quiso amparar.
Es preciso soportar
los trabajos con costancia,
alcanzamos una estancia
después de tanto penar.

1545   Ay mesmo me despedí
de mi infeliz compañera.
—«Me voy —le dije— ande quiera,
aunque me agarre el gobierno,
pues infierno por infierno,
1550 prefiero el de la frontera.»

   Concluyo esta relación,
ya no puedo continuar.
Permítanme descansar:
están mis hijos presentes,
1555 y yo ansioso por que cuenten
lo que tengan que contar.

XI

   Y mientras que tomo un trago
pa refrescar el garguero,
y mientras tiempla el muchacho
1560 y prepara su estrumento,
les contaré de qué modo
tuvo lugar el encuentro:
me acerqué a algunas estancias
por saber algo de cierto,
1565 creyendo que en tanto años
esto se hubiera compuesto;
pero cuanto saqué en limpio
fue que estábamos lo mesmo.
Ansí me dejaba andar

1570   haciéndome el chancho rengo,
porque no me convenía
revolver el avispero;
pues no inorarán ustedes
que en cuentas con el gobierno
1575   tarde o temprano lo llaman
al pobre a hacer el arreglo.
Pero al fin tuve la suerte
de hallar un amigo viejo,
que de todo me informó,
1580   y por él supe al momento,
que el juez que me perseguía
hacía tiempo que era muerto;
por culpa suya he pasado
diez años de sufrimiento,
1585   y no son pocos diez años
para quien ya llega a viejo.
Y los he pasado ansí;
si en mi cuenta no me yerro:
tres años en la frontera,
1590   dos como gaucho matrero,
y cinco allá entre los indios
hacen los diez que yo cuento.
Me dijo, a más, ese amigo
que andubiera sin recelo,
1595   que todo estaba tranquilo,
que no perseguía el Gobierno,
que ya naides se acordaba
de la muerte del moreno,
aunque si yo lo maté
1600   mucha culpa tuvo el negro.
Estube un poco imprudente,
puede ser, yo lo confieso,
pero él me precipitó
porque me cortó primero;
1605   y a más, me cortó en la cara,
que es un asunto muy serio.
Me asiguró el mesmo amigo
que ya no había ni el recuerdo
de aquel que en la pulpería
1610   lo dejé mostrando el sebo.
Él, de engreido, me buscó,
yo ninguna culpa tengo;

él mesmo vino a peliarme,
y tal vez me hubiera muerto
1615 si le tengo más confianza
o soy un poco más lerdo.
Fue suya toda la culpa,
porque ocasionó el suceso.
Que ya no hablaban tampoco,
1620 me lo dijo muy de cierto,
de cuando con la partida
llegué a tener el encuentro.
Esa vez me defendí
como estaba en mi derecho,
1625 porque fueron a prenderme
de noche y en campo abierto.
Se me acercaron con armas,
y sin darme voz de preso.
Me amenazaron a gritos
1630 de un modo que daba miedo;
que iban a arreglar mis cuentas,
tratándome de matrero,
y no era el gefe el que hablaba,
sinó un cualquiera de entre ellos.
1635 Y ése, me parece a mí,
no es modo de hacer arreglos,
ni con el que es inocente,
ni con el culpable menos.
Con semejantes noticias
1640 yo me puse muy contento
y me presenté ande quiera
como otros pueden hacerlo.
De mis hijos he encontrado
sólo a dos hasta el momento;
1645 y de ese encuentro feliz
le doy las gracias al cielo.
A todos cuantos hablaba
les preguntaba por ellos,
mas no me daba ninguno
1650 razón de su paradero.
Casualmente el otro día
llegó a mi conocimiento,
de una carrera muy grande
entre varios estancieros;
1655 y fui como uno de tantos

aunque no llevaba un medio [340].
No faltaba, ya se entiende,
en aquel gauchage inmenso
muchos que ya conocían
1660 la historia de Martín Fierro;
y allí estaban los muchachos
cuidando unos paregeros [341].
Cuando me oyeron nombrar
se vinieron al momento,
1665 diciéndome quiénes eran,
aunque no me conocieron
porque venía muy aindiao
y me encontraban muy viejo.
La junción de los abrazos,
1670 de los llantos y los besos
se deja pa las mugeres,
como que entienden el juego.
Pero el hombre que compriende
que todos hacen lo mesmo,
1675 en público canta y baila,
abraza y llora en secreto.
Lo único que me han contao
es que mi muger ha muerto.
Que en procuras de un muchacho
1680 se fue la infeliz al pueblo,
donde infinitas miserias
habrá sufrido por cierto.
Que por fin a un hospital
fue a parar medio muriendo,
1685 y en ese abismo de males
falleció al muy poco tiempo.
Les juro que de esa pérdida
jamás he de hallar consuelo:
muchas lágrimas me cuesta
1690 dende que supe el suceso.
Mas dejemos cosas tristes,
aunque alegrías no tengo;
me parece que el muchacho
ha templao y está dispuesto.
1695 Vamos a ver qué tal lo hace,

[340] *Un medio:* Moneda de níquel de muy poco valor. Medio real.
[341] *Parejeros:* Caballos adiestrados para tomar parte en carreras.

250

y juzgar su desempeño.
Ustedes no los conocen,
yo tengo confianza en ellos,
no porque lleven mi sangre
1700 —eso fuera lo de menos—
sinó porque dende chicos
han vivido padeciendo.
Los dos son aficionados,
les gusta jugar con fuego;
1705 vamos a verlos correr:
son cojos... hijos de rengo.

XII

EL HIJO MAYOR DE MARTÍN FIERRO

La penitenciaría

Aunque el gajo se parece
al árbol de donde sale,
solía decirlo mi madre,
1710 y en su razón estoy fijo:
«Jamás puede hablar el hijo
con la autoridá del padre.»

Recordarán que quedamos
sin tener dónde abrigarnos,
1715 ni ramada ande ganarnos,
ni rincón donde meternos,
ni camisa que ponernos,
ni poncho con que taparnos.

Dichoso aquel que no sabe
1720 lo que es vivir sin amparo;
yo con verdá les declaro,
aunque es por demás sabido:
dende chiquito he vivido
en el mayor desamparo.

1725   No le merman el rigor
los mesmos que lo socorren,
tal vez porque no se borren
los decretos del destino,
de todas partes lo corren
1730   como ternero dañino.

Y vive como los bichos,
buscando alguna rendija.
El güérfano es sabandija
que no encuentra compasión,
1735   y el que anda sin direción
es guitarra sin clavija.

Sentiré que cuanto digo
a algún oyente le cuadre.
Ni casa tenía, ni madre,
1740   ni parentela, ni hermanos;
y todos limpian sus manos
en el que vive sin padre.

Lo cruza éste de un lazazo,
lo abomba [342] aquél de un moquete,
1745   otro le busca el cachete,
y entre tanto soportar,
suele a veces no encontrar
ni quien le arroje un soquete.

Si lo recogen lo tratan
1750   con la mayor rigidez;
piensan que es mucho tal vez,
cuando ya muestra el pellejo,
si le dan un trapo viejo
pa cubrir su desnudez.

1755   Me crié, pues, como les digo,
desnudo a veces y hambriento,
me ganaba mi sustento
y ansí los años pasaban.
Al ser hombre me esperaban
1760   otra clase de tormentos.

---

[342] *Lo abomba:* Lo aturde.

Pido a todos que no olviden
lo que les voy a decir:
en la escuela del sufrir
he tomado mis leciones,
1765   y hecho muchas refleciones
dende que empecé a vivir.

Si alguna falta cometo
la motiva mi inorancia;
no vengo con arrogancia,
1770   y les diré en conclusión
que trabajando de pión
me encontraba en una estancia.

El que manda siempre puede
hacerle al pobre un calvario.
1775   A un vecino propietario
un boyero le mataron,
y aunque a mí me lo achacaron [343],
salió cierto en el sumario.

Piensen los hombres honrados
1780   en la vergüenza y la pena
de que tendría la alma llena
al verme ya tan temprano
igual a los que sus manos
con el crimen envenenan.

1785   Declararon otros dos
sobre el caso del dijunto;
mas no se aclaró el asunto,
y el juez, por darlas de listo.
—«Amarrados como un Cristo
1790   —nos dijo— irán todos juntos.»

«A la justicia ordinaria
voy a mandar a los tres.»
Tenía razón aquel juez

---

[343] *Me lo achacaron:* Hernández amplía por su cuenta el significa-
do de achacar, que viene a ser aquí atribuir, imputar erróneamente.
Cierto que de hecho tal ampliación no deja de ir implícita en buena
parte de los casos en que se usa el verbo *achacar.*

y cuantos ansí amenacen;
1795 ordinaria... es como la hacen,
lo he conocido después.

Nos remitió, como digo,
a esa justicia ordinaria,
y fuimos con la sumaria
1800 a esa cárcel de malevos
que por un bautismo nuevo
le llaman Penitenciaria.

El porqué tiene ese nombre
naides me lo dijo a mí,
1805 mas yo me lo esplico ansí:
le dirán Penitenciaria
por la penitencia diaria
que se sufre estando allí.

Criollo que cai en desgracia
1810 tiene que sufrir no poco;
naides lo ampara tampoco
si no cuenta con recursos.
El gringo es de más discurso:
cuando mata, se hace el loco.

1815 No sé el tiempo que corrió
en aquella sepoltura.
Si de ajuera no lo apuran,
el asunto va con pausa:
tienen la presa sigura
1820 y dejan dormir la causa.

Inora el preso a qué lado
se inclinará la balanza;
pero es tanta la tardanza,
que yo les digo por mí:
1825 el hombre que dentre allí
deje afuera la esperanza.

Sin perfecionar las leyes
perfecionan el rigor.
Sospecho que el inventor
1830 habrá sido algún maldito:

por grande que sea un delito
aquella pena es mayor.

Eso es para quebrantar
el corazón más altivo.
1835 Los llaveros son pasivos,
pero más secos y duros
tal vez que los mesmos muros
en que uno gime cautivo.

No es en grillos ni en cadenas
1840 en lo que usté penará,
sinó en una soledá
y un silencio tan projundo
que parece que en el mundo
es el único que está.

1845 El más altivo varón
y de cormillo gastao,
allí se vería agobiao
y su corazón marchito
al encontrarse encerrao
1850 a solas con su delito.

En esa cárcel no hay toros,
allí todos son corderos;
no puede el más altanero,
al verse entre aquellas rejas,
1855 sinó amujar [344] las orejas
y sufrir callao su encierro.

Y digo a cuantos inoran
el rigor de aquellas penas,
yo, que sufrí las cadenas
1860 del destino y su inclemencia:
que provechen la esperencia
del mal en cabeza agena.

¡Ay, madres, las que dirigen
al hijo de sus entrañas!

---

[344] *Amujar: Amusgar,* echar para atrás las orejas el caballo como
síntoma de furia pero también, en otros casos, de mansedumbre.

1865   No piensen que las engaña
ni que les habla un falsario;
lo que es el ser presidiario
no lo sabe la campaña.

    Hijas, esposas, hermanas,
1870   cuantas quieren a un varón,
díganles que esa prisión
es un infierno temido,
donde no se oye más ruido
que el latir del corazón.

1875   Allá el día no tiene sol,
la noche no tiene estrellas;
sin que le valgan querellas
encerrao lo purifican;
y sus lágrimas salpican
1880   en las paredes aquellas.

    En soledá tan terrible,
de su pecho oye el latido.
Lo sé porque lo he sufrido,
y creameló el aulitorio:
1885   tal vez en el purgatorio
las almas hagan más ruido.

    Cuenta esas horas eternas
para más atormentarse;
su lágrima al redamarse
1890   calcula en sus afliciones,
contando sus pulsaciones,
lo que dilata en secarse.

    Allí se amansa el más bravo,
allí se duebla el más juerte;
1895   el silensio es de tal suerte,
que cuando llegue a venir,
hasta se le han de sentir
las pisadas a la muerte.

    Adentro mesmo del hombre
1900   se hace una revolución:
metido en esa prisión,

de tanto no mirar nada,
le nace y queda grabada
la idea de la perfeción.

1905 En mi madre, en mis hermanos,
en todo pensaba yo.
Al hombre que allí dentró
de memoria más ingrata,
fielmente se le retrata
1910 todo cuanto ajuera vio.

Aquel que ha vivido libre
de cruzar por donde quiera
se aflige y se desespera
de encontrarse allí cautivo.
1915 Es un tormento muy vivo
que abate la alma más fiera.

En esa estrecha prisión,
sin poderme conformar,
no cesaba de esclamar:
1920 ¡Qué diera yo por tener
un caballo en que montar
y una pampa en que correr!

En un lamento constante
se encuentra siempre embreteao [345].
1925 El castigo han inventao
de encerrarlo en las tinieblas,
y allí está como amarrao
a un fierro [346] que no se duebla.

No hay un pensamiento triste
1930 que al preso no lo atormente.
Bajo un dolor permanente,

---

[345] *Embreteao:* De *embretear* o *embretar,* encerrar al ganado donde no pueda escapar.
[346] *Fierro:* Se trata de una palabra cuyo uso en Hispanoamérica excede al mero nivel popular. Recuérdense, por ejemplo, estos versos de Borges: «De fierro, / de encorvados tirantes de fierro tiene que ser la noche...» *(El otro, el mismo,* en *Obra poética,* Madrid, Alianza-Emecé, 1972, pág. 119).

agacha al fin la cabeza,
porque siempre es la tristeza
hermana de un mal presente.

1935   Vierten lágrimas sus ojos,
pero su pena no alivia
en esa constante lidia
sin un momento de calma,
contempla con los del alma
1940   felicidades que envidia.

Ningún consuelo penetra
detrás de aquellas murallas.
El varón de más agallas,
aunque más duro que un perno,
1945   metido en aquel infierno
sufre, gime, llora y calla.

De furor el corazón
se le quiere reventar:
pero no hay sinó aguantar
1950   aunque sosiego no alcance.
¡Dichoso en tan duro trance
aquel que sabe rezar!

¡Dirige a Dios su plegaria
el que sabe una oración!
1955   En esa tribulación
gime olvidado del mundo
y el dolor es más projundo
cuando no halla compasión.

En tan crueles pesadumbres,
1960   en tan duro padecer,
empezaba a encanecer
después de muy pocos meses.
Allí lamenté mil veces
no haber aprendido a ler.

1965   Viene primero el furor,
después la melancolía.
En mi angustia no tenía
otro alivio ni consuelo

sino regar aquel suelo
1970   con lágrimas noche y día.

A visitar otros presos
sus familias solían ir.
Naides me visitó a mí
mientras estube encerrado:
1975   ¡quién iba a costiarse [347] allí
a ver a un desamparado!

¡Bendito sea el carcelero
que tiene buen corazón!
Yo sé que esta bendición
1980   pocos pueden alcanzarla,
pues si tienen compasión
su deber es ocultarla.

Jamás mi lengua podrá
espresar cuánto he sufrido:
1985   en ese encierro metido,
llaves, paredes, cerrojos,
se graban tanto en los ojos
que uno los ve hasta dormido.

...   .
...   .
...   .

El mate [348] no se permite,
1990   no le permiten hablar.
No le permiten cantar
para aliviar su dolor,
y hasta el terrible rigor
de no dejarlo fumar.

1995   La justicia muy severa
suele rayar en crueldá.

---

[347] *Costiarse:* Tomarse la molestia de trasladarse a un lugar.

[348] *Mate:* Infusión preparada con yerba mate, que constituye la bebida nacional de los países del Plata. Se denomina así también a la pequeña calabaza seca que sirve de recipiente. Su carencia para un hombre del campo es aún hoy algo muy duro de soportar.

Sufre el pobre que allí está
calenturas y delirios,
pues no esiste pior martirio
2000   que esa eterna soledá.

Conversamos con las rejas
por sólo el gusto de hablar,
pero nos mandan callar
y es preciso conformarnos,
2005   pues no se debe irritar
a quien puede castigarnos.

Sin poder decir palabra
sufre en silencio sus males,
y uno en condiciones tales
2010   se convierte en animal,
privao del don principal
que Dios hizo a los mortales.

Yo no alcanzo a comprender
por qué motivo será
2015   que el preso privado está
de los dones más preciosos
que el justo Dios bondadoso
otorgó a la humanidá.

Pues que de todos los bienes,
2020   en mi inorancia lo infiero,
que le dio al hombre altanero
su Divina Magestá,
la palabra es el primero,
el segundo es la amistá.

2025   Y es muy severa la ley
que por un crimen o un vicio
somete al hombre a un suplicio,
el más tremendo y atroz,
privado de un beneficio
2030   que ha recebido de Dios.

La soledá causa espanto,
el silencio causa horror;

ese continuo terror
es el tormento más duro,
2035 y en un presidio siguro
está de más tal rigor.

Inora uno si de allí
saldrá pa la sepoltura.
El que se halla en desventura
2040 busca a su lado otro ser.
Pues siempre es bueno tener
compañeros de amargura.

Otro más sabio podrá
encontrar razón mejor;
2045 yo no soy rebuscador,
y ésta me sirve de luz:
se los dieron al Señor
al clavarlo en una cruz.

Y en las projundas tinieblas
2050 en que mi razón esiste,
mi corazón se resiste
a ese tormento sin nombre,
pues el hombre alegra al hombre
y al hablar consuela al triste.

...   .
...   .
...   .

2055 Grábenlo como en la piedra
cuanto he dicho en este canto;
y aunque yo he sufrido tanto,
debo confesarlo aquí:
el hombre que manda allí
2060 es poco menos que un santo.

Y son buenos los demás,
a su ejemplo se manejan;
pero por eso no dejan
las cosas de ser tremendas.
2065 Piensen todos y compriendan
el sentido de mis quejas.

Y guarden en su memoria
con toda puntualidá
lo que con tal claridá
2070   les acabo de decir.
Mucho tendrán que sufrir
si no creen en mi verdá.

Y si atienden mis palabras
no habrá calabozos llenos.
2075   No olviden esto jamás:
manéjense como buenos;
aquí no hay razón de más,
más bien las puse de menos.

Y con esto me despido.
2080   Todos han de perdonar,
ninguno debe olvidar
la historia de un desgraciado.
Quien ha vivido encerrado
poco tiene que contar.

XIII

EL HIJO SEGUNDO DE MARTÍN FIERRO

2085   Lo que les voy a decir
ninguno lo ponga en duda,
y aunque la cosa es peluda [349],
haré la resolución;
es ladino el corazón,
2090   pero la lengua no ayuda.

El rigor de las desdichas
hemos soportao diez años,
pelegrinando entre estraños,
sin tener donde vivir,
2095   y obligando a sufrir
una máquina de daños.

---

[349] *Peluda:* Peliaguda.

El que vive de ese modo
de todos es tributario.
Falta el cabeza primario [350],
2100 y los hijos que él sustenta
se dispersan como cuentas
cuando se corta el rosario.

Yo andube ansí como todos,
hasta que al fin de sus días
2105 supo mi suerte una tía
y me recogió a su lado.
Allí viví sosegado
y de nada carecía.

No tenía cuidado alguno,
2110 ni que trabajar tampoco;
y como muchacho loco
lo pasaba de holgazán.
Con razón dice el refrán
que lo bueno dura poco.

2115 En mí todo su cuidado
y su cariño ponía.
Como a un hijo me quería
con cariño verdadero;
y me nombró de heredero
2120 de los bienes que tenía.

El juez vino sin tardanza
cuanto falleció la vieja.
—«De los bienes que te deja—
—me dijo— yo he de cuidar.
2125 Es un rodeo regular
y dos majadas de ovejas.»

Era hombre de mucha labia,
con más leyes que un dotor.
Me dijo: —«Vos sos menor
2130 y por los años que tienes [351]

---

[350] *El cabeza primario:* «Extraña locución —comentan Borges y
Bioy Casares— que parece significar el padre» *(op. cit.,* pág. 681).
[351] *Tienes:* En contraste con las formas verbales correspondientes

no podés manejar bienes.
Voy a nombrarte un tutor.»

Tomó un recuento de todo
porque entendía su papel
2135   y después que aquel pastel
lo tuvo bien amasao,
puso al frente un encargao
y a mí me llevó con él.

Muy pronto estuvo mi poncho
2140   lo mesmo que cernidor;
el chiripá estaba pior,
y aunque para el frío soy guapo
ya no me quedaba un trapo
ni pa el frío ni pa el calor.

2145   En tan triste desabrigo,
tras de un mes iba otro mes.
Guardaba silencio el juez,
la miseria me invadía.
Me acordaba de mi tía
2150   al verme en tal desnudes.

No sé decir con fijeza
el tiempo que pasé allí;
y después de andar ansí,
como moro sin señor [352],
2155   pasé a poder del tutor
que debía cuidar de mí.

----

al voseo habitual en el poema, nos sorprende ésta, tal vez forzada por las necesidades de la rima o acaso por el deseo de Hernández de mostrar un matiz academicista en el juez que habla, consecuente con su verbosidad y sabiduría (un matiz fugaz si observamos el *podés* del siguiente verso). Atribúyase en último término la regularidad castellana de dicha forma a las tendencias cultistas que los personajes del poema muestran de vez en cuando.

[352] *Como moro sin señor:* Libremente, sin ocupación. Frente a quienes buscan un origen tradicional, español, a esta frase, pensamos con Emilio Carilla (ed. cit., pág. 260) que está basada en vivencias meramente gauchescas. Véase nota 58 sobre el caballo *moro.*

XIV

Me llevó consigo un viejo
que pronto mostró la hilacha[353]:
dejaba ver por la facha
2160   que era medio cimarrón,
muy renegao, muy ladrón,
y le llamaban Viscacha[354].

Lo que el juez iba buscando
sospecho y no me equivoco;
2165   pero este punto no toco
ni su secreto averiguo.
Mi tutor era un antiguo
de los que ya quedan pocos.

Viejo lleno de camándulas,
2170   con un empaque a lo toro;
andaba siempre en un moro
metido en no sé qué enriedos;
con las patas como loro,
de estribar entre los dedos[355].

2175   Andaba rodiao de perros,
que eran todo su placer;
jamás dejó de tener
menos de media docena;
mataba vacas ajenas
2180   para darles de comer.

Carniábamos noche a noche
alguna res en el pago;

---

[353] *Mostró la hilacha.* Dio a conocer su personalidad, enseñó la oreja.

[354] Sobre *Viscacha,* apelativo tomado del mamífero del mismo nombre, véase nota 151.

[355] *Estribar entre los dedos:* Algunos gauchos usaban un estribo muy sencillo, terminado en una especie de botón sobre el que apoyaban los dos dedos mayores de cada pie, entre los que pasaba la estribera o correa.

y dejando allí el resago[356],
alzaba en ancas el cuero,
2185 que se lo vendía a un pulpero
por yerba [357], tabaco y trago.

¡Ah, viejo! Más comerciante
en mi vida lo he encontrao.
Con ese cuero robao
2190 él arreglaba el pastel,
y allí entre el pulpero y él
se estendía el certificao [358].

La echaba de comedido;
en las trasquilas lo viera.
2195 Se ponía como una fiera
si cortaban una oveja;
pero de alzarse no deja
un vellón o unas tijeras.

Una vez me dio una soba
2200 que me hizo pedir socorro,
porque lastimé un cachorro
en el rancho de unas vascas,
y al irse se alzó unas guascas.
Para eso era como zorro.

2205 ¡Ay juna!, dije entre mí;
me has dao esta pesadumbre:
ya verás cuanto vislumbre
una ocasión media güena:
te he de quitar la costumbre
2210 de cerdiar [359] yeguas ajenas.

Porque maté una viscacha
otra vez me reprendió.

---

[356] *El resago* (rezago): El residuo, el resto; es decir, la carne del animal.
[357] *Yerba:* Por supuesto, yerba mate. Nunca se utiliza en este caso la grafía *hierba.*
[358] *El certifica(d)o:* El documento, falso naturalmente, que acreditaba la propiedad de la res vendida.
[359] *Cerdiar (cerdear):* Cortar las cerdas de la cola a un equino.

Se lo vine a contar yo,
y no bien se lo hube dicho:
2215 —«Ni me nuembres ese vicho»
—me dijo, y se me enojó.

Al verlo tan irritao
hallé prudente callar.
Éste me va a castigar,
2220 dije entre mí, si se agravia.
Ya vi que les tenía rabia,
y no las volví a nombrar.

Una tarde halló una punta
de yeguas medio bichocas;
2225 después que voltió unas pocas
las cerdiaba con empeño.
Yo vide venir al dueño
pero me callé la boca.

El hombre venía jurioso
2230 y nos cayó como un rayo;
se descolgó del caballo
revoliando el arriador [360],
y lo cruzó de un lazaso
ay no más a mi tutor.

2235 No atinaba don Viscacha
a qué lado disparar,
hasta que logró montar,
y de miedo del chicote,
se lo apretó hasta el cogote [361],
2240 sin pararse a contestar.

Ustedes crerán tal vez
que el viejo se curaría:
no, señores, lo que hacía,
con más cuidao dende entonces,
2245 era maniarlas [362] de día
para cerdiar a la noche.

___

[360] *Arriador* (arreador): Látigo para arrear el ganado.
[361] *Se lo apretó hasta el cogote:* El sombrero, debe entenderse.
[362] *Maniarlas (manearlas):* Atalarlas. (Véase nota 64.)

Ése fue el hombre que estuvo
encargao de mi destino.
Siempre andubo en mal camino,
2250 y todo aquel vecinario
decía que era un perdulario,
insufrible de dañino.

Cuando el juez me lo nombró
al dármelo de tutor
2255 me dijo que era un señor
el que me debía cuidar,
enseñarme a trabajar
y darme la educación.

Pero qué había de aprender
2260 al lao de ese viejo paco [363],
que vivía como el chuncaco [364]
en los bañaos [365], como el tero;
un haragán, un ratero,
y más chillón que un barraco[366].

2265 Tampoco tenía más bienes
ni propiedá conocida
que una carreta podrida
y las paredes sin techo
de un rancho medio deshecho
2270 que le servía de guarida.

Después de las trasnochadas
allí venía a descansar.
Yo desiaba aviriguar

---

[363] *Paco:* Llama o alpaca. Carilla supone que la comparación de
este mamífero típicamente americano con Viscacha viene dada por las
mañas y terquedades que les eran comunes. Cabe objetar que las
llamas son animales del altiplano y de los Andes y no de la pampa,
si bien es cierto que también Martín Fierro habla de lobos y leo-
nes, igualmente ajenos al ámbito del gaucho. Interesa recordar que
en lunfardo, lenguaje del hampa porteña, *paco* significa paquete de
billetes simulados.

[364] *Chuncaco:* Especie de sanguijuela.

[365] *Bañao (bañado):* Terreno bajo y anegadizo.

[366] *Barraco. (Varraco o verraco.)* Cerdo.

lo que tubiera escondido,
2275 pero nunca había podido
pues no me dejaba entrar.

Yo tenía unas jergas viejas
que habían sido más peludas;
y con mis carnes desnudas,
2280 el viejo, que era una fiera,
me echaba a dormir ajuera
con unas heladas crudas.

Cuando mozo fue casao,
aunque yo lo desconfío;
2285 y decía un amigo mío
que, de arrebatao y malo,
mató a su muger de un palo
porque le dio un mate frío [367].

Y viudo por tal motivo
2290 nunca se volvió a casar.
No era fácil encontrar
ninguna que lo quisiera:
todas temerían llevar
la suerte de la primera.

2295 Soñaba siempre con ella,
sin duda por su delito,
y decía el viejo maldito,
el tiempo que estubo enfermo,
que ella dende el mesmo infierno
2300 lo estaba llamando a gritos.

XV

Siempre andaba retobao,
con ninguno solía hablar;

---

[367] *Mate frío:* Hay todo un lenguaje del mate, con arreglo a las
diversas maneras en que puede ofrecerse. El mate frío revela indife-
rencia por parte de quien lo sirve hacia quien lo recibe. Claro que
esta y otras sutilezas corresponden, sin duda, al mundo de los novios
y pretendientes, pero el dato es significativo en cualquier caso.

se divertía en escarbar
y hacer marcas[368] con el dedo;
2305 y cuanto se ponía en pedo[369]
me empezaba aconsejar.

Me parece que lo veo
con su poncho calamaco[370].
Después de echar un buen taco
2310 ansí principiaba a hablar:
—«Jamás llegués a parar
a donde veas perros flacos.

El primer cuidao del hombre
es defender el pellejo.
2315 Lleváte de mi consejo,
fijáte bien en lo que hablo:
el diablo sabe por diablo,
pero más sabe por viejo.»

«Hacéte amigo del juez,
2320 no le des de qué quejarse;
y cuando quiera enojarse
vos te debés encojer,
pues siempre es güeno tener
palenque ande ir a rascarse.»

2325 «Nunca le llevés la contra,
porque él manda la gavilla [371].
Allí sentao en su silla
ningún güey le sale bravo;
a uno le da con el clavo[372]
2330 y a otro con la cantramilla»[373].

---

[368] *Marcas:* De las letras o signos con que se herraba al ganado.

[369] *Se ponía en pedo:* Se emborrachaba. (Véase nota 137.)

[370] *Calamaco:* De color rojo.

[371] *Gavilla:* Recuérdese que en sentido figurado *gavilla* equivale a «junta de mucha gente plebeya o despreciable» (Julio Casares, *Diccionario ideológico de la lengua española,* Barcelona, Gustavo Gili, 1948).

[372] *Clavo:* Punta de hierro en el extremo de la caña o *picana* que se llevaba en las carretas para azuzar a los bueyes. (Cf. Concolorcorvo: *El lazarillo...,* pág. 183.)

[373] *Cantramilla:* Especie de pincho, pendiente de la *picana,* con el

«El hombre, hasta el más soberbio,
con más espinas que un tala [374],
aflueja andando en la mala
y es blando como manteca:
2335   hasta la hacienda baguala [375]
cai al jagüel [376] con la seca» [377].

«No andés cambiando de cueva,
hacé las que hace el ratón:
consérvate en el rincón
2340   en que empesó tu esistencia:
vaca que cambia querencia
se atrasa en la parición.»

Y menudiando los tragos
aquel viejo como cerro [378]:
2345   «No olvidés —me decía— Fierro,
que el hombre no debe crer
en lágrimas de mujer
ni en la renguera[379] del perro.»

«No te debés afligir
2350   aunque el mundo se desplome.
Lo que más precisa el hombre
tener, según yo discurro,
es la memoria del burro
que nunca olvida ande come.»

2355   «Dejá que caliente el horno
el dueño del amasijo.
Lo que es yo, nunca me aflijo

---

que azuzaba a los bueyes intermedios o *medieros* (cuando se trataba de carretas de seis bueyes).

[374] *Tala:* Árbol de gran desarrollo y frondosidad, cuya madera tiene aplicaciones muy útiles. Es, como el texto indica, muy espinoso.

[375] *Hacienda baguala:* Ganado cimarrón.

[376] *Jagüel:* Especie de represa o balsa hecha para disponer de agua para el ganado.

[377] *Seca:* Sequía.

[378] *Como cerro:* Comparación con tal accidente geográfico del vientre prominente de muchos bebedores. Véase Diego Abad de Santillán, *Diccionario de argentinismos,* Buenos Aires, Tipográfica Editora argentina, 1976.

[379] *Renguera:* Cojera.

y a todito me hago el sordo:
el cerdo vive tan gordo
2360 y se come hasta los hijos.»

«El zorro que ya es corrido,
dende lejos la olfatea [380].
No se apure quien desea
hacer lo que le aproveche:
2365 la vaca que más rumea [381]
es la que da mejor leche.»

«El que gana su comida
bueno es que en silencio coma.
Ansina vos ni por broma
2370 querrás llamar la atención:
nunca escapa el cimarrón
si dispara por la loma.»

«Yo voy donde me conviene
y jamás me descarrío.
2375 Lleváte el ejemplo mío,
y llenarás la barriga.
Aprendé de las hormigas:
no van a un noque vacío.»

«A naides tengás envidia:
2380 es muy triste el envidiar.
Cuando veas a otro ganar,
a estorbarlo no te metas:
cada lechón en su teta
es el modo de mamar.»

2385 «Ansí se alimentan muchos
mientras los pobres lo pagan.
Como el cordero hay quien lo haga
en la puntita, no niego;
pero otros, como el borrego,
2390 toda entera se la tragan.»

---

[380] *La olfatea:* Frase hecha: olfatea el peligro.
[381] *Rumea. Rumia:* Frente a las abundantes sinéresis que ofrece el lenguaje gauchesco, hallamos aquí un fenómeno de diéresis con apertura de la vocal cerrada del diptongo. Se trata de un llamativo caso de ultracorrección, no excepcional en el poema.

«Si buscás vivir tranquilo
dedicáte a solteriar;
mas si te querés casar,
con esta alvertencia sea:
2395　que es muy difícil guardar
prendas que otros codicean.»

«Es un vicho la mujer
que yo aquí no lo destapo:
siempre quiere al hombre guapo,
2400　mas fijáte en la elección,
porque tiene el corazón
como barriga de sapo.»

Y gangoso con la tranca,
me solía decir: —«Potrillo,
2405　recién te apunta el cormillo,
mas te lo dice un toruno [382]:
no dejés que hombre ninguno
te gane el lao del cuchillo.»

«Las armas son necesarias,
2410　pero naides sabe cuándo;
ansina, si andás pasiando,
y de noche sobre todo,
debés llevarlo de modo
que al salir salga cortando.»

2415　«Los que no saben guardar
son pobres aunque trabajen;
nunca por más que se atajen,
se librarán del cimbrón [383];
al que nace barrigón
2420　es al ñudo que lo fajen.»

«Donde los vientos me llevan,
allí estoy como en mi centro.

---

[382] *Toruno:* Toro mal castrado que conserva, por ello, cierto vigor
y arrogancia.
[383] *Cimbrón:* Tirón dado al lazo para derribar a un animal. Según
Malaret *(op. cit.) no aguantar el cimbrón,* en Argentina significa *no
escapar del mal.* Este es el sentido que entendemos tiene también
librarse del cimbrón.

Cuando una tristeza encuentro
tomo un trago pa alegrarme:
2425   a mí me gusta mojarme
por ajuera y por adentro.»

«Vos sos pollo, y te convienen
toditas estas razones:
mis consejos y leciones
2430   no echés nunca en el olvido:
en las riñas he aprendido
a no peliar sin puyones» [384].

Con estos consejos y otros
que yo en mi memoria encierro
2435   y que aquí no desentierro
educándome seguía
hasta que al fin se dormía,
mesturao entre los perros.

XVI

Cuando el viejo cayó enfermo,
2440   viendo yo que se empioraba
y que esperanza no daba
de mejorarse siquiera,
le truje una culandrera
a ver si lo mejoraba.

2445   En cuanto lo vio me dijo:
—«Éste no aguanta el sogazo;
muy poco le doy de plazo;
nos va a dar un espetáculo,
porque debajo del brazo
2450   le ha salido un tabernáculo.»

—Dice el refrán que en la tropa [385]
nunca falta un güey corneta [386];

---

[384] *Puyones:* Especie de espolones de metal que se ponen a los gallos de pelea sobre los auténticos para acrecentar su capacidad de agresión.

[385] *Tropa:* Conjunto de reses.

[386] *güey corneta:* Buey con un cuerno desviado o poseedor de uno solo. Por extensión, individuo que se distingue de los demás, que pone una nota discrepante en un grupo.

uno que estaba en la puerta
le pegó el grito ay no más:
2455 —«Tabernáculo... qué bruto:
un tubérculo, dirás.»

Al verse ansí interrumpido,
al punto dijo el cantor:
—«No me parece ocasión
2460 de meterse los de ajuera.
Tabernáculo, señor,
le decía la culandrera.»

El de ajuera repitió,
dándole otro chaguarazo [387]:
2465 —«Allá va un nuevo bolazo [388]:
copo y se lo gano en puerta [389]:
a las mujeres que curan
se les llama curanderas.»

No es bueno, dijo el cantor,
2470 muchas manos en un plato,
y diré al que ese barato [390]
ha tomao de entremetido,
que no creia haber venido
a hablar entre liberatos [391].

---

[387] *Chaguarazo: Cháguar* o *chaguar* es una planta textil con la que
se hacen sogas. De ahí *chaguarazo, latigazo.* En este contexto hay que
interpretar la palabra en sentido figurado.

[388] *Bolazo:* Mentira disparatada.

[389] *Copo y se lo gano en puerta:* Expresión tomada del juego de
cartas. Se manifestaría así un jugadr para aceptar la apuesta mayor
y anunciar que va a ganar con el primer naipe que aparezca.

[390] *Barato:* Pequeña cantidad de dinero que el que gana en el juego
regala a quienes contemplan la partida.

[391] *Liberatos:* Carilla opina que Hernández «quiso establecer un
irónico entrecruzamiento entre el vocablo *liberal* (con la acepción ne-
gativa que se le daba en ciertos sectores) y el vocablo *literato*» (pá-
gina 275). Por nuestra parte nos remitimos al juego de palabras *li-
terato-liberato,* que aparece en *Prosa del trato entre el imprentero y
yo,* prólogo a *Aniceto el gallo,* de Hilario Ascasubi, muestra de que
Fierro no hace sino utilizar un equívoco acuñado (véase Borges y
B. Casares, *Poesía gauchesca,* II, pág. 10).

2475   Y para seguir contando
la historia de mi tutor
le pediré a ese dotor
que en mi inorancia me deje,
pues siempre encuentra el que teje
2480   otro mejor tejedor.

    Seguía enfermo, como digo,
cada vez más emperrao.
Yo estaba ya acobardao
y lo espiaba dende lejos:
2485   era la boca del viejo
la boca de un condenao.

    Allá pasamos los dos
noches terribles de invierno.
Él maldecía al Padre Eterno
2490   como a los santos benditos,
pidiéndole al diablo a gritos
que lo llevara al infierno.

    Debe ser grande la culpa
que a tal punto mortifica.
2495   Cuando vía una reliquia
se ponía como azogado,
como si a un endemoniado
le echaran agua bendita.

    Nunca me le puse a tiro,
2500   pues era de mala entraña;
y viendo heregía tamaña
si alguna cosa le daba,
de lejos se la alcanzaba
en la punta de una caña.

2505   Será mejor, decía ya,
que abandonado lo deje,
que blasfeme y que se queje,
y que siga de esta suerte,
hasta que venga la muerte
2510   y cargue con este hereje.

Cuando ya no pudo hablar
le até en la mano un cencerro,
y al ver cercano su entierro,
arañando las paredes,
2515   espiró allí entre los perros
y este servidor de ustedes.

XVII

Le cobré un miedo terrible
después que lo vi dijunto.
Llamé al alcalde y al punto
2520   acompañado se vino
de tres o cuatro vecinos
a arreglar aquel asunto.

—«Ánima bendita —dijo
un viejo medio ladiao—;
2525   que Dios lo haiga perdonao
es todo cuanto deseo.
Le conocí un pastoreo [392]
de terneritos robaos.»

—«Ansina es —dijo el alcalde—.
2530   Con eso empezó a poblar,
yo nunca podré olvidar
las travesuras que hizo;
hasta que al fin fue preciso
que le privasen carniar.»

2535   «De mozo fue muy ginete,
no lo bajaba un bagual;
pa ensillar un animal
sin necesitar de otro,
se encerraba en el corral
2540   y allí galopiaba el potro.»

«Se llevaba mal con todos;
era su costumbre vieja

---

[392] *Pastoreo:* Aquí no se alude al acto de pastorear, sino a un grupo de cabezas de ganado.

el mesturar las ovejas,
pues al hacer el aparte
2545   sacaba la mejor parte
y despUés venía con quejas.»

—«Dios lo ampare al pobresito
—dijo en seguida un tercero—.
Siempre robaba carneros,
2550   en eso tenía destreza:
enterraba las cabezas [393],
y despUés vendía los cueros.»

«Y qué costumbre tenía:
cuando en el jogón estaba,
2555   con el mate se agarraba
estando los piones juntos;
yo tayo, decía, y apunto [394],
y a ninguno convidaba.»

«Si ensartaba algún asao,
2560   ¡pobre!, ¡como si lo viese!:
poco antes de que estubiese,
primero lo maldecía,
luego despUés lo escupía
para que naides comiese.»

2565   «Quien le quitó esa costumbre
de escupir al asador
fue un mulato resertor
que andaba de amigo suyo.
Un diablo, muy peliador,
2570   que le llamaban Barullo.»

«Una noche que les hizo
como estaba acostumbrao,

---

[393] *Enterraba las cabezas:* Precisamente porque en las cabezas de
las reses se hacían las marcas de propiedad.

[394] *Tayo (tallo) y apunto:* Con esta afirmación un jugador de cartas
indicaría que asume las funciones propias —repartir las cartas a los
demás— y las de los demás —apostar contra él mismo—. La tras-
posición de sentido en este texto es clara.

se alzó el mulato enojao
y le gritó: —Viejo indino,
2575   yo te he de enseñar, cochino,
a echar saliva al asao.»

«Lo saltó por sobre el juego
con el cuchillo en la mano.
¡La pucha, el pardo liviano!
2580   En la mesma atropellada
le largó una puñalada
que la quitó otro paisano.»

«Y ya caliente Barullo,
quiso seguir la chacota:
2585   se le había erizao la mota
lo que empezó la reyerta.
El viejo ganó la puerta
y apeló a las de gaviotas» [395].

«De esa costumbre maldita
2590   desde entonces se curó;
a las casas no volvió,
se metió en un cicutal,
y allí escondido pasó
esa noche sin cenar.»

2595   Esto hablaban los presentes;
y yo, que estaba a su lao,
al oir lo que he relatao,
aunque él era un perdulario,
dije entre mí: «Qué rosario
2600   le están resando al finao.»

Luego comenzó el alcalde
a registrar cuanto había,
sacando mil chucherías
y guascas y trapos viejos,
2605   temeridá de trebejos
que para nada servían.

---

[395] *Las de gaviota:* Las patas o las piernas. El sentido de la frase completa es huir.

                    Salieron lazos, cabrestos,
               coyundas [396] y maniadores,
               una punta de arriadores,
2610   cinchones, maneas [397], torzales [398],
               una porción de bozales
               y un montón de tiradores.

                    Había riendas de domar,
               frenos y estribos quebraos,
2615   bolas, espuelas, recaos,
               unas pavas [399], unas ollas,
               y un gran manojo de argollas
               de cinchas que había cortao.

                    Salieron varios cencerros,
2620   alesnas, lonjas [400], cuchillos,
               unos cuantos coginillos [401],
               un alto de gergas viejas,
               muchas botas desparejas
               y una infinidad de anillos.

2625   Había tarros de sardinas,
               unos cueros de venao,
               unos ponchos augeriaos.
               Y en tan tremendo entrevero
               apareció hasta un tintero
2630   que se perdió en el juzgao.

                    Decía el alcalde muy serio:
               —«Es poco cuanto se diga;
               había sido como hormiga.
               He de darle parte al juez,
2635   y que me venga después
               con que no se los persiga.»

---

[396] *Coyundas:* Lazos para uncir los bueyes.
[397] *Maneas:* Piezas de cuero para inmovilizar las patas de un caballo.
[398] *Torzales:* Sogas de tiras de cuero entrelazadas.
[399] *Pavas:* Recipientes de hierro donde se calienta el agua. Aunque puede tener otros usos, *la pava* es un artefacto indispensable para preparar el mate.
[400] *Lonjas:* Tiras de cuero.
[401] *Coginillo (cojinillo):* Especie de manta de lana que el jinete pone en la silla para su comodidad.

Yo estaba medio azorao
de ver lo que sucedía.
Entre ellos mesmos decían
2640 que unas prendas eran suyas;
pero a mí me parecía
que esas eran aleluyas.

Y cuando ya no tubieron
rincón donde registrar,
2645 cansaos de tanto huroniar
y de trabajar de balde:
—«Vámosnos —dijo el alcalde—,
luego lo haré sepultar.»

Y aunque mi padre no era
2650 el dueño de ese hormiguero,
él allí muy cariñero
me dijo con muy buen modo:
—«Vos serás el heredero
y te harás cargo de todo.»

2655 «Se ha de arreglar este asunto
como es preciso que sea:
voy a nombrar albacea
uno de los circunstantes.
Las cosas no son como antes,
2660 tan enredadas y feas.»

—«¡Bendito Dios! —pensé yo—.
ando como un pordiosero,
y me nuembran heredero
de toditas estas guascas [402].
2665 ¡Quisiera saber primero
lo que se han hecho mis vacas!»

XVIII

Se largaron, como he dicho,
a disponer el entierro;

---

[402] *Guascas:* En este caso, cosas de poco valor. Véase nota 63.

                cuando me acuerdo, me aterro;
2670   me puse a llorar a gritos
                al verme allí tan solito
                con el finao y los perros.

                Me saqué el escapulario,
                se lo colgué al pecador;
2675   y como hay en el Señor
                misericordia infinita,
                rogué por la alma bendita
                del que antes jué mi tutor.

                No se calmaba mi duelo
2680   de verme tan solitario.
                Ay le champurrié un rosario
                como si fuera mi padre,
                besando el escapulario
                que me había puesto mi madre.

2685   —«Madre mía —gritaba yo—
                dónde andarás padeciendo.
                El llanto que estoy virtiendo
                lo redamarías por mí,
                si vieras a tu hijo aquí
2690   todo lo que está sufriendo.»

                Y mientras ansí clamaba
                sin poderme consolar,
                los perros, para aumentar
                más mi miedo y mi tormento,
2695   en aquel mesmo momento
                se pusieron a llorar.

                Libre Dios a los presentes
                de que sufran otro tanto;
                con el muerto y esos llantos
2700   les juro que falta poco
                para que me vuelva loco
                en medio de tanto espanto.

                Decían entonces las viejas,
                como que eran sabedoras,
2705   que los perros cuando lloran

es porque ven al demonio;
yo creia en el testimonio
como cre siempre el que inora.

2710
Ay dejé que los ratones
comieran el guasquerío [403];
y como anda a su albedrío
todo el que güerfano queda,
alzando lo que era mío
abandoné aquella cueva.

...   .
...   .
...   .

2715
Supe despés que esa tarde
vino un pión y lo enterró.
Ninguno lo acompañó
ni lo velaron siquiera;
y al otro día amaneció
2720
con una mano dejuera.

Y me ha contado además
el gaucho que hizo el entierro
—al recordarlo me aterro,
me da pavor este asunto—
2725
que la mano del dijunto
se la había comido un perro.

Tal vez yo tuve la culpa,
porque de asustao me fui.
Supe después que volví,
2730
y asigurárselos puedo,
que los vecinos, de miedo,
no pasaban por allí.

Hizo del rancho guarida
la sabandija más sucia.
2735
El cuerpo se despeluza [404]
y hasta la razón se altera;

---

[403] *Guasquerío:* Sentido análogo a *guascas* en la nota 402.
[404] *Se despeluza:* Se espeluzna.

pasaba la noche entera
chillando allí una lechuza.

Por mucho tiempo no pude
2740   saber lo que me pasaba.
Los trapitos con que andaba
eran puras hojarascas,
todas las noches soñaba
con viejos, perros y guascas.

XIX

2745   Andube a mi voluntá
como moro sin señor,
ése jue el tiempo mejor
que yo he pasado tal vez.
De miedo de otro tutor
2750   ni aporté [405] por lo del juez [406].

—«Yo cuidaré —me habían dicho—
de lo de tu propiedá.
Todo se conservará,
el vacuno y los rebaños,
2755   hasta que cumplás treinta años,
en que seas mayor de edá» [407].

Y aguardando que llegase
el tiempo que la ley fija,
pobre como lagartija,
2760   y sin respetar a naides,
andube cruzando al aire
como bola sin manija.

Me hice hombre de esa manera
bajo el más duro rigor.

---

[405] *Ni aporté:* De *aportar:* presentarse, comparecer.

[406] *Lo del juez:* La casa, el despacho del juez. *Lo de* es locución adverbial muy usada en el español de la Argentina.

[407] *Mayor de edad:* Como advierte Tiscornia (ed. cit., pág. 314), en aquella época la mayoría de edad estaba fijada, en la Argentina, en los veinticinco años. Está bien clara la intención dolosa del juez.

2765 Sufriendo tanto dolor
muchas cosas aprendí;
y por fin vítima fui
del más desdichado amor.

De tantas alternativas
2770 ésta es la parte peluda.
Infeliz y sin ayuda
fue estremado mi delirio,
y causaban mi martirio
los desdenes de una viuda.

2775 Llora el hombre ingratitudes
sin tener un jundamento;
acusa sin miramiento
a la que el mal le ocasiona
y tal vez en su persona
2780 no hay ningún merecimiento.

Cuando yo más padecía
la crueldá de mi destino,
rogando al poder divino
que del dolor me separe,
2785 me hablaron de un adivino
que curaba esos pesares.

Tuve recelos y miedos,
pero al fin me disolví:
hice corage y me fui
2790 donde el adivino estaba,
y por ver si me curaba,
cuanto llevaba le di.

Me puse al contar mis penas
más colorao que un tomate,
2795 y se me añudó el gaznate
cuando dijo el ermitaño:
—«Hermano, le han hecho daño
y se lo han hecho en un mate.

Por verse libre de usté
2800 lo habrán querido embrujar.»
Después me empezó a pasar

una pluma de avestruz
y me dijo: —«De la Cruz
recebí el don de curar.»

2805   «Debes maldecir —me dijo—
a todos tus conocidos.
Ansina el que te ha ofendido
pronto estará descubierto.
Y deben ser maldecidos
2810   tanto vivos como muertos.»

Y me recetó que hincao
en un trapo de la viuda
frente a una planta de ruda [408]
hiciera mis oraciones,
2815   diciendo: —«No tengás duda,
eso cura las pasiones.»

A la viuda en cuanto pude,
un trapo le manotié;
busqué la ruda y al pie,
2820   puesto en cruz, hice mi reso;
pero, amigos, ni por eso
de mis males me curé.

Me recetó otra ocasión
que comiera abrojo chico [409].
2825   El remedio no me esplico,
mas, por desechar el mal,
al ñudo en un abrojal
fi a ensangrentarme el hocico.

Y con tanta medecina
2830   me parecía que sanaba.
Por momento se aliviaba
un poco mi padecer,
mas si a la viuda encontraba
volvía la pasión a arder.

---

[408] *Ruda:* Especie de arbusto con cuyas hojas se preparan infusiones curativas.

[409] *Abrojo chico:* Planta llamada también *cepa caballo* a la que se atribuyen asimismo muchas virtudes medicinales.

2835   Otra vez que consulté
su saber estrordinario,
recibió bien su salario
y me recetó aquel pillo
que me colgase tres grillos
2840   ensartaos como rosario.

Por fin, la última ocasión
que por mi mal lo fi a ver,
me dijo: —«No, mi saber
no ha perdido su virtú:
2845   yo te daré la salú,
no triunfará esa mujer.»

«Y tené fe en el remedio,
pues la cencia no es chacota.
De esto no entendés ni jota.
2850   Sin que ninguno sospeche,
cortale a un negro tres motas
y hacelas hervir en leche.»

Yo andaba ya desconfiando
de la curación maldita,
2855   y dije: —«Éste no me quita
la pasión que me domina;
pues que viva la gallina,
aunque sea con la pepita» [410].

Ansí me dejaba andar,
2860   hasta que en una ocasión
el cura me echó un sermón,
para curarme, sin duda,
diciendo que aquella viuda
era hija de confisión.

2865   Y me dijo estas palabras,
que nunca las he olvidao:
—«Has de saber que el finao

---

[410] *Con la pepita:* Llamamos la atención excepcionalmente sobre uno de los múltiples refranes que salpican el poema. Éste es uno de los más antiguos que encontramos en lengua castellana, ya que está registrado en el Marqués de Santillana.

ordenó en su testamento
que naides de casamiento
2870 le hablara en lo sucesivo,
y ella prestó el juramento
mientras él estaba vivo.»

«Y es preciso que lo cumpla,
porque ansí lo manda Dios.
2875 Es necesario que vos
no la vuelvas a buscar,
porque si llega a faltar
se condenarán los dos.»

Con semejante alvertencia
2880 se completó mi redota;
le vi los pies a la sota [411],
y me le alejé a la viuda
más curao que con la ruda,
con los grillos y las motas.

2885 Después me contó un amigo
que al juez le había dicho el cura
«que yo era un cabeza dura
y que era un mozo perdido,
que me echaran del partido,
2890 que no tenía compostura».

Tal vez por ese consejo,
y sin que más causa hubiera
ni que otro motivo diera,
me agarraron redepente
2895 y en el primer contingente
me echaron a la frontera.

De andar persiguiendo viudas
me he curado del deseo.
En mil penurias me veo;
2900 mas pienso volver tal vez
a ver si sabe aquel juez
lo que se ha hecho mi rodeo.

---

[411] *Le vi los pies a la sota:* Otro modismo tomado del juego de
naipes. Puede equivaler a se me abrieron los ojos, vi claro el peligro.

XX

Martín Fierro y sus dos hijos,
entre tanta concurrencia,
2905 siguieron con alegría
celebrando aquella fiesta.
Diez años, los más terribles,
había durado la ausencia,
y al hallarse nuevamente
2910 era su alegría completa.
En ese mesmo momento,
uno que vino de afuera
a tomar parte con ellos,
suplicó que lo almitieran.
2915 Era un mozo forastero
de muy regular presencia
y hacía poco que en el pago
andaba dando sus güeltas.
Aseguraban algunos
2920 que venía de la frontera,
que había pelao a un pulpero
en las últimas carreras,
pero andaba despilchao,
no traia una prenda buena,
2925 un recadito cantor [412]
daba fe de sus pobrezas.
Le pidió la bendición
al que causaba la fiesta,
y sin decirles su nombre
2930 les declaró con franqueza
que el nombre de *Picardía*
es el único que lleva,
y para contar su historia
a todos pide licencia,
2935 diciéndoles que en seguida
iban a saber quién era.
Tomó al punto la guitarra,

---

[412] *Un recadito cantor: Cantor,* como adjetivo, puede tener la curiosa significación de modesto pero agradable. El recado o apero del caballo del nuevo personaje que entra ahora en escena estaba cuidado dentro de su humildad, tenía todas las piezas necesarias, etc.

la gente se puso atenta,
y ansí cantó *Picardía*
2940   en cuanto templó las cuerdas.

XXI

PICARDÍA

Voy a contarles mi historia,
perdónenme tanta charla,
y les diré al principiarla,
aunque es triste hacerlo así,
2945   a mi madre la perdí
antes de saber llorarla.

Me quedé en el desamparo,
y al hombre que me dio el ser
no lo pude conocer.
2950   Ansí, pues, dende chiquito
volé como un pajarito
en busca de qué comer.

O por causa del servicio,
que a tanta gente destierra,
2955   o por causa de la guerra [413],
que es causa bastante seria,
los hijos de la miseria
son muchos en esta tierra.

Ansí, por ella empujado,
2960   no sé las cosas que haría,
y aunque con vergüenza mía,
debo hacer esta alvertencia:
siendo mi madre Inocencia
me llamaban *Picardía*.

2965   Me llevó a su lado un hombre
para cuidar las ovejas.

---

[413] *La guerra:* Alusión evidente a la guerra del Paraguay que sostuvieron contra este país la Argentina, el Brasil y el Uruguay de 1865 a 1870, durante la presidencia de Bartolomé Mitre.

Pero todo el día eran quejas
y guascazos a lo loco,
y no me daba tampoco
2970   siquiera unas jergas viejas.

Dende la alba hasta la noche
en el campo me tenía.
Cordero que se moría
—mil veces me sucedió—
2975   los caranchos lo comían,
pero lo pagaba yo.

De trato tan riguroso
muy pronto me acobardé.
El bonete me apreté [414]
2980   buscando mejores fines,
y con unos bolantines [415]
me fui para Santa Fe [416].

El pruebista principal
a enseñarme me tomó,
2985   y ya iba aprendiendo yo
a bailar en la maroma;
mas me hicieron una broma
y aquello me indijustó [417].

Una vez que iba bailando,
2990   porque estaba el calzón roto
armaron tanto alboroto
que me hicieron perder pie:
de la cuerda me largué
y casi me descogoto.

2995   Ansí, me encontré de nuevo
sin saber dónde meterme;

---

[414] *El bonete me apreté: Apretarse el gorro* o *el bonete* equivale a huir.

[415] *Bolantines:* Volatineros.

[416] *Santa Fe:* Una de las ciudades más importantes de la Argentina situada junto al río Paraná al norte de Buenos Aires. Es capital de la provincia del mismo nombre.

[417] *Indijustó:* Disgustó.

y ya pensaba volverme,
cuando, por fortuna mía,
me salieron unas tías
3000 que quisieron recogerme.

Con aquella parentela,
para mí desconocida,
me acomodé ya en seguida,
y eran muy buenas señoras,
3005 pero las más rezadoras
que he visto en toda mi vida.

Con el toque de oración
ya principiaba el rosario;
noche a noche, un calendario
3010 tenían ellas que decir,
y a rezar solían venir
muchas de aquel vecinario.

Lo que allí me aconteció
siempre lo he de recordar,
3015 pues me empiezo a equivocar
y a cada paso refalo
como si me entrara el Malo [418]
cuanto me hincaba a resar.

Era como tentación
3020 lo que yo esperimenté
y jamás olvidaré
cuánto tuve que sufrir,
porque no podía decir
«artículos de la Fe».

3025 Tenía al lao una mulata
que era nativa de allí;
se hincaba cerca de mí
como el ángel de la guarda.
¡Pícara! y era la parda
3030 la que me tentaba ansí.

_____

[418] *El Malo:* El diablo.

—«Resá —me dijo mi tía—
artículos de la Fe.»
Quise hablar y me atoré;
la dificultá me aflije.
3035   Miré a la parda, y ya dije:
«artículos de Santa Fe».

Me acomodó el coscorrón
que estaba viendo venir.
Yo me quise corregir,
3040   a la mulata miré,
y otra vez volví a decir:
«artículos de Santa Fe».

Sin dificultá ninguna
rezaba todito el día,
3045   y a la noche no podía
ni con un trabajo inmenso;
es por eso que yo pienso
que alguno me tentaría.

Una noche de tormenta
3050   vi a la parda y me entró chucho [419].
Los ojos —me asusté mucho—
eran como refocilo [420].
Al nombrar a San Camilo
le dije San Camilucho [421].

3055   Ésta me da con el pie,
aquella otra con el codo.
¡Ah, viejas! por ese modo,
aunque de corazón tierno,
yo las mandaba al infierno
3060   con oraciones y todo.

Otra vez, que, como siempre,
la parda me perseguía,

---

[419] *Chucho:* Miedo.

[420] *Refocilo (refucilo):* Relámpago.

[421] *Camilucho:* Se designaba así al indio jornalero, o al gaucho que trabajaba como peón. El vocablo tenía a veces matiz despectivo.

cuando yo acordé, mis tías
me había sacao un mechón
3065   al pedir la estirpación
de todas las heregías.

Aquella parda maldita
me tenía medio afligido,
y ansí, me había sucedido
3070   que al decir «estirpación»
le acomodé «entripación»[422]
y me cayeron sin ruido.

El recuerdo y el dolor
me duraron muchos días.
3075   Soñé con las heregías
que andaban por estirpar;
y pedía siempre al resar
la estirpación de mis tías.

Y dale siempre rosarios,
3080   noche a noche y sin cesar;
dale siempre barajar
salve, trisagios y credos.
Me aburrí de esos enriedos
y al fin me mandé mudar.

XXII

3085   Anduve como pelota
y más pobre que una rata.
Cuando empecé a ganar plata
se armó no sé qué barullo;
yo dije: «a tu tierra, grullo,
3090   aunque sea con una pata».

Eran duros y bastantes
los años que allá pasaron.

---

[422] *Entripación:* No se trata de un simple equivoco sin sentido.
Entripación es lo mismo que *entripado,* enojo disimulado, desa-
zón. Véase nota 112.

Con lo que ellos me enseñaron
formaba mi capital.
3095   Cuanto vine me enrolaron
en la Guardia Nacional.

Me había egercitao al naipe;
el juego era mi carrera.
Hice alianza verdadera
3100   y arreglé una trapisonda
con el dueño de una fonda
que entraba en la peladera [423].

Me ocupaba con esmero
en floriar una baraja.
3105   Él la guardaba en la caja,
en paquetes, como nueva;
y la media arroba lleva [424]
quien conoce la ventaja.

Comete un error inmenso
3110   quien de la suerte presuma:
otro más hábil lo fuma [425],
en un dos por tres lo pela,
y lo larga que no vuela
porque le falta una pluma.

3115   Con un socio que lo entiende,
se arman partidas muy buenas;
queda allí la plata agena,
quedan prendas y botones [426].
Siempre cain a esas riuniones
3120   sonzos [427] con las manos llenas.

---

[423] *Peladera:* De *pelar,* sacar el dinero a alguien, desplumarle.

[424] *La media arroba lleva:* Lleva ventaja (aunque resulte reiterativo en este caso). La expresión pertenece al ambiente de las carreteras de caballos.

[425] *Lo fuma:* Lo engaña.

[426] *Botones:* Las monedas que se ponían como adorno en el *tirador.* Véase nota 158.

[427] *Sonzos (zonzos):* Tontos.

Hay muchas trampas legales,
recursos del jugador.
No cualquiera es sabedor
a lo que un naipe se presta.
3125   Con una *cincha* [428] bien puesta
se la pega uno al mejor.

Deja a veces ver la boca
haciendo el que se descuida;
juega el otro hasta la vida.
3130   Y es siguro que se ensarta [429],
porque uno muestra una carta
y tiene otra prevenida.

Al monte [430], las precauciones
no han de olvidarse jamás.
3135   Debe afirmarse además
los dedos para el trabajo,
y buscar asiento bajo
que le dé la luz de atrás.

Pa tayar [431], tome la luz,
3140   dé la sombra al alversario,
acomódese al contrario
en todo juego cartiao:
tener ojo egercitao
es siempre muy necesario.

3145   El contrario abre los suyos,
pero nada ve el que es ciego.

---

[428] *Cincha:* En este caso, trampa consistente en sacar dos naipes en vez de uno en forma disimulada, con lo cual se obtiene ventaja sobre el adversario.

[429] *Se ensarta:* Literalmente, se hiere. Figuradamente, cae en un engaño, se mete en un lío.

[430] *Monte:* Juego de cartas de puro azar. Uno de los favoritos de los gauchos. Es curioso comparar las instrucciones referentes a este juego y las fullerías que en él pueden hacerse con un pasaje muy similar del *Periquillo Sarniento* de Fernández de Lizardi (véase edición de Editora Nacional, Madrid, 1976, págs. 302 y ss.).

[431] *Tayar (tallar):* Véase nota 394.

Dándole soga, muy luego
se deja pescar el tonto:
todo chapetón cree pronto
3150   que sabe mucho en el juego.

Hay hombres muy inocentes
y que a las carpetas van [432];
cuando asariados [433] están,
les pasa infinitas veces:
3155   pierden en puertas y en treses [434],
y dándoles *mamarán* [435].

El que no sabe, no gana
aunque ruegue a Santa Rita.
En la carpeta a un mulita [436]
3160   se le conoce al sentarse.
Y conmigo era matarse:
no podían ni a la manchita [437].

En el nueve y otros juegos
llevo ventaja no poca:
3165   y siempre que dar me toca
el mal no tiene remedio,
porque sé sacar del medio[438]
y sentar la de la boca.

En el truco [439] al más pintao
3170   solía ponerlo en apuro.
Cuando aventajar procuro,

---

[432] Véase nota 150.

[433] *Asariados (azareados):* De *azarearse,* irritarse, aturdirse con una preocupación.

[434] *En puertas y en treses:* Jugadas particulares del *monte.*

[435] *Mamarán:* Caerán en la trampa, morderán el anzuelo.

[436] *Mulita:* Aparte de designar a un tipo de armadillo (véase nota 261), *mulita* significa, en sentido figurado, inexperto, novato.

[437] *Manchita:* Juego de muchachos.

[438] *Sacar...:* Nuevos ardides en el juego de naipes.

[439] *Truco:* Quizá sea éste el más típico de los juegos de cartas en la Argentina. Puede jugarse entre dos, cuatro o seis personas, que en los dos últimos casos forman parejas o tríos, respectivamente.

sé tener, como fajadas [440],
tiro a tiro [441] el as de espadas
o flor o envite seguro.

3175   Yo sé defender mi plata
y lo hago como el primero.
El que ha de jugar dinero
preciso es que no se atonte.
Si se armaba una de monte,
3180   tomaba parte el fondero.

Un pastel [442], como un paquete [443],
sé llevarlo con limpieza
dende que a salir empiezan
no hay carta que no recuerde.
3185   Sé cuál se gana o se pierde
en cuanto cain a la mesa.

También por estas jugadas
suele uno verse en aprietos;
mas yo no me comprometo
3190   porque sé hacerlo con arte,
y aunque les corra el descarte [444]
no se descubre el secreto.

Si me llamaban al dao,
nunca me solía faltar
3195   un *cargado* que largar,
un *cruzao* para el más vivo;
y hasta atracarles un *chivo* [445]
sin dejarlos maliciar.

---

[440] *Fajadas:* Aseguradas las suertes del *truco* que a continuación
se indican (as de espadas, flor, envite).

[441] *Tiro a tiro:* Cada vez.

[442] *Pastel:* Naipes amañados.

[443] *Paquete:* Engaño, trampa. Cabe pensar también en el total de
las cartas, sin ninguna otra connotación, que forman un mazo o
paquete.

[444] *Les corra el descarte:* Correr el descarte es comprobar cuáles
han sido las cartas ya jugadas.

[445] *Chivo:* Dado preparado.

Cargaba bien una taba
3200 porque la sé manejar;
no era manco en el billar,
y por fin de lo que esplico
digo que hasta con pichicos [446]
era capaz de jugar.

3205 Es un vicio de mal fin
el de jugar, no lo niego;
todo el que vive del juego
anda a la pesca de un bobo,
y es sabido que es un robo
3210 ponerse a jugarle a un ciego.

Y esto digo claramente
porque he dejao de jugar,
y les puedo asigurar,
como que fui del oficio:
3215 más cuesta aprender un vicio
que aprender a trabajar.

XXIII

Un nápoles [447] mercachifle
que andaba con un arpista
cayó también en la lista
3220 sin dificultá ninguna;
lo agarré a la treinta y una
y le daba bola vista [448].

Se vino haciendo el chiquito,
por sacarme esa ventaja;

---

[446] *Pichicos:* Los muchachos del campo solían jugar con *pichicos,* huesos de las patas de una res, «que semejan vagamente bueyecitos, vaquitas, terneritos» (Santiago Lugones, pág. 262). Tiscornia define el *pichico* como una taba en miniatura (hueso astrágalo del carnero) y alude también, aunque en diferente forma, a los juegos de los muchachos (pág. 316).

[447] *Un nápoles:* Un napolitano, el segundo que aparece en el poema.

[448] *Bola vista: Dar bola vista* es conceder cierta ventaja al contrario en este juego de billar.

3225   en el pantano se encaja,
aunque robo se le hacía:
lo cegó Santa Lucía
y desocupó las cajas.

Lo hubiera visto afligido
3230   llorar por las chucherías.
—«Ma gañao con picardía»—
decía el gringo y lagrimiaba,
mientras yo en un poncho alzaba
todita su merchería [449].

3235   Quedó allí aliviao del peso,
sollozando sin consuelo;
había caido en el anzuelo
tal vez porque era domingo,
y esa calidá de gringo
3240   no tiene santo en el cielo.

Pero poco aproveché
de fatura tan lucida:
el diablo no se descuida,
y a mí me seguía la pista
3245   un ñato [450] muy enredista
que era oficial de partida.

Se me presentó a esigir
la multa en que había incurrido,
que el juego estaba prohibido,
3250   que iba a llevarme al cuartel.
Tube que partir con él
todo lo que había alquirido.

Empecé a tomarlo entre ojos
por esa albitrariedá.
3255   Yo había ganao, es verdá,
con recursos, eso sí:
pero él me ganaba a mí
fundao en su autoridá.

---

[449] *Merchería:* Mercancía. Opinamos con Carilla que Hernández remeda la pronunciación de *mercería* (ed. cit., pág. 301).
[450] *Ñato:* Chato, generalmente con valor despectivo.

                    Decían que por un delito
3260   mucho tiempo andubo mal;
          un amigo servicial,
          lo compuso con el juez,
          y poco tiempo despés
          lo pusieron de oficial.

3265   En recorrer el partido
          continuamente se empleaba,
          ningún malevo agarraba,
          pero traia en un carguero
          gallinas, pavos, corderos
3270   que por ay recoletaba.

              No se debía permitir
          el abuso a tal estremo.
          Mes a mes hacía lo mesmo,
          y ansí decía el vecindario:
3275   —«Este ñato perdulario
          ha resucitao el diezmo.»

              La echaba de guitarrero
          y hasta de concertador.
          Sentao en el mostrador
3280   lo hallé una noche cantando
          y le dije: —«Co... mo... quiando [451]
          con ganas de oír un cantor.»

              Me echó el ñato una mirada
          que me quiso devorar;
3285   mas no dejó de cantar
          y se hizo el desentendido;
          pero ya había conocido
          que no lo podía pasar.

              Una tarde que me hallaba
3290   de visita... vino el ñato,
          y para darle un mal rato

---

[451] *Co...mo...quiando:* De nuevo el conocido recurso de distribuir ambiguamente las sílabas de varias palabras para deslizar un vocablo grueso o molesto. En este caso, *moqueando,* relacionado con la nariz del tal ñato.

dije fuerte: —«Ña... to... ribia [452],
no cebe con la agua tibia.»
Y me la entendió el mulato.

3295   Era él todo en el juzgao,
y como que se achocó [453],
ay no más me contestó:
—«Cuando el caso se presiente
te he de hacer tomar caliente
3300   y has de saber quién soy yo.»

Por causa de una mujer
se enredó más la cuestión:
le tenía el ñato afición,
ella era mujer de ley,
3305   moza con cuerpo de güey,
muy blanda de corazón.

La hallé una vez de amasijo,
estaba hecha un embeleso,
y le dije: —«Me intereso
3310   en aliviar sus quehaceres,
y ansí, señora, si quiere,
yo le arrimaré los güesos» [454].

Estaba el ñato presente,
sentado como de adorno.
3315   Por evitar un trastorno,
ella, al ver que se dijusta,
me contestó: —«Si usté gusta,
arrímelos junto al horno.»

Ay se enredó la madeja
3320   y su enemistá conmigo;

---

[452] *Ña...to...ribia:* Se obtiene resultado análogo con el pretexto de
solicitar a una supuesta señora Toribia que no prepare o *cebe* el
mate con agua tibia.

[453] *Se achocó:* Acusó el golpe, se sintió molesto.

[454] *Los güesos:* Debido a la escasez de leña en la pampa, se utili-
zaban a veces huesos de res como combustible. *Arrimar los güesos* es
una frase equívoca más, con un segundo sentido de insinuación
erótica.

se declaró mi enemigo,
y por aquel cumplimiento
ya sólo buscó un momento
de hacerme dar un castigo.

3325   Yo veia que aquel maldito
me miraba con rencor,
buscando el caso mejor
de poderme echar el pial;
y no vive más el lial
3330   que lo que quiere el traidor.

No hay matrero que no caiga,
ni arisco que no se amanse.
Ansí, yo, dende aquel lance
no salía de algún rincón,
3335   tirao como el San Ramón [455]
después que se pasa el trance.

XXIV

Me le escapé con trabajo
en diversas ocasiones;
era de los adulones;
3340   me puso mal con el juez;
hasta que al fin una vez
me agarró en las eleciones.

Ricuerdo que esa ocasión
andaban listas diversas;
3345   las opiniones dispersas
no se podían arreglar;
decían que el juez, por triunfar,
hacía cosas muy perversas.

Cuando se riunió la gente
3350   vino a ploclamarla el ñato,
diciendo con aparato

---

[455] *El San Ramón:* Se trata de San Ramón nonato, abogado de los partos.

que todo andaría muy mal
si pretendía cada cual
votar por un candilato.

3355   Y quiso al punto quitarme
la lista que yo llevé;
mas yo se la mesquiné [456]
y ya me gritó: «Anarquista,
has de votar por la lista
3360   que ha mandao el Comiqué.»

Me dio vergüenza de verme
tratado de esa manera;
y como si uno se altera
ya no es fácil de que ablande,
3365   le dije: —«Mande el que mande,
yo he de votar por quien quiera.

En las carpetas de juego
y en la mesa eletoral,
a todo hombre soy igual.
3370   Respeto al que me respeta;
pero el naipe y la boleta
naides me lo ha de tocar.»

Ay no más ya me cayó
a sable la polecía.
3375   aunque era una picardía
me decidí a soportar,
y no los quise peliar,
por no perderme ese día.

Atravesao [457] me agarró
3380   y se aprovechó aquel ñato.
Dende que sufrí ese trato
no dentro donde no quepo.
Fi a ginetiar en el cepo
por cuestión de candilatos.

---

[456] *Se la mesquiné:* Véase nota 96.
[457] *Atravesao (atravesado):* En condiciones desfavorables.

3385   Injusticia tan notoria
no la soporté de flojo.
Una venda de mis ojos
vino el suceso a voltiar:
vi que teníamos que andar
3390   como perro con tramojo [458].

    Desde aquellas eleciones
se siguió el batiburrillo.
Aquél se volvió un ovillo
del que no había ni noticia.
3395   ¡Es señora la justicia...
y anda en ancas del más pillo!

XXV

    Después de muy pocos días,
tal vez por no dar espera
y que alguno no se fuera,
3400   hicieron citar la gente,
pa riunir un contingente
y mandar a la frontera.

    Se puso arisco el gauchage;
la gente está acobardada;
3405   salió la partida armada
y trujo como perdices
unos cuantos infelices
que entraron en la voltiada [459].

    Decía el ñato con soberbia:
3410   —«Ésta es una gente indina;
yo los rodié a la sordina,
no pudieron escapar;
y llevaba orden de arriar
todito lo que camina.»

---

[458] *Tramojo:* Palo u horqueta que se colgaba al cuello de algunos animales como perros y novillos, para evitar que saltaran cercados, se alejaran corriendo, etc.
[459] *Voltiada (volteada):* En sentido propio es la operación consistente en ir derribando animales a los que se iba dejando sujetos para ocuparse de ellos al final.

3415   Cuando vino el comendante
dijieron: —«Dios nos asista»—
llegó y les clavó la vista;
yo estaba haciéndome el sonzo.
Le echó a cada uno un responso
3420   y ya lo plantó en la lista.

—«Cuadráte —le dijo a un negro—,
te estás haciendo el chiquito
cuando sos el más maldito
que se encuentra en todo el pago.
3425   Un servicio es el que te hago
y por eso te remito.»

A OTRO

—«Vos no cuidás tu familia
ni le das los menesteres;
visitás otras mugeres,
3430   y es preciso, calabera,
que aprendás en la frontera
a cumplir con tus deberes.»

A OTRO

—«Vos también sos trabajoso;
cuando es preciso votar
3435   hay que mandarte llamar
y siempre andás medio alzao [460];
sos un desuburdinao
y yo te voy a filiar.»

A OTRO

—«¿Cuánto tiempo hace que vos
3440   andás en este partido?
¿Cuántas veces has venido
a la citación del juez?
No te he visto ni una vez,
has de ser algún perdido.»

---

[460] *Medio alzao (alzado):* Huidizo, rebelde.

A OTRO

3445   —«Éste es otro barullero
que pasa en la pulpería
predicando noche y día
y anarquizando a la gente.
Irás en el contingente
3450   por tamaña picardía.»

A OTRO

   «Dende la anterior remesa
vos andás medio perdido;
la autoridá no ha podido
jamás hacerte votar;
3455   cuando te mandan llamar
te pasás a otro partido.»

A OTRO

   —«Vos siempre andás de florcita [461],
no tenés renta ni oficio;
no has hecho ningún servicio,
3460   no has votado ni una ves.
Marchá... para que dejés
de andar haciendo perjuicio.»

A OTRO

   —«Dame vos tu papeleta,
yo te la voy a tener.
3465   Ésta queda en mi poder,
después la recogerás,
y ansí si te resertás
todos te pueden prender.»

---

[461] *Andás de florcita:* Andas haraganeando.

—«Vos, porque sos ecetuao,
3470 ya te querés sulevar;
no vinistes a votar
cuando hubieron eleciones,
no te valdrán eseciones,
yo te voy a enderezar.»

————

3475 Y a éste por este motivo,
y a otro por otra razón,
toditos, en conclusión,
sin que escapara ninguno,
fueron pasando uno a uno
3480 a juntarse en un rincón.

Y allí las pobres hermanas,
las madres y las esposas
redamaban cariñosas
sus lágrimas de dolor;
3485 pero gemidos de amor
no remedian estas cosas.

Nada importa que una madre
se desespere o se queje;
que un hombre a su mujer deje
3490 en el mayor desamparo:
hay que callarse o es claro
que lo quiebran por el eje.

Dentran después a empeñarse
con este o aquel vecino;
3495 y como en el masculino
el que menos corre, vuela,
deben andar con cautela,
las pobres, me lo imagino.

Muchas al juez acudieron
3500 por salvar de la jugada;

él les hizo una cuerpiada [462],
y por mostrar su inocencia,
les dijo: —«Tengan pacencia,
pues yo no puedo hacer nada.»

3505   Ante aquella autoridá
permanecían suplicantes;
y después de hablar bastante:
—«Yo me lavo —dijo el juez—
como Pilato lo pies:
3510   esto lo hace el comendante.»

De ver tanto desamparo
el corazón se partía,
había madre que salía
con dos, tres hijos o más,
3515   por delante y por detrás,
y las maletas vacías.

¿Dónde irán, pensaba yo,
a perecer de miseria?
Las pobres, si de esta feria
3520   hablan mal, tienen razón,
pues hay bastante materia
para tan justa aflición.

XXVI

Cuando me llegó mi turno,
dige entre mí: «Ya me toca.»
3525   Y aunque mi falta era poca,
no sé por qué me asustaba.
Les asiguro que estaba
con el Jesús en la boca.

Me dijo que yo era un vago,
3530   un jugador, un perdido;
que dende que fi al partido

---

[462] *Les hizo una cuerpiada (cuerpeada):* Les esquivó, o más con-
cretamente en este caso, eludió su responsabilidad con buenas pa-
labras.

andaba de picaflor;
que había de ser un bandido.
Como mi ante sucesor.

3535   Puede que uno tenga un vicio
y que de él no se reforme;
mas naides está conforme
con recebir ese trato.
Y conocí que era el ñato
3540   quien le había dao los informes.

Me dentró curiosidá
al ver que de esa manera
tan siguro me dijera
que fue mi padre un bandido,
3545   luego, lo había conocido
y yo inoraba quién era.

Me empeñé en aviriguarlo,
promesas hice a Jesús;
tube por fin una luz,
3550   y supe con alegría
que era el autor de mis días
el guapo sargento Cruz.

Yo conocía bien su historia
y la tenía muy presente.
3555   Sabía que Cruz bravamente,
yendo con una partida,
había jugado la vida
por defender a un valiente.

Y hoy ruego a mi Dios piadoso
3560   que lo mantenga en su gloria.
Se ha de conservar su historia
en el corazón del hijo.
Él al morir me bendijo:
yo bendigo su memoria.

3565   Yo juré tener enmienda
y lo conseguí de veras.
Puedo decir ande quiera
que si faltas he tenido,

de todas me he corregido
3570 dende que supe quién era.

El que sabe ser buen hijo,
a los suyos se parece;
y aquel que a su lado crece
y a su padre no hace honor,
3575 como castigo merece
de la desdicha el rigor.

Con un empeño costante
mis faltas supe enmendar.
Todo conseguí olvidar;
3580 pero, por desgracia mía,
el nombre de *Picardía*
no me lo pude quitar.

Aquel que tiene buen nombre
muchos dijustos ahorra;
3585 y entre tanta mazamorra [463]
no olviden esta alvertencia:
aprendí por esperencia
que el mal nombre no se borra.

XXVII

He servido en la frontera,
3590 en un cuerpo de milicias;
no por razón de justicia,
como sirve cualesquiera.

La bolilla me tocó
de ir a pasar malos ratos
3595 por la facultá del ñato
que tanto me persiguió.

Y sufrí en aquel infierno
esa dura penitencia
por una malaquerencia
3600 de un oficial subalterno.

---

[463] *Mazamorra:* En este caso tiene el sentido de barullo, acumulación de asuntos y problemas. (Véase nota 42.)

No repetiré las quejas
de lo que se sufre allá;
son cosas muy dichas ya
y hasta olvidadas de viejas.

3605   Siempre el mesmo trabajar,
siempre el mesmo sacrificio,
es siempre el mesmo servicio,
y el mesmo nunca pagar.

    Siempre cubiertos de harapos,
3610   siempre desnudos y pobres;
nunca le pagan un cobre
ni le dan jamás un trapo.

    Sin sueldo y sin uniforme
lo pasa uno aunque sucumba;
3615   conformesé con la tumba [464]
y si no... no se conforme.

    Pues si usted se ensoberbece
o no anda muy voluntario,
le aplican un novenario
3620   de estacas... [465] que lo enloquecen.

    Andan como pordioseros,
sin que un peso los alumbre [466],
porque han tomao la costumbre
de deberle años enteros.

3625   Siempre hablan de lo que cuesta,
que allá se gasta un platal.
pues yo no he visto ni un rial
en lo que duró la fiesta.

    Es servicio estraordinario
3630   bajo el fusil y la vara,

---

[464] *Tumba:* Rancho del soldado consistente en pedazos de carne de mala calidad hervida. Es evidente la fuerza expresiva de esta frase por el doble sentido que puede tener.

[465] *Un novenario de estacas:* Latigazos con una vara.

[466] *Sin que un peso los alumbre.* (Véase nota 106.)

sin que sepamos qué cara
le ha dao Dios al comisario [467].

    Pues si va a hacer la revista,
se vuelve como una bala.
3635   Es lo mesmo que luz mala [468]
para perderse de vista.

    Y de yapa [469], cuando va,
todo parece estudiao:
va con meses atrasaos
3640   de gente que ya no está.

    Pues ni adrede que lo hagan,
podrán hacerlo mejor;
cuando cai, cai con la paga
del contingente anterior.

3645   Porque son como sentencia
para buscar al ausente,
y el pobre que está presente
que perezca en la endigencia.

    Hasta que tanto aguantar
3650   el rigor con que lo tratan,
o se resierta o lo matan,
o lo largan sin pagar.

    De ese modo es el pastel,
porque el gaucho..., ya es un hecho,
3655   no tiene ningún derecho,
ni naides vuelve por él.

    La gente vive marchita.
¡Si viera cuando echan tropa!
Les vuela a todos la ropa
3660   que parecen banderitas.

---

[467] *Comisario:* Se alude aquí al comisario encargado de los pagos.
[468] *Luz mala:* Ya se ha mencionado en otra ocasión (*Ida,* 1259) este fenómeno, que entonces no ha parecido necesario explicar. Se trata del fuego fatuo.
[469] *De yapa:* Además. *Yapa* es voz quechua.

De todos modos lo cargan,
y al cabo de tanto andar,
cuando lo largan, lo largan
como pa echarse a la mar.

3665   Si alguna prenda le han dao,
se la vuelven a quitar,
poncho, caballo, recao,
todo tiene que dejar.

Y esos pobres infelices,
3670   al volver a su destino,
salen como unos Longinos [470]
sin tener con qué cubrirse.

A mí me daba congojas
el mirarlos de ese modo,
3675   pues el más aviao de todos
es un peregil sin hojas.

Ahora poco ha sucedido,
con un invierno tan crudo,
largarlos a pie y desnudos
3680   pa volver a su partido.

Y tan duro es lo que pasa,
que en aquella situación
les niegan un mancarrón
para volver a su casa.

3685   ¡Lo tratan como a un infiel!
Completan su sacrificio
no dandolé ni un papel
que acredite su servicio.

Y tiene que regresar
3690   más pobre de lo que jue,
por supuesto, a la mercé
del que lo quiere agarrar.

_____

[470] *Como unos Longinos:* Semidesnudos, como para los gauchos aparecía en estampas o grabados Longinos, el centurión que participó en los hechos de la pasión de Cristo.

            Y no averigüe despúes
        de los bienes que dejó:
3695   de hambre, su mujer vendió
        por dos lo que vale diez.

            Y como están convenidos
        a jugarle manganeta [471],
        a reclamar no se meta,
3700   porque ése es tiempo perdido.

            Y luego, si a alguna estancia
        a pedir carne se arrima,
        al punto le cain encima
        con la ley de la vagancia [472].

3705   Y ya es tiempo, pienso yo,
        de no dar más contingente.
        Si el gobierno quiere gente,
        que la pague, y se acabó.

            Y saco ansí, en conclusión,
3710   en medio de mi inorancia,
        que aquí el nacer en estancia
        es como una maldición.

            Y digo, aunque no me cuadre
        decir lo que naides dijo:
3715   La Provincia es una madre
        que no defiende a sus hijos.

            Mueren en alguna loma
        en defensa de la ley,
        o andan lo mesmo que el güey,
3720   arando pa que otros coman.

---

[471] *Jugarle manganeta:* Engañarle.
[472] *La ley de la vagancia:* En 1865 se promulgó el *Código rural*
de la provincia de Buenos Aires donde se contemplaba el problema
de la vagancia. Recuerda Tiscornia: «Si los vagos son útiles van al
servicio de las armas por tres años; si no lo son, van a la policía y se
emplean tres años en los trabajos públicos» (ed. cit., pág. 220).

Y he de decir ansimismo,
porque de adentro me brota,
que no tiene patriotismo
quien no cuida al compatriota.

XXVIII

3725   Se me va por dondequiera
esta lengua del demonio.
Voy a darles testimonio
de lo que vi en la frontera.

Yo sé que el único modo
3730   a fin de pasarlo bien
es decir a todo amén
y jugarle risa a todo.

El que no tiene colchón,
en cualquier parte se tiende.
3735   El gato busca el jogón
y ése es mozo que lo entiende.

De aquí comprenderse debe,
aunque yo hable de este modo,
que uno busca su acomodo
3740   siempre lo mejor que puede.

Lo pasaba como todos
este pobre penitente,
pero salí de asistente
y mejoré en cierto modo.

3745   Pues aunque esas privaciones
causen desesperación,
siempre es mejor el jogón
de aquel que carga galones.

De entonces en adelante
3750   algo logré mejorar,
pues supe hacerme lugar
al lado del ayudante.

Él se daba muchos aires;
pasaba siempre leyendo;
3755   decían que estaba aprendiendo
pa recebirse de fraile.

Aunque lo pifiaban [473] tanto,
jamás lo vi dijustao;
tenía los ojos paraos
3760   como los ojos de un santo.

Muy delicao —dormía en cuja [474]—
y no sé por qué sería,
la gente lo aborrecía
y le llamaban la *Bruja*.

3765   Jamás hizo otro servicio
ni tubo más comisiones
que recebir las raciones
de víveres y de vicios [475].

Yo me pasé a su jogón
3770   al punto que me sacó,
y ya con él me llevó
a cumplir su comisión.

Estos diablos de milicos
de todo sacan partido.
3775   Cuando nos vían riunidos
se limpiaban los hocicos [476].

Y decían en los jogones [477],
como por chocarrería:

---

[473] *Lo pifiaban:* Se burlaban de él.
[474] *Cuja:* Cama de madera de cierta categoría. Todo un lujo en los modestos poblados rurales y en los fortines.
[475] *Vicios:* Así se denominaba a la yerba mate, el tabaco y el papel de fumar que el gobierno proporcionaba a los que hacían el servicio de fronteras.
[476] *Se limpiaban los hocicos:* Murmuraban.
[477] *Jogones:* El fogón era el punto de reunión en estancias y fortines. Tito Saubidet recuerda esta frase del general Mansilla: «El fogón es la tribuna democrática de nuestro ejército» *(op. cit.,* pág. 68).

«Con la *Bruja* y *Picardía*
3780   van a andar bien las raciones.»

A mí no me jue tan mal,
pues mi oficial se arreglaba;
les diré lo que pasaba
sobre este particular.

3785   Decían que estaban de acuerdo
la *Bruja* y el provedor,
y que recebía lo pïor...
Puede ser, pues no era lerdo.

Que a más en la cantidá
3790   pegaba otro dentellón,
y que por cada ración
le entregaban la mitá.

Y que esto lo hacía del modo
como lo hace un hombre vivo:
3795   firmando luego el recibo,
ya se sabe, por el todo.

Pero esas murmuraciones
no faltan en campamento.
Déjenme seguir mi cuento
3800   o historia de las raciones.

La *Bruja* los recebía,
como se ha dicho, a su modo;
las cargábamos y todo
se entriega en la mayoría [478].

3805   Sacan allí en abundancia
lo que les toca sacar,
y es justo que han de dejar
otro tanto de ganancia.

Van luego a la compañía,
3810   las recibe el comendante,

---

[478] *Mayoría:* Oficina del sargento u oficial mayor.

el que de un modo abundante
sacaba cuanto quería.

Ansí, la cosa liviana
va mermada por supuesto;
3815　luego, se le entrega el resto
al oficial de semana.

—Araña, ¿quién te arañó?
—Otra araña como yo

Éste le pasa al sargento
3820　aquello tan reducido,
y como hombre prevenido
saca siempre con aumento.

Esta relación no acabo
si otra menudencia ensarto.
3825　El sargento llama al cabo
para entregarle el reparto.

Él también saca primero
y no se sabe turbar [479]:
naides le va aviriguar
3830　si ha sacado más o menos.

Y sufren tanto bocao
y hacen tantas estaciones,
que ya casi no hay raciones
cuando llegan al soldao.

3835　¡Todo es como pan bendito! [480]
Y sucede de ordinario
tener que juntarse varios
para hacer un pucherito.

---

[479] *No se sabe turbar:* No acostumbra, no suele turbarse. El uso de *saber* en este sentido es una muy curiosa peculiaridad de la semántica rioplatense a nivel popular. (Cfr. Ricardo Guiraldes: *Don Segundo Sombra,* Buenos Aires, Losada, 1950, pág. 19: «¡Hum! —prosiguió don Pedro—, yo lo he visto más de una vez. Sabía venir por acá a hacer la tarde.»)

[480] *Como pan bendito:* En cantidad muy escasa.

Dicen que las cosas van
3840   con arreglo a la ordenanza.
¡Puede ser! pero no alcanzan:
¡Tan poquito es lo que dan!

Algunas veces yo pienso,
y es muy justo que lo diga:
3845   sólo llegaban las migas
que habían quedao en los lienzos.

Y esplican aquel infierno,
en que uno está medio loco,
diciendo que dan tan poco
3850   porque no paga el Gobierno.

Pero eso yo no lo entiendo,
ni aviriguarlo me meto;
soy inorante completo;
nada olvido y nada apriendo.

3855   Tiene uno que soportar
el tratamiento más vil:
a palos en lo civil,
a sable en lo militar.

El vistuario es otro infierno:
3860   si lo dan, llega a sus manos
en invierno el de verano
y en el verano el de invierno.

Y yo el motivo no encuentro
ni la razón que esto tiene;
3865   mas dicen que eso ya viene
arreglado dende adentro.

Y es necesario aguantar
el rigor de su destino:
el gaucho no es argentino [481]
3870   sinó pa hacerlo matar.

---

[481] *Argentino:* Por primera y única vez en el poema se menciona
este gentilicio. El que el *Martín Fierro* sea un poema absolutamente

Ansí ha de ser, no lo dudo,
y por eso decía un tonto:
«Si los han de matar pronto,
mejor es que estén desnudos.»

3875   Pues esa miseria vieja
no se remedia jamás;
todo el que viene detrás
como la encuentra la deja.

Y se hallan hombres tan malos
3880   que dicen de buena gana:
«El gaucho es como la lana:
se limpia y compone a palos.»

Y es forzoso el soportar
aunque la copa se enllene.
3885   Parece que el gaucho tiene
algún pecao que pagar.

XXIX

Esto contó *Picardía*
y después guardó silencio,
mientras todos celebraban
3890   con placer aquel encuentro.
Mas una casualidá,
como que nunca anda lejos,
entre tanta gente blanca
llevó también a un moreno
3895   presumido de cantor
y que se tenía por bueno [482].
Y como quien no hace nada
o se descuida de intento

___

argentino no significa que los gauchos que en él intervienen tengan
más en mente la idea de la gran nación de la que son ciudadanos
que la de su mundo personal, la pampa.

[482] *Bueno* (o *güeno* en otras ocasiones) hay que entenderlo en contextos como éste, como advierte Carilla (ed. cit., pág. ·323) en el sentido de bravo, valiente. Podríamos añadir también, habilidoso.

3900 (pues siempre es muy conocido
todo aquel que busca pleito),
se sentó con toda calma,
echó mano al estrumento
y ya le pegó un rajido.
3905 Era fantástico [483] el negro,
y para no dejar dudas
medio se compuso el pecho.
Todo el mundo conoció
la intención de aquel moreno:
era claro el desafío
3910 dirigido a Martín Fierro,
hecho con toda arrogancia,
de un modo muy altanero.
Tomó Fierro la guitarra
—pues siempre se halla dispuesto—
3915 y así cantaron los dos,
en medio de un gran silencio:

XXX

MARTÍN FIERRO

Mientras suene el encordao,
mientras encuentre el compás,
yo no he de quedarme atrás
3920 sin defender la parada [484];
y he jurado que jamás
me la han de llevar robada [485].

Atiendan, pues, los oyentes
y cáyensen los mirones.
3925 A todos pido perdones,
pues a la vista resalta
que no está libre de falta
quien no está de tentaciones.

---

[483] *Fantástico:* Extravagante, ostentoso, presuntuoso.
[484] *Parada:* Apuesta, habitualmente monetaria.
[485] *Robada:* Ganada fácilmente.

A un cantor le llaman bueno
3930   cuando es mejor que los piores;
y sin ser de los mejores,
encontrándose dos juntos,
es deber de los cantores
el cantar de contrapunto [486].

3935   El hombre debe mostrarse
cuando la ocasión le llegue.
Hace mal el que se niegue
dende que lo sabe hacer,
y muchos suelen tener
3940   vanagloria en que los rueguen.

Cuando mozo fui cantor.
Es una cosa muy dicha.
Mas la suerte se encapricha
y me persigue costante;
3945   de ese tiempo en adelante
canté mis propias desdichas.

Y aquellos años dichosos
trataré de recordar;
veré si puedo olvidar
3950   tan desgraciada mudanza.
Y quien se tenga confianza
tiemple y vamos a cantar.

Tiemple y cantaremos juntos.
Trasnochadas no acobardan.
3955   Los concurrentes aguardan,
y por que el tiempo no pierdan,
haremos gemir las cuerdas
hasta que las velas no ardan.

Y el cantor que se presiente,
3960   que tenga o no quien lo ampare,
no espere que yo dispare [487],
aunque su saber sea mucho.

---

[486] *De contrapunto:* En su interpretación localista hay que entender
esta locución·en la acepción de *en forma de desafío o payada.*
[487] *Dispare:* Huya, me retire.

Vamos en el mesmo pucho [488]
a prenderle hasta que aclare.

3965   Y seguiremos si gusta
hasta que se vaya el día.
Era la costumbre mía
cantar las noches enteras.
Había entonces dondequiera
3970   cantores de fantasía [489].

Y si alguno no se atreve
a seguir la caravana,
o si cantando no gana,
se lo digo sin lisonja:
3975   haga sonar una esponja [490]
o ponga cuerdas de lana.

EL MORENO

Yo no soy, señores míos,
sinó un pobre guitarrero;
pero doy gracias al cielo
3980   porque puedo en la ocasión
toparme con un cantor
que esperimente a este negro.

Yo también tengo algo blanco,
pues tengo blancos los dientes;
3985   sé vivir entre las gentes
sin que me tengan en menos:

---

[488] *Vamos en el mesmo pucho...:* Sobre *pucho* véase nota 61. En este verso y en el siguiente se alude al hecho de fumar entre dos un solo cigarrillo que debe ser consumido íntegramente. Se manifiesta así el empeño con que ambos contendientes han de acometer la payada. Obsérvese, incidentalmente, el curioso leísmo en *prenderle.*

[489] *Cantores de fantasía:* Véase nota 483. *De lujo* dice Santiago Lugones (ed. cit., pág. 297).

[490] *Una esponja:* La cuestión no es relevante, pero acaso no se trate de una esponja común, sino de una *esponja de campo,* especie de hongo silvestre que, una vez, seco, se empleaba en usos variados: como mecha de candil, para restañar la sangre de las heridas, etc.

quien anda en pagos agenos
debe ser manso y prudente.

Mi madre tuvo diez hijos,
3990   los nueve muy regulares,
tal vez por eso me ampare
la Providencia divina:
en los güevos de gallina
el décimo es el más grande.

3995   El negro es muy amoroso,
aunque de esto no hace gala;
nada a su cariño iguala
ni a su tierna voluntá;
es lo mesmo que el macá [491]:
4000   cría los hijos bajo el ala.

Pero yo he vivido libre
y sin depender de naides;
siempre he cruzado a los aires
como el pájaro sin nido;
4005   cuanto sé lo he aprendido
porque me lo enseñó un flaire.

Y sé como cualquier otro
el porqué retumba el trueno,
por qué son las estaciones
4010   del verano y del invierno;
sé también de dónde salen
las aguas que cain del cielo.

Yo sé lo que hay en la tierra
en llegando al mesmo centro;
4015   en dónde se encuentra el oro,
en dónde se encuentra el fierro,
y en dónde viven bramando
los volcanes que echan juego.

Yo sé del fondo del mar
4020   donde los pejes nacieron;

---

[491] *Macá:* Especie de pato silvestre.

yo sé por qué crece el árbol,
y por qué silvan los vientos.
Cosas que inoran los blancos
las sabe este pobre negro.

4025   Yo tiro cuando me tiran,
cuando me aflojan, aflojo.
No se ha de morir de antojo
quien me convide a cantar:
para conocer a un cojo
4030   lo mejor es verlo andar.

     Y si una falta cometo
en venir a esta riunión
echándolá de cantor
pido perdón en voz alta,
4035   pues nunca se halla una falta
que no esista otra mayor.

     De lo que un cantor esplica
no falta qué aprovechar,
y se le debe escuchar
4040   aunque sea negro el que cante:
apriende el que es inorante,
y el que es sabio, apriende más.

     Bajo la frente más negra
hay pensamiento y hay vida;
4045   la gente escuche tranquila,
no me haga ningún reproche:
también es negra la noche
y tiene estrellas que brillan.

     Estoy, pues, a su mandao;
4050   empiece a echarme la sonda
si gusta que le responda
aunque con lenguaje tosco;
en leturas no conozco
la jota por ser redonda [492].

---

[492] *La jota por ser redonda:* Según Abad de Santillán *(ob. cit.,*
página 821), la frase debería escribirse «no conocer ni jota por ser

4055　　¡Ah negro!, si sos tan sabio
　　　　no tengás ningún recelo;
　　　　pero has tragao el anzuelo,
　　　　y al compás del estrumento,
　　　　has de decirme al momento
4060　　cuál es el canto del cielo.

EL MORENO

　　　　Cuentan que de mi color
　　　　Dios hizo al hombre primero;
　　　　mas los blancos altaneros,
　　　　los mesmos que lo convidan,
4065　　hasta de nombrarlo olvidan,
　　　　y sólo lo llaman negro.

　　　　Pinta el blanco negro al diablo,
　　　　y el negro blanco lo pinta.
　　　　Blanca la cara o retinta,
4070　　no habla en contra ni en favor:
　　　　de los hombres el Criador
　　　　no hizo dos clases distintas.

　　　　Y después de esta alvertencia,
　　　　que al presente viene a pelo,
4075　　veré, señores, si puedo
　　　　sigún mi escaso saber,
　　　　con claridá responder
　　　　cuál es el canto del cielo.

　　　　Los cielos lloran y cantan
4080　　hasta en el mayor silencio;
　　　　lloran al cair el rocío,
　　　　cantan al silbar los vientos,

---

redondo», pues el *redondo* es el sujeto de que se habla y la frase no alude a la letra j, sino que se trata del modo adverbial *ni jota,* equivalente a «nada, ni un comino». Recuérdese que ya Martín Fierro se había definido como «un gaucho redondo» *(Ida,* 353), sin instrucción.

lloran cuando cain las aguas,
cantan cuando brama el trueno.

MARTÍN FIERRO

4085 Dios hizo al blanco y al negro
sin declarar los mejores;
les mandó iguales dolores
bajo de una mesma cruz;
mas también hizo la luz
4090 pa distinguir los colores.

  Ansí, ninguno se agravie;
no se trata de ofender;
a todo se ha de poner
el nombre con que se llama,
4095 y a naides le quita fama,
lo que recibió al nacer.

  Y ansí me gusta un cantor
que no se turba ni yerra;
y si en su saber se encierra
4100 el de los sabios projundos,
decíme cuál en el mundo
es el canto de la tierra.

EL MORENO

  Es pobre mi pensamiento,
es escasa mi razón;
4105 mas pa dar contestación
mi inorancia no me arredra:
también da chispas la piedra
si la golpea el eslabón.

  Y le daré una respuesta
4110 sigún mis pocos alcances:
forman un canto en la tierra
el dolor de tanta madre,
el gemir de los que mueren
y el llorar de los que nacen.

4115   Moreno, alvierto que trais
bien dispuesta la garganta.
Sos varón, y que no me espanta
verte hacer esos primores.
En los pájaros cantores
4120   sólo el macho es el que canta.

Y ya que al mundo vinistes
con el sino de cantar,
no te vayas a turbar,
no te agrandes ni te achiques;
4125   es preciso que me espliques
cuál es el canto del mar.

EL MORENO

A los pájaros cantores
ninguno imitar pretiende.
De un don que de otro depende
4130   naides se debe alabar,
pues la urraca apriende hablar,
pero sólo la hembra apriende.

Y ayúdame, ingenio mío,
para ganar esta apuesta.
4135   Mucho el contestar me cuesta,
pero debo contestar.
Voy a decirle en respuesta
cuál es el canto del mar.

Cuando la tormenta brama,
4140   el mar, que todo lo encierra,
canta de un modo que aterra.
Como si el mundo temblara,
parece que se quejara
de que lo estreche la tierra.

4145   Toda tu sabiduría
has de mostrar esta vez;
ganarás sólo que estés
en vaca [493] con algún santo:
la noche tiene su canto,
4150   y me has de decir cuál es.

EL MORENO

No galope, que hay augeros,
le dijo a un guapo un prudente.
Le contesto humildemente:
la noche por cantos tiene
4155   esos ruidos que uno siente
sin saber de dónde vienen.

Son los secretos misterios
que las tinieblas esconden;
son los ecos que responden
4160   a la voz del que da un grito,
como un lamento infinito,
que viene no sé de dónde.

A las sombras sólo el sol
las penetra y las impone.
4165   En distintas direciones
se oyen rumores inciertos:
son almas de los que han muerto,
que nos piden oraciones.

MARTÍN FIERRO

Moreno, por tus respuestas
4170   ya te aplico el cartabón [494],

---

[493] *En vaca:* De acuerdo, en sociedad o combinación con alguien. Expresión muy frecuente en el juego.
[494] *Te aplico el cartabón:* Entendemos que Martín Fierro le dice al Moreno que le mide, le valora por sus respuestas. Malaret cita *carta-*

pues tenés desposición
y sos estruido de yapa.
Ni las sombras se te escapan
para dar esplicación.

4175   Pero cumple su deber
el leal diciendo lo cierto,
y por lo tanto te alvierto
que hemos de cantar los dos,
dejando en la paz de Dios
4180   las almas de los que han muerto.

Y el consejo del prudente
no hace falta en la partida.
Siempre ha de ser comedida
la palabra de un cantor.
4185   Y aura quiero que me digas
de dónde nace el amor.

EL MORENO

A pregunta tan escura
trataré de responder,
aunque es mucho pretender
4190   de un pobre negro de estancia;
mas conocer su inorancia
es principio del saber.

Ama el pájaro en los aires
que cruza por dondequiera,
4195   y si al fin de su carrera
se asienta en alguna rama,
con su alegre canto llama
a su amante compañera.

La fiera ama en su guarida,
4200   de la que es rey y señor;
allí lanza con furor
esos bramidos que espantan,

---

bonear como argentinismo que significa «tomar medidas con el carta-
bón o con otro instrumento que haga sus veces» *(op. cit.)*.

porque las fieras no cantan;
las fieras braman de amor.

4205   Ama en el fondo del mar
el pez de lindo color;
ama el hombre con ardor,
ama todo cuanto vive.
De Dios vida se recibe,
4210   y donde hay vida hay amor.

MARTÍN FIERRO
    Me gusta, negro ladino,
lo que acabás de esplicar.
Ya te empiezo a respetar,
aunque al principio me rei,
4215   y te quiero preguntar
lo que entendés por la ley.

EL MORENO
    Hay muchas dotorerías
que yo no puedo alcanzar.
Dende que aprendí a inorar,
4220   de ningún saber me asombro;
mas no ha de llevarme al hombro
quien me convide a cantar.

    Yo no soy cantor ladino
y mi habilidá es muy poca;
4225   mas cuando cantar me toca
me defiendo en el combate,
porque soy como los mates:
sirvo si me abren la boca [495].

    Dende que elige a su gusto,
4230   lo más espinoso elige:
pero esto poco me aflige,
y le contesto a mi modo:
la ley se hace para todos,
mas sólo al pobre le rige.

---

[495] *La boca:* Véase nota 348. La calabaza debe ser cortada horizontalmente en un extremo para que sirva como recipiente.

4235   La ley es tela de araña.
          En mi inorancia lo esplico:
          no la tema el hombre rico,
          nunca la tema el que mande,
          pues la ruempe el bicho grande
4240   y sólo enrieda a los chicos.

          Es la ley como la lluvia:
          nunca puede ser pareja.
          el que la aguanta se queja.
          Pero el asunto es sencillo,
4245   la ley es como el cuchillo:
          no ofiende a quien lo maneja.

          Le suelen llamar espada.
          Y el nombre le viene bien:
          los que la gobiernan ven
4250   a dónde han de dar el tajo:
          le cai al que se halla abajo
          y corta sin ver a quién.

          Hay muchos que son dotores,
          y de su cencia no dudo;
4255   mas yo soy un negro rudo,
          y aunque de esto poco entiendo,
          estoy diariamente viendo
          que aplican la del embudo.

MARTÍN FIERRO

          Moreno, vuelvo a decirte:
4260   ya conozco tu medida;
          has aprovechado la vida
          y me alegro de este encuentro.
          Ya veo que tenés adentro
          capital pa esta partida.

4265   Y aura te voy a decir,
          porque en mi deber está,
          y hace honor a la verdá
          quien a la verdá se duebla,
          que sos por juera tinieblas
4270   y por dentro claridá.

No ha de decirse jamás
que abusé de tu paciencia:
y en justa correspondencia,
si algo querés preguntar,
4275   podés al punto empezar,
pues ya tenés mi licencia.

EL MORENO

No te trabes, lengua mía,
no te vayas a turbar.
Nadie acierta antes de errar;
4280   y aunque la fama se juega,
el que por gusto navega
no debe temerle al mar.

Voy a hacerle mis preguntas,
ya que a tanto me convida;
4285   y vencerá en la partida
si una esplicación me da
sobre el tiempo y la medida,
el peso y la cantidá.

Suya será la vitoria
4290   si es que sabe contestar.
Se lo debo declarar
con claridá, no se asombre,
pues hasta aura ningún hombre
me lo ha sabido esplicar.

4295   Quiero saber y lo inoro,
pues en mis libros no está,
y su respuesta vendrá
a servirme de gobierno:
para qué fin el Eterno
4300   ha criado la cantidá.

MARTÍN FIERRO

Moreno, te dejas cair
como carancho en su nido.
Ya veo que sos prevenido,
mas también estoy dispuesto.
4305   Veremos si te contesto
y si te das por vencido.

Uno es el sol, uno el mundo,
sola y única es la luna.
Ansí, han de saber que Dios
4310   no crió cantidá ninguna.
El ser de todos los seres
sólo formó la unidá;
lo demás lo ha criado el hombre
después que aprendió a contar.

EL MORENO

4315   Veremos si a otra pregunta
da una respuesta cumplida:
el ser que ha criado la vida
lo ha de tener en su archivo,
mas yo ignoro qué motivo
4320   tuvo al formar la medida.

MARTÍN FIERRO

Escuchá con atención
lo que en mi inorancia arguyo:
la medida la inventó
el hombre para bien suyo.
4325   Y la razón no te asombre,
pues es fácil presumir:
Dios no tenía que medir
sinó la vida del hombre.

EL MORENO

Si no falla su saber
4330   por vencedor lo confieso.
Debe aprender todo eso
quien a cantar se dedique.
Y aura quiero que me esplique
lo que significa el peso.

MARTÍN FIERRO

4335   Dios guarda entre sus secretos
el secreto que eso encierra,
y mandó que todo peso
cayera siempre a la tierra;
y sigún compriendo yo,

4340 dende que hay bienes y males,
fue el peso para pesar
las culpas de los mortales.

EL MORENO

Si responde a esta pregunta
4345 tengasé por vencedor.
Doy la derecha al mejor
y respóndame al momento:
¿Cuándo formó Dios el tiempo
y por qué lo dividió?

MARTÍN FIERRO

Moreno, voy a decir
4350 sigún mi saber alcanza:
el tiempo sólo es tardanza
de lo que está por venir;
no tuvo nunca principio
ni jamás acabará.

4355 Porque el tiempo es una rueda,
y rueda es eternidá;
y si el hombre lo divide
sólo lo hace, en mi sentir,
por saber lo que ha vivido
4360 o le resta que vivir.

Ya te he dado mis respuestas,
mas no gana quien despunta [496];
si tenés otra pregunta
o de algo te has olvidao,
4365 siempre estoy a tu mandao
para sacarte de dudas.

No procedo por soberbia
ni tampoco por jatancia,
mas no ha de faltar costancia
4370 cuando es preciso luchar,
y te convido a cantar
sobre cosas de la estancia.

---

[496] *Despunta:* Se adelanta.

Ansí prepará, moreno,
cuanto tu saber encierre;
4375 y sin que tu lengua yerre,
me has de decir lo que empriende
el que del tiempo depende
en los meses que train erre [497].

EL MORENO

De la inorancia de naides
4380 ninguno debe abusar;
y aunque me puede doblar
todo el que tenga más arte,
no voy a ninguna parte
a dejarme machetiar.

4385 He reclarao que en leturas
soy redondo [498] como jota.
No avergüence mi redota,
pues con claridá le digo:
no me gusta que conmigo
4390 naides juegue a la pelota.

Es buena ley que el más lerdo
debe perder la carrera.
Ansí le pasa a cualquiera
cuando en competencia se halla
4395 un cantor de media talla
con otro de talla entera.

¿No han visto en medio del campo
al hombre que anda perdido,
dando güeltas aflijido
4400 sin saber dónde rumbiar?
Ansí le suele pasar
a un pobre cantor vencido.

---

[497] *Los meses que traen erre:* En ellos —de septiembre a abril—
transcurren la primavera, el verano y el otoño en el hemisferio austral.
No deja de resultar sorprendente que un negro «de estancia»
(*Vuelta*, 4190) ignore, como se verá, cuáles son las faenas agrícolas
y ganaderas que se llevan a cabo en tales meses.

[498] *Redondo:* Ignorante. Véase nota 492.

También los árboles crugen
si el ventarrón los azota.
4405 Y si aquí mi queja brota
con amargura, consiste
en que es muy larga y muy triste
la noche de la redota.

Y dende hoy en adelante
4410 pongo de testigo al cielo
para decir sin recelo
que si mi pecho se inflama
no cantaré por la fama,
sinó por buscar consuelo.

4415 Vive ya desesperado
quien no tiene qué esperar.
A lo que no ha de durar
ningún cariño se cobre:
alegrías en un pobre
4420 son anuncios de un pesar.

Y este triste desengaño
me durará mientras viva.
Aunque un consuelo reciba
jamás he de alzar el vuelo:
4425 quien no nace para el cielo,
de valde es que mire arriba.

Y suplico a cuantos me oigan
que me permitan decir
que al decidirme a venir
4430 no sólo jue por cantar,
sinó porque tengo a más
otro deber que cumplir.

Ya saben que de mi madre
fueron diez los que nacieron;
4435 mas ya no existe el primero
y más querido de todos:
murió, por injustos modos,
a manos de un pendenciero.

Los nueve hermanos restantes
4440 como güérfanos quedamos.
Dende entonces lo lloramos

sin consuelo, creanmeló,
y al hombre que lo mató,
nunca jamás lo encontramos.

4445   Y queden en paz los güesos
de aquel hermano querido.
A moverlos no he venido;
mas si el caso se presienta,
espero en Dios que esta cuenta
4450   se arregle como es debido.

Y si otra ocasión payamos [499]
para que esto se complete,
por mucho que lo respete
cantaremos, si le gusta,
4455   sobre las muertes injustas
que algunos hombres cometen.

Y aquí, pues, señores míos,
diré, como en despedida,
que todavía andan con vida
4460   los hermanos del dijunto,
que recuerdan este asunto
y aquella muerte no olvidan.

Y es misterio tan projundo
lo que está por suceder,
4465   que no me debo meter
a echarla aquí de adivino:
lo que decida el destino
después lo habrán de saber.

MARTÍN FIERRO

Al fin cerrastes el pico
4470   después de tanto charlar.

---

[499] *Payamos: Payar,* cantar en competencia dos gauchos, acompa-
ñándose de guitarra. La palabra matriz puede ser muy bien *payo,* que
Malaret señala como leonismo equivalente a campesino *(op. cit.,* pá-
gina 634). El término aparece usado en Méjico en tal sentido con la
connotación de inculto. También en el Río de la Plata como rústico,
campesino. Carilla piensa también como punto de partida en la voz
quechua *pallar* (ed. cit., pág. 343).

ya empezaba a maliciar,
al verte tan entonao,
que traias un embuchao
y no lo querías largar.

4475   Y ya que nos conocemos,
basta de conversación.
Para encontrar la ocasión
no tienen que darse priesa.
Ya conozco yo que empiesa
4480   otra clase de junción.

Yo no sé lo que vendrá:
tampoco soy adivino;
pero firme en mi camino
hasta el fin he de seguir:
4485   todos tienen que cumplir
con la ley de su destino.

Primero fue la frontera
por persecución de un juez;
los indios fueron después,
4490   y para nuevos estrenos
ahora son estos morenos
pa alivio de mi vejez.

La madre echó diez al mundo,
lo que cualquiera no hace;
4495   y tal vez de los diez pase
con iguales condiciones.
La mulita pare nones
todos de la mesma clase.

A hombre de humilde color
4500   nunca sé [500] facilitar [501].
Cuando se llega a enojar
suele ser de mala entraña;
se vuelve como la araña
siempre dispuesta a picar.

_____
[500] *Nunca sé:* Nunca acostumbro.
[501] *Facilitar:* Fiar, confiar en alguien o en algo. Aquí encaja este significado aun cuando requiera un reajuste sintáctico *ad sensum* de la frase. Véase, sin embargo, *Vuelta,* 4831.

4505   Yo he conocido a toditos
los negros más peliadores.
Había algunos superiores
de cuerpo y de vista... ¡ay juna!
si vivo, les daré una... [502]
4510   historia de los mejores.

Mas cada uno ha de tirar
en el yugo en que se vea.
Yo ya no busco peleas,
las contiendas no me gustan;
4515   pero ni sombras me asustan
ni bultos que se menean.

La creia ya desollada,
mas todavía falta el rabo,
y por lo visto no acabo
4520   de salir de esta jarana.
Pues esto es lo que se llama
remachársele a uno el clavo.

XXXI

Y después de estas palabras,
que ya la intención revelan,
4525   procurando los presentes
que no se armara pendencia,
se pusieron de por medio
y la cosa quedó quieta.
Martín Fierro y sus muchachos,
4530   evitando la contienda,
montaron y, paso a paso,
como el que miedo no lleva,
a la costa de un arroyo
llegaron a echar pie a tierra.
4535   Desensillaron los pingos
y se sentaron en rueda,
refiriéndose entre sí
infinitas menudencias:

---

[502] *Les daré una...:* Una paliza, se sugiere. Una vez más actúa el ingenuo humorismo del gaucho, no incompatible con la postura agresiva que inesperadamente toma.

porque tiene muchos cuentos
4540 y muchos hijos la ausencia.
Allí pasaron la noche
a la luz de las estrellas,
porque ése es un cortinao
que lo halla uno dondequiera,
4545 y el gaucho sabe arreglarse
como ninguno se arregla.
El colchón son las caronas [503],
el lomillo [504] es cabecera,
el coginillo es blandura,
4550 y con el poncho o la gerga,
para salvar del rocío,
se cubre hasta la cabeza.
Tiene su cuchillo al lado,
pues la precaución es buena;
4555 freno y rebenque a la mano,
y teniendo el pingo cerca,
que pa asigurarlo bien
la argolla del lazo entierra,
aunque el atar con el lazo
4560 da del hombre mala idea,
se duerme ansí muy tranquilo
todita la noche entera;
y si es lejos del camino,
como manda la prudencia,
4565 más siguro que en su rancho
uno ronca a pierna suelta.
Pues en el suelo no hay chinches,
y es una cuja camera [505]
que no ocasiona disputas
4570 y que naides se la niega.
Además de eso, una noche
la pasa uno como quiera,
y las va pasando todas
haciendo la mesma cuenta.

---

[503] *Caronas:* Obsérvese el uso particular de un objeto descrito en la nota 24.

[504] *Lomillo:* Es la pieza principal del apero o recado de montar, la silla propiamente dicha.

[505] *Cuja camera:* Véase nota 474. Aquí se alude a una cama amplia, para dos personas *(camera),* hiperbólicamente como puede verse.

342

4575   Y luego, los pajaritos,
al aclarar lo dispiertan,
porque el sueño no lo agarra
a quien sin cenar se acuesta.
Ansí, pues, aquella noche
4580   jue para ellos una fiesta,
pues todo parece alegre
cuando el corazón se alegra.
No pudiendo vivir juntos
por su estado de pobreza,
4585   resolvieron separarse,
y que cada cual se juera
a procurarse un refujio
que aliviara su miseria.
Y antes de desparramarse
4590   para empezar vida nueva,
en aquella soledá,
Martín Fierro, con prudencia,
a sus hijos y al de Cruz
les habló de esta manera:

XXXII

4595   Un padre que da consejos,
más que padre es un amigo.
Ansí, como tal les digo
que vivan con precaución:
naides sabe en qué rincón
4600   se oculta el que es su enemigo.

Yo nunca tuve otra escuela
que una vida desgraciada.
No estrañen si en la jugada
alguna vez me equivoco,
4605   pues debe saber muy poco
aquel que no aprendió nada.

Hay hombres que de su cencia
tienen la cabeza llena;
hay sabios de todas menas [506];

---

[506] *De todas menas:* De todas clases. «Los diccionarios españoles no
registran la voz con ese sentido [clase, casta], que es el que tiene
en catalán —comenta Tiscornia (ed. cit., pág. 372)—, pero en un

4610　　mas digo, sin ser muy ducho:
　　　　es mejor que aprender mucho
　　　　el aprender cosas buenas.

　　　　No aprovechan los trabajos
　　　　si no han de enseñarnos nada.
4615　　El hombre, de una mirada
　　　　todo ha de verlo al momento.
　　　　El primer conocimiento
　　　　es conocer cuándo enfada.

　　　　Su esperanza no la cifren
4620　　nunca en corazón alguno;
　　　　en el mayor infortunio
　　　　pongan su confianza en Dios;
　　　　de los hombres, sólo en uno;
　　　　con gran precaución, en dos.

4625　　Las faltas no tienen límites
　　　　como tienen los terrenos;
　　　　se encuentran en los más buenos,
　　　　y es justo que les prevenga:
　　　　Aquel que defectos tenga,
4630　　disimule los ajenos.

　　　　Al que es amigo, jamás
　　　　lo dejen en la estacada;
　　　　pero no le pidan nada
　　　　ni lo aguarden todo de él.
4635　　Siempre el amigo más fiel
　　　　es una conduta honrada.

　　　　Ni el miedo ni la codicia
　　　　es bueno que a uno lo asalten.
　　　　Ansí, no se sobresalten
4640　　por los bienes que perezcan.

_____

Diálogo de Rodrigo Cota leemos este verso: "O placer de mala mena!"
Carilla opina más bien que se trata de un producto forzado de la rima
(ed. cit., pág. 348). Sin embargo, en el *Diccionario* de Casares, *mena,*
en acepción marítima, se define como «grueso de un cabo medido por
su contorno». De ahí puede venir, a nuestro entender, su adaptación
al lenguaje gauchesco.

Al rico nunca le ofrezcan
y al pobre jamás le falten.

Bien lo pasa hasta entre pampas
el que respeta a la gente.
4645 El hombre ha de ser prudente
para librarse de enojos;
cauteloso entre los flojos,
moderao entre valientes.

El trabajar es la ley
4650 porque es preciso alquirir.
No se espongan a sufrir
una triste situación:
sangra mucho el corazón
del que tiene que pedir.

4655 Debe trabajar el hombre
para ganarse su pan;
pues la miseria, en su afán
de perseguir de mil modos,
llama en la puerta de todos
4660 y entra en la del haragán.

A ningún hombre amenacen,
porque naides se acobarda;
poco en conocerlo tarda
quien amenaza imprudente;
4665 que hay un peligro presente
y otro peligro se aguarda.

Para vencer un peligro,
salvar de cualquier abismo,
por esperencia lo afirmo:
4670 más que el sable y que la lanza
suele servir la confianza
que el hombre tiene en sí mismo.

Nace el hombre con la astucia
que ha de servirle de guía;
4675 sin ella sucumbiría;
pero sigún mi esperencia,
se vuelve en unos prudencia
y en los otros picardía.

<pre>
        Aprovecha la ocasión
4680   el hombre que el diligente;
        y tenganló bien presente,
        si al compararla no yerro:
        la ocasión es como el fierro:
        se ha de machacar caliente.

4685   Muchas cosas pierde el hombre
        que a veces las vuelve a hallar;
        pero les debo enseñar,
        y es bueno que lo recuerden:
        si la vergüenza se pierde,
4690   jamás se vuelve a encontrar.

        Los hermanos sean unidos,
        porque ésa es la ley primera;
        tengan unión verdadera
        en cualquier tiempo que sea,
4695   porque si entre ellos pelean
        los devoran los de ajuera.

        Respeten a los ancianos;
        el burlarlos no es hazaña;
        si andan entre gente estraña
4700   deben ser muy precabidos,
        pues por igual es tenido
        quien con malos se acompaña.

        La cigüeña cuando es vieja
        pierde la vista, y procuran
4705   cuidarla en su edá madura
        todas sus hijas pequeñas.
        Apriendan de las cigüeñas
        este ejemplo de ternura.

        Si les hacen una ofensa,
4710   aunque la echen en olvido,
        vivan siempre prevenidos,
        pues ciertamente sucede
        que hablará muy mal de ustedes
        aquel que los ha ofendido.

4715   El que obedeciendo vive
        nunca tiene suerte blanda;
        mas con su soberbia agranda
</pre>

el rigor en que padece.
Obedezca el que obedece
4720 y será bueno el que manda.

Procuren de no perder
ni el tiempo ni la vergüenza;
como todo hombre que piensa
procedan siempre con juicio,
4725 y sepan que ningún vicio
acaba donde comienza.

Ave de pico encorvado,
le tiene al robo afición;
pero el hombre de razón
4730 no roba jamás un cobre,
pues no es vergüenza ser pobre
y es vergüenza ser ladrón.

El hombre no mate al hombre
ni pelee por fantasía [507].
4735 Tiene en la desgracia mía
un espejo en que mirarse.
Saber el hombre guardarse
es la gran sabiduría.

La sangre que se redama
4740 no se olvida hasta la muerte.
La impresión es de tal suerte,
que a mi pesar, no lo niego,
cai como gotas de fuego
en la alma del que la vierte.

4745 Es siempre, en toda ocasión,
el trago el pior enemigo.
Con cariño se los digo,
recuerdenló con cuidado:
aquel que ofiende embriagado
4750 merece doble castigo.

Si se arma algún revolutis,
siempre han de ser los primeros.
No se muestren altaneros
aunque la razón les sobre.

---

[507] *Por fantasía:* Véanse notas 483 y 489.

4755 En la barba de los pobres
aprienden pa ser barberos.

Si entriegan su corazón
a alguna muger querida,
no le hagan una partida [508]
4760 que la ofienda a la mujer;
siempre los ha de perder
una mujer ofendida.

Procuren, si son cantores,
el cantar con sentimiento,
4765 no tiemplen el estrumento
por sólo el gusto de hablar,
y acostúmbrense a cantar
en cosas de jundamento.

Y les doy estos consejos
4770 que me ha costado alquirirlos,
porque deseo dirijirlos;
pero no alcanza mi cencia
hasta darles la prudencia
que precisan pa seguirlos.

4775 Estas cosas y otras muchas
medité en mis soledades.
Sepan que no hay falsedades
ni error en estos consejos:
es de la boca del viejo
4780 de ande salen las verdades.

XXXIII

Después, a los cuatro vientos
los cuatro se dirijieron.
Una promesa se hicieron
que todos debían cumplir;
4785 mas no la puedo decir,
pues secreto prometieron.

Les advierto solamente,
y esto a ninguno le asombre,

---

[508] *No le hagan una partida:* No le jueguen una mala partida.

                    pues muchas veces el hombre
4790   tiene que hacer de ese modo:
                    convinieron entre todos
                    en mudar allí de nombre.

                    Sin ninguna intención mala
                    lo hicieron, no tengo duda;
4795   pero es la verdá desnuda,
                    siempre suele suceder:
                    aquel que su nombre muda
                    tiene culpas que esconder.

                    Y ya dejo el estrumento
4800   con que he divertido a ustedes.
                    Todos conocerlo pueden
                    que tuve costancia suma.
                    Éste es un botón de pluma [509]
                    que no hay quien lo desenriede.

4805   Con mi deber he cumplido
                    y ya he salido del paso;
                    pero diré, por si acaso,
                    pa que me entiendan los criollos:
                    todavía me quedan rollos
4810   por si se ofrece dar lazo [510].

                    Y con esto me despido
                    sin esperar hasta cuándo.
                    Siempre corta por lo blando
                    el que busca lo siguro;
4815   mas yo corto por lo duro,
                    y ansí he de seguir cortando.

                    Vive el águila en su nido,
                    el tigre vive en la selva,
                    el zorro en la cueva agena,
4820   y en su destino incostante,
                    sólo el gaucho vive errante
                    donde la suerte lo lleva.

---

[509] *Botón de pluma:* Entre los peculiares botones hechos por los gauchos se encuentran los fabricados con plumas, fundamentalmente de avestruz, extraordinariamente difíciles de deshacer.

[510] *Dar lazo:* Ir soltando cuerda, una vez apresado con el lazo un animal, acción que forma parte de la estrategia para dominarlo.

                    Es el pobre en su horfandá
                    de la fortuna el desecho,
4825   porque naides toma a pechos
                    el defender a su raza.
                    Debe el gaucho tener casa,
                    escuela, iglesia y derechos.

                    Y han de concluir algún día
4830   estos enriedos malditos.
                    La obra no la facilito [511],
                    porque aumentan el fandango
                    los que están como el chimango [512]
                    sobre el cuero y dando gritos.

4835   Mas Dios ha de permitir
                    que esto llegue a mejorar;
                    pero se ha de recordar,
                    para hacer bien el trabajo,
                    que el fuego, pa calentar,
4840   debe ir siempre por abajo.

                    En su ley está el de arriba
                    si hace lo que le aproveche;
                    de sus favores sospeche
                    hasta el mesmo que lo nombra:
4845   siempre es dañosa la sombra
                    del árbol que tiene leche [513].

                    Al pobre al menor descuido
                    lo levantan de un sogazo;
                    pero yo compriendo el caso ‹
4850   y esta consecuencia saco:
                    el gaucho es el cuero flaco:
                    da los tientos para el lazo.

                    Y en lo que esplica mi lengua
                    todos deben tener fe.

---

[511] *No la facilito:* (Véase nota 501.)

[512] *Chimango:* Ave rapaz más pequeña que el carancho, que suele lanzar gritos estridentes mientras picotea los cadáveres de que se alimenta, o las pieles de reses que a veces se dejan intencionadamente para que acaben de descarnarlas.

[513] *Leche:* Jugo lechoso de algunas plantas o árboles. Viene de antiguo la tradición popular que considera dañosa para el hombre la sombra de los mismos.

4855 Ansí, pues, entiéndanmé:
con codicias no me mancho:
no se ha de llover el rancho
en donde este libro esté.

     Permítanme descansar,
4860 ¡pues he trabajado tanto!
En este punto me planto
y a continuar me resisto.
Estos son treinta y tres cantos,
que es la mesma edá de Cristo.

4865 Y guarden estas palabras
que les digo al terminar:
en mi obra he de continuar
hasta dárselas concluida,
si el ingenio o si la vida
4870 no me llegan a faltar.

     Y si la vida me falta,
tenganló todos por cierto
que el gaucho, hasta en el desierto,
sentirá en tal ocasión
4875 tristeza en el corazón
al saber que yo estoy muerto.

     Pues son mis dichas desdichas
las de todos mis hermanos,
ellos guardarán ufanos
4880 en su corazón mi historia;
me tendrán en su memoria
para siempre mis paisanos.

     Es la memoria un gran don,
calidá muy meritoria;
4885 y aquellos que en esta historia
sospechen que les doy palo
sepan que olvidar lo malo
también es tener memoria.

     Mas naides se crea ofendido,
4890 pues a ninguno incomodo;
y si canto de este modo
por encontarlo oportuno,
NO ES PARA MAL DE NINGUNO,
SINÓ PARA BIEN DE TODOS.